经济及金融简明教程

冯科 何理 ◎ 编著

中国财经出版传媒集团
经济科学出版社
Economic Science Press

图书在版编目（CIP）数据

经济及金融简明教程/冯科，何理编著. —北京：
经济科学出版社，2021.6
ISBN 978 – 7 – 5218 – 1590 – 0

Ⅰ. ①经… Ⅱ. ①冯… ②何… Ⅲ. ①金融事业 –
经济发展 – 研究 – 中国 Ⅳ. ①F832

中国版本图书馆 CIP 数据核字（2020）第 083782 号

责任编辑：周国强
责任校对：王肖楠
责任印制：张佳裕

经济及金融简明教程
冯 科 何 理 编著
经济科学出版社出版、发行 新华书店经销
社址：北京市海淀区阜成路甲 28 号 邮编：100142
总编部电话：010 – 88191217 发行部电话：010 – 88191522
网址：www.esp.com.cn
电子邮箱：esp@esp.com.cn
天猫网店：经济科学出版社旗舰店
网址：http://jjkxcbs.tmall.com
北京季蜂印刷有限公司印装
787×1092 16 开 15.75 印张 360000 字
2021 年 6 月第 1 版 2021 年 6 月第 1 次印刷
ISBN 978 – 7 – 5218 – 1590 – 0 定价：58.00 元
（图书出现印装问题，本社负责调换。电话：010 – 88191510）
（版权所有 侵权必究 打击盗版 举报热线：010 – 88191661
QQ：2242791300 营销中心电话：010 – 88191537
电子邮箱：dbts@esp.com.cn）

序 言

改革开放四十多年以来,中国经济的腾飞创造了人类历史上的伟大奇迹,中国金融体系也逐渐发展壮大,给我们留下了许多值得深入解释的经济及金融现象。我们需要扎根于中国经济及金融的伟大实践,来提炼中国经济发展与金融运行的规律,形成中国经济及金融的理论体系。进一步地,通过理论来解释经济及金融现象,总结历史经验,进而推动未来中国经济及金融的发展。因而这是一个需要理论,也必然产生新理论的时代。这个时代呼唤更多的人来关注经济及金融的研究,而掌握已有的知识体系是理解研究的基础。因此,对已有经济及金融知识体系的传播和普及,是非常重要的。

2020年新冠肺炎疫情爆发以来,全球产业体系受到了剧烈冲击,国际经济、金融与贸易流动一度遭到重创。在我国经济发展的阶段、环境和条件面临深刻变化的大背景下,中央多次强调,要推动形成以国内大循环为主体、国内国际双循环相互促进的新发展格局。而实现国内大循环为主,重点在于扩大内需,以扩大内需创造市场条件,形成战略基点。同时,新发展格局不是封闭的国内循环,而是要提高对外开放水平,建设更高水平开放型经济新体制,形成国际合作和竞争新优势。站在新的历史起点上,我们需要更多的人掌握经济及金融的基本知识,运用经济及金融的基本思维,来为中国经济及金融体系的建设添砖加瓦,而这需要经济及金融基本知识和思维的传播和普及。

现在,很高兴读到这本《经济及金融简明教程》。该书是经济学及金融学的入门教科书,全面而系统地阐述了经济学以及金融学的基本概念、原理、方法及思维。该书特点鲜明:第一,覆盖内容全面。该书不仅包括了微观经济学、宏观经济学的精华内容,还包括了投资学、公司理财、投资银行学等金融学的精华内容,有助于读者很好地掌握经济及金融的大致知识体系。第二,语言简洁明快。该书基于经济及金融的相关实际例子,由浅入深,忽略一些细节,直达理论和规律的本质,便于初学者快速轻松地掌握经济学及金融学的基础知识。总的来看,《经济及金融简明教程》非常有利于经济及金融基本知识和思维的传播和普及。

作为一门社会科学,经济学研究社会如何配置稀缺资源以及社会生产方式演变和人类的社会经济行为,从亚当·斯密至今已两百多年了。金融学作为经济学的分支,则关注融资和投资问题。学科的发展是永无止境的,而中国经济及金融的伟大实践则为经济学及金融学的进一步发展提供了难得的现实土壤。希望《经济及金融简明教程》一书,能吸引越来越多的人来关注经济及金融的研究,掌握经济及金融知识体系。最终使得经济及金融的方法和思维深入人心,为国家发展和个人决策更好地服务。因此,我非常乐意为《经济及金融简明教程》一书作序,并向广大的读者朋友们郑重推荐。

中国人民大学校长 刘伟

2021 年 5 月

前　　言

在人们的日常生活和企业经营中，经常会遇到经济及金融问题，需要运用经济及金融的知识与思维，来理解经济及金融的运行，做出决策、安排投融资。例如，对于政府的经济政策如何影响我们的生活，我们需要运用经济学的知识展开分析；对于我们个人或家庭的现金究竟是用来购买基金还是用来投资股票或其他金融产品，我们需要运用金融学的知识进行研究；对于企业来说，如何做出生产决策、如何融资等，需要运用经济及金融的知识与方法。在国家或社会层面，面对不同的经济形势时，政府需要运用怎样的经济政策来应对、需要建设怎样的金融市场体系等，都离不开经济及金融的知识与思维。

经济学是一门社会科学，研究社会如何管理自己的稀缺资源，更一般地说，就是研究人类经济行为。金融学作为经济学的分支，则是研究不确定条件下怎样跨时空配置稀缺的价值资源，简单地说，就是研究如何募资和投资。随着经济的不断发展和金融的持续深化，经济学与金融学知识的普及日益显得重要，人们对经济与金融也越来越感兴趣，因而好的经济学与金融学教材至关重要，基于上述考虑，我们编写了本教材。

《经济及金融简明教程》是一本经济学与金融学的入门教材，系统地阐述了经济及金融的基本理论和基本方法，并结合相关的例子，按照由浅入深、循序渐进的认识规律来安排总体结构和各章内容，便于初学者轻松掌握经济学及金融学的基础知识。我们将本教材的对象定位于对经济与金融感兴趣的高中生、高等学校非经济和管理类专业的学生、其他对经济与金融感兴趣的各方面人士等。

本教材有下列特点：

第一，在写作思路上，注重结合基础性与系统性。本教材系统地阐述了经济学及金融学的基本概念、基本原理、基本方法，使读者对经济学及金融学的全貌有一个基本了解，有利于激发读者进一步的学习兴趣，而且符合由浅入深、循序渐进的认识和学习规律。

第二，在内容阐述上，注重可读性。本教材在阐述基本概念、基本原理、基本方法、基本理论、基本应用时，结合了很多相关的经济及金融的例子。我们认为，结合相关的具体例子，有助于读者加深对相关概念、原理、方法、理论、应用的理解和掌握。此外，本教材还有大量图表和数据，有助于读者对相关知识点形成更加直观的印象。

第三，在结构安排上，注重科学性。本教材在每章开始都安排了"本章学习目标"，便于读者明确学习目的；在每章正文结束后还提供了"总结"、"关键概念"和"习题"，以便读者及时理解和掌握相关的知识点。

本教材一共分为六篇，涵盖了经济学及金融学的基本概念、原理、方法、理论、应用。第一篇是"经济学基础"，第二篇是"金融学基础"，第三篇是"投资学基础"，第四篇是"公司理财"，第五篇是"投资银行学"，第六篇是"经济与金融专题"。

本教材在出版过程中，得到了北京大学经济学院和经济科学出版社的大力支持，在此表示衷心感谢！北京大学的研究生尹青、熊峥、陈涛、梁名潞、孟玮天、徐航、赵昱昊、郑磊、韩慧某、黄淀一、孟映彤、邵广雨、喻凯、朱诗瑶、赵一宁协助了本教材的编写，在此表示衷心感谢！本教材引用、吸收了大量相关的教材、专著、学术论文、案例等的内容，大都注明了资料来源，少部分无法查明来源的，欢迎读者指出。由于编者水平有限，教材中的不足，恳请广大读者和同行专家批评指正。希望越来越多的人掌握经济学与金融学的基本知识与思维方式。

目　录

第一篇　经济学基础

第 1 章　经济学的思考方式 ········· 3
  1.1　经济以及经济学 ············· 3
  1.2　经济学的十个原理 ··········· 4
  1.3　经济学的思考方式 ··········· 6
  1.4　微观经济学和宏观经济学 ····· 8

第 2 章　需求、供给及均衡 ········ 10
  2.1　需求 ····················· 10
  2.2　供给 ····················· 13
  2.3　均衡 ····················· 16

第 3 章　消费者行为 ·············· 20
  3.1　预算约束 ················· 20
  3.2　效用与无差异曲线 ········· 21
  3.3　消费者选择的变化 ········· 22
  3.4　需求弹性 ················· 24
  3.5　消费者剩余 ··············· 25

第 4 章　生产者行为 ·············· 29
  4.1　等产量曲线 ··············· 29
  4.2　总成本曲线、平均成本曲线与边际成本 ··· 30
  4.3　生产成本和等成本曲线 ····· 33
  4.4　变动引起的生产者选择的变化 ··· 35
  4.5　供给弹性 ················· 36
  4.6　生产者剩余 ··············· 36

第 5 章 市场结构 … 41
- 5.1 市场上的竞争 … 41
- 5.2 完全竞争市场 … 42
- 5.3 垄断市场下的企业状况 … 42
- 5.4 寡头市场和垄断竞争 … 44

第 6 章 生产要素市场 … 47
- 6.1 劳动需求与劳动力市场均衡 … 47
- 6.2 资本 … 50
- 6.3 土地 … 50
- 6.4 三种生产要素的联系 … 51

第 7 章 市场失灵与经济政策 … 52
- 7.1 物品的分类 … 52
- 7.2 公共物品和共有资源 … 53
- 7.3 外部性 … 55
- 7.4 税收 … 55
- 7.5 国际贸易 … 57

第 8 章 宏观经济学导论 … 61
- 8.1 宏观经济学概述 … 61
- 8.2 一国收入的衡量 … 64
- 8.3 物价水平 … 66

第 9 章 长期经济增长 … 68
- 9.1 经济增长 … 68
- 9.2 生产率:作用及决定因素 … 69
- 9.3 经济增长与经济政策 … 71

第 10 章 短期经济波动 … 73
- 10.1 总需求曲线 … 73
- 10.2 总供给曲线 … 74
- 10.3 总需求–总供给模型 … 74

第二篇 金融学基础

第 11 章 金融学的基本概念 … 81
- 11.1 什么是金融学 … 81
- 11.2 金融学的基本逻辑 … 82

- 11.3 节俭悖论与货币幻觉 …………………………………… 83
- 11.4 资产的类型 …………………………………………… 84

第 12 章 金融市场概览 …………………………………… 86
- 12.1 什么是金融市场 ……………………………………… 86
- 12.2 货币市场 ……………………………………………… 87
- 12.3 资本市场 ……………………………………………… 89
- 12.4 衍生金融工具市场 …………………………………… 90
- 12.5 投资基金 ……………………………………………… 91
- 12.6 外汇市场和黄金市场 ………………………………… 92
- 12.7 金融市场的国际化 …………………………………… 93

第 13 章 金融机构 …………………………………………… 96
- 13.1 金融机构及其包括的范围 …………………………… 96
- 13.2 中国的金融机构体系 ………………………………… 97
- 13.3 国际金融机构体系 …………………………………… 102

第 14 章 货币 ………………………………………………… 105
- 14.1 货币的本质与职能问题 ……………………………… 105
- 14.2 货币制度 ……………………………………………… 106
- 14.3 现代货币层次的划分 ………………………………… 107
- 14.4 货币需求 ……………………………………………… 107
- 14.5 货币政策 ……………………………………………… 108

第 15 章 利率 ………………………………………………… 111
- 15.1 利息的实质 …………………………………………… 111
- 15.2 利率及其种类 ………………………………………… 111
- 15.3 利率与收益率 ………………………………………… 112
- 15.4 货币的时间价值 ……………………………………… 113
- 15.5 单利与复利 …………………………………………… 113
- 15.6 利率期限结构 ………………………………………… 114

第 16 章 会计与财务基础 …………………………………… 115
- 16.1 会计的内容与特点 …………………………………… 115
- 16.2 会计核算的一般原则和方法 ………………………… 116
- 16.3 会计要素与会计恒等式 ……………………………… 118
- 16.4 账户与复式记账 ……………………………………… 120

第三篇　投资学基础

第17章　金融资产与证券的发行和交易 ………………………… 125
 17.1　金融资产 …………………………………………………… 125
 17.2　金融市场 …………………………………………………… 126
 17.3　投资过程 …………………………………………………… 127
 17.4　证券的发行 ………………………………………………… 128
 17.5　证券如何交易 ……………………………………………… 129

第18章　风险与收益 ……………………………………………… 131
 18.1　金融风险 …………………………………………………… 131
 18.2　利率与相关收益 …………………………………………… 133
 18.3　马科维茨资产组合理论 …………………………………… 134

第19章　证券投资的基本理论 …………………………………… 136
 19.1　资本资产定价模型 ………………………………………… 136
 19.2　套利定价理论 ……………………………………………… 137
 19.3　行为金融学 ………………………………………………… 138

第20章　股票估值理论 …………………………………………… 141
 20.1　估值的意义 ………………………………………………… 141
 20.2　资产负债表模型 …………………………………………… 141
 20.3　股利折现模型 ……………………………………………… 142
 20.4　自由现金流贴现模型 ……………………………………… 142
 20.5　市盈率法 …………………………………………………… 143

第21章　债券投资分析 …………………………………………… 144
 21.1　债券的构成要素 …………………………………………… 144
 21.2　债券的定价 ………………………………………………… 144
 21.3　债券的收益率指标 ………………………………………… 145
 21.4　债券的组合管理 …………………………………………… 146

第22章　投资组合管理 …………………………………………… 148
 22.1　概述 ………………………………………………………… 148
 22.2　投资组合管理的方式和类型 ……………………………… 149

第四篇 公司理财

第 23 章 投资决策 ·············· 155
- 23.1 净现值法 ·············· 155
- 23.2 回收期法 ·············· 156
- 23.3 内部收益率法 ·············· 157

第 24 章 股利政策 ·············· 158
- 24.1 股利的种类和发放程序 ·············· 158
- 24.2 股利无关论 ·············· 158
- 24.3 股票回购 ·············· 160
- 24.4 个人所得税、股利与股票回购 ·············· 161
- 24.5 偏好高股利的原因 ·············· 162

第 25 章 期权、期货与公司理财 ·············· 165
- 25.1 期权与公司理财 ·············· 165
- 25.2 认股权证 ·············· 167
- 25.3 可转换债券 ·············· 168
- 25.4 期货和套期保值 ·············· 169

第 26 章 短期财务管理 ·············· 173
- 26.1 经营周期与现金周期 ·············· 174
- 26.2 短期财务政策的要素 ·············· 174
- 26.3 现金管理 ·············· 175
- 26.4 信用管理 ·············· 176
- 26.5 存货管理 ·············· 178

第五篇 投资银行学

第 27 章 投资银行的业务 ·············· 185
- 27.1 证券承销 ·············· 185
- 27.2 证券交易 ·············· 187
- 27.3 财务顾问 ·············· 187
- 27.4 企业并购 ·············· 188
- 27.5 项目融资 ·············· 188
- 27.6 资产管理 ·············· 189
- 27.7 基金管理 ·············· 189

第 28 章 股票发行 ·· 190
28.1 首次公开发行 ··· 190
28.2 股权再融资 ·· 192

第 29 章 债券发行 ·· 195
29.1 债券简介 ·· 195
29.2 债券发行条件 ··· 196

第 30 章 并购重组 ·· 199
30.1 并购重组的价值创造 ·· 199
30.2 企业并购重组的基本流程 ··· 200

第 31 章 证券经纪与交易 ·· 202
31.1 证券经纪业务概述 ··· 202
31.2 证券经纪关系建立 ··· 202
31.3 证券经纪业务的一般流程 ··· 203

第六篇　经济与金融专题

第 32 章 计量经济学原理 ·· 207
32.1 什么是计量经济学 ··· 207
32.2 计量经济学的过程 ··· 208
32.3 数据类型 ·· 210
32.4 回归分析 ·· 211
32.5 假设检验 ·· 214

第 33 章 国际金融 ·· 216
33.1 国际金融体系 ··· 216
33.2 世界贸易组织 ··· 218
33.3 国际货币基金组织 ··· 219

第 34 章 金融监管 ·· 222
34.1 金融监管概述 ··· 222
34.2 金融监管理论 ··· 223
34.3 中国金融监管体系 ··· 224

第 35 章 互联网金融 ··· 228
35.1 什么是互联网金融 ··· 228
35.2 互联网金融原理 ··· 229

35.3 互联网金融对传统金融的影响……………………………………… 231
35.4 互联网金融五大模式概述…………………………………………… 232

参考文献………………………………………………………………………… 235

第一篇

经济学基础

第 1 章　经济学的思考方式

> **本章学习目标**
>
> 1. 学习和理解经济学的十个原理。
> 2. 学习使用二维图表来表现经济学模型。
> 3. 了解经济学以及经济学的分类。

1.1　经济以及经济学

"经济"这个词，起源于希腊语中"管理一个家庭的人"的概念。简单地说，就是在家庭中配置各种稀缺资源。举例来说，如何决定晚餐时的饭菜分配、选择看哪一个电视节目、每一间房间归属于谁等，这些都是家庭中稀缺资源的配置问题。因为一餐的饭菜与家里的房间都是有限的，分配方案也要参考每个人的特点、能力和愿望。

社会与家庭类似，也需要决定哪些人去做什么，例如，谁来种粮食、谁去造房子等。同时也要分配人们生产出来的物品和劳务，例如，谁来吃鱼翅而谁得到面包、谁开车而谁坐公交车。如何管理和分配这些稀缺的社会资源，就是"经济学"所涉及的内容。

经济学的研究涉及各个方面，但是综合曼昆的《经济学原理》和张维迎的《经济学原理》，大致上可以由几个中心思想将这个领域统一起来，这几个中心思想被称为"经济学的十个原理"，其贯穿全书，也是经济学研究的概况。这十个原理可以大致分为"人们如何做出决策"、"人们如何相互交易"和"整体经济如何运行"三个方面。

1.2 经济学的十个原理

1.2.1 人们如何做出决策

第一个原理：人们面临权衡取舍。

在生活的每时每刻，我们都在做出权衡取舍。例如，是选择用周末的时间看书，还是用于休闲娱乐。事实上，为了选择其中一者，我们必须放弃另一者。就像将钱用于购买电影票，而不能再负担购买演唱会的门票一样。当个人组成社会与国家的时候，也面临着权衡取舍，这也是需要做出决策的出发点。对整个社会和国家而言，同样面临权衡取舍，例如，效率与平等的权衡取舍，效率是指对经济资源做了能带来最大可能性的满足程度的利用，而平等则是追求资源的公平分配，这两个目标往往是不一致的。相似的例子还有将钱更多地投入国防以保卫国家，那么用于提升人民生活水平的钱就少，我们面临的种种权衡取舍，成为我们需要做出决策的原因。

第二个原理：某种东西的成本是为了得到它而放弃的东西。

在了解了面临的权衡取舍以后，人们通过比较每种选择的成本和收益，从而做出选择。在这里我们引入"机会成本"的概念，即为了得到一种东西所放弃的其他东西。举个例子，人们在高中毕业时面临工作还是上大学的选择时，当做出了上大学这个决策，那么所面临的机会成本就是直接工作这四年所带来的收入，但是因为通常意义上，上完大学再工作的收益比直接工作所获得的薪水高很多，足以超出机会成本，所以通常人们都是会选择上大学而不是直接工作。

第三个原理：理性人考虑边际量。

我们常常要通过决策对于目前的整体状况做出相应的调整，通常是微小的变动，经济学家称之为边际变动，对于这些边际变动常常可以通过考虑边际成本和边际收益等来做决策，而对于已经确定的情形，相同的边际变动也可能有不同的结果。举个例子，一个小学学历的人，再多学习一年，和一个大学本科学历的人多学习一年，其边际成本和边际收益，显然是不一样的。这样的边际量相关的决策在生活中也经常出现，例如，是否要多吃一口饭、是否要在公交车上多设置一排座位、是否要多接受一年教育，等等。

第四个原理：人们会对激励做出反应。

人们做出决策时往往会衡量成本和收益，如果成本和收益其中的一项受到影响而改变，人们的决策往往会变得不同。这是显而易见的，当汽油的价格上涨时，人们会减少购车的需求。另外，大力提倡的环保行为激励了人们更多地购买环保铅笔，尽管它的价格更贵。初看起来似乎成本和收益并没有太大的变化，而人们的决策却发生了改变。事实上当社会提倡使用环保铅笔时，购买环保铅笔的收益中多了一项"因为促进了环保事业而产生的内心的幸福感"的收益，而用一般铅笔则成本中多了一项"因为没有促进环保事业而内疚"的成本,虽然是很难衡量但是它们确实发挥了作用。除此之外,激励对于决策以及其后的影响也是非常重要的。

1.2.2 人们如何相互贸易

第五个原理:贸易能使双方的状况更好。

不论是对于个人、家庭还是国家而言,贸易都会改善双方的状况。而隔绝贸易是没有任何好处的。以国家为例,有的国家盛产石油、有的产毛皮而更擅长制作衣服、有的则更擅长制作面包。对于擅长生产某一产品的国家,往往是因为资源的特征而成本较小。如果隔绝贸易,那么一个国家必须全部自己来生产石油、面包和衣服,如果哪方面的资源缺乏的话,成本将会非常高。当存在贸易的时候,各个国家都可以以较低的成本生产各自擅长的产品,通过贸易进行交换,从而满足全国的需求,这不仅仅对于每一个国家自身而言是降低了成本改善了状况,对于整个世界来说也是提高了生产效率促进了社会进步。

第六个原理:市场通常可以有效组织经济活动。

大部分曾经实行计划经济的国家,都已经放弃了这种制度,而在时间的检验之下,市场经济证明了它的成功。亚当·斯密(Adam Smith)在《国富论》中谈到经济学中最著名的理念:仿佛有一只"看不见的手"在引导个人、家庭和企业在市场上进行交易。"看不见的手"在大多数时候最大化了全社会的福利。在市场经济的环境下,供求关系决定价格,如果政府的政策限制了供求关系对于价格的反映和自发调整,也就限制了"看不见的手"协调经济的作用。例如,税收扭曲了价格、个人及企业的决策,事实上对于资源配置有不利的影响。

第七个原理:政府有时可以改善市场结果。

市场经济可以有效地进行资源配置,所以它通常是组织经济活动的一种好办法,但是市场不是万能的,在有些情况下,市场不能有效地进行调节,这就是市场失灵。市场失灵有诸多原因,其中有一点就是外部性。外部性指的是一个人的行为对其他人福利的影响,例如,在市场调节下,工厂追求利益最大化,并不会自发地采取环保措施,而环境污染有巨大的负外部性,损害了其他人的福利,此时就需要政府进行干预。存在市场势力也会导致市场失灵,通常所见为垄断者。例如,村庄里唯一的钟表修理店,因为没有竞争,那么其收取的价格可能更多反映的是个人私利而不能恰当地反映供求关系从而调节资源配置。市场并不能保证社会公共福利,它只能提高配置资源的效率,但是不能保证公平,即不能保证贫困者都有饭吃、有衣服穿。事实上,税收和福利制度才是保证公共福利的有效手段。

1.2.3 整体经济如何运行

第八个原理:生产物品和劳务的能力决定一国的生活水平。

同一时期,世界各国的生活水平的差别是悬殊的,2017年的世界银行统计数据显示，美国人均 GDP 为 59495 美元，而中国人均 GDP 为 8583 美元。高收入国家的公民普遍拥有更好的居住条件、更好的营养、更好的医疗保健甚至更长的寿命。事实上，不同时期的同一国家，人民生活水平的变化也很大，美国从历史上看收入水平平均 35 年翻一番，而一些国家如日本和韩国的经济增长则有更快的时期。几乎所有生活水平的变动都归因于生产率——每个工人一小时生产的物品与劳务。在生产率高的国家，大多数人的生活质量较高，而在生产率低的国家，人们通常都处于贫困状态。生产率的提升也决定了平均收入增长率。因而在制定公共政策时，我们要考虑政策会如何影响生产率。

第九个原理：政府发行货币过多会导致物价上涨。

根据李金铮的《旧中国通货膨胀的恶例——金圆券发行内幕初探》[①] 研究中公开的数据，在中国抗日战争期间，为了应对巨大的财政支出，国民党政府发行了大量法币，总额达到 5569 亿元，到 1948 年 8 月发行金圆券之前，法币发行额已经增加到 604 万亿元，物价飞涨，乃至印刷的钞票还未出场，已经不及纸张的成本和印刷的费用了，广东一家造纸厂竟然买进 800 箱票面值 100～2000 元的钞票当作造纸原料。惊人的通货膨胀引起了强烈的社会动荡。那么到底是什么引起了通货膨胀呢？在生产率没有提高的情况下，大量印发货币，会引发货币价值下降和物价上涨，从而造成通货膨胀。

第十个原理：失业与通货膨胀存在短期替代关系。

通常，降低失业会引起暂时的通货膨胀上升。失业与通货膨胀这种替代关系被称为菲利普斯曲线，普遍的解释是存在价格黏性。从政府减少货币量，到物价水平下降，到新的价格反映到价格单上，需要一个较长的过渡时间段。因为价格黏性，不同政策的短期效应和长期效应是不一样的，例如，减少货币量，价格还没有更新，但人们已经不得不进行较低的消费支出，这就使得需求量下降，从而引起企业裁员等造成失业的行为，在短期内增加了失业。通货膨胀与失业这种短期替代关系可以持续数年之久，短期决策者也可以利用这种关系来制定货币政策和财政政策。

1.3 经济学的思考方式

1.3.1 从经济学现象到经济学的思考方式

经济学的思维方式一般来说是按照这样的一个流程：对于现象的观察；收集数据和分析；建立用于解释的理论或模型；将模型运用于实际；修改和完善模型；最终完成模型，解释现象并引导实际。

---

① 李金铮：《旧中国通货膨胀的恶例——金圆券发行内幕初探》，载《中国社会经济史研究》1999 年第 1 期，第 72～79 页。

以通货膨胀的现象为例，一个经济学家生活在价格迅速上升的国家中，就会通过观察而提出一种通货膨胀理论，这种理论断言当政府发行了过多的货币时，高通货膨胀就发生了，于是这个经济学家收集了许多不同国家的价格和货币的数据以及同一国家不同时间段的价格和货币的数据进行分析。从而建立出一个数学模型来描绘货币与价格的关系。接下来经济学家将自己的模型运用于实际，例如，将目前的状况代入模型进行验证，通过大量的验证修改自己的模型，最终得到一个比较准确的模型，能够较好地反映、预测实际并且为未来提供指导作用。

1.3.2　假设前提及经济模型

假设是经济学家进行思维和提出解释前为了让自己的问题更容易分析和理解所做出的前提。举个例子，在研究国际贸易的影响时，因为实际的国际关系纷繁复杂并且其中相关联的国家众多，为了简化问题，经济学家通常假设世界只有两个国家组成，并且每个国家只生产两种产品，虽然这样的假设是不符合实际的，但是依然可以反映出正确的现象和理论。这样简化的条件下的结论为经济学家后续进一步在复杂的环境中进行分析提供了基础。经济模型是建立在众多的假设之上的，更多的是以一种公式、图表的形式来表现的。在下面的内容中，我们将会通过经济模型的实例，初步了解如何运用经济学家的方法，通过图表等建立经济模型。

现在我们介绍循环流向图，图1-1是用简化的模型来演示经济是如何运行的。循环流向图分为内外两圈，内圈是投入与产出的流向。在生产要素市场上，家庭将劳动、土地和资本出售给企业，在物品与服务市场上，企业使用这些要素生产物品与服务并出售给家庭。外圈则是货币的流向。家庭通过支付货币来购买物品与服务，企业又使用这些货币来购买生产要素。显而易见的是这个模型建立在简化了的社会和市场的基础上，其目的是为了让我们更好地了解社会经济运行的一般性机制。使用这种图例的方法便是经济模型的一种体现。

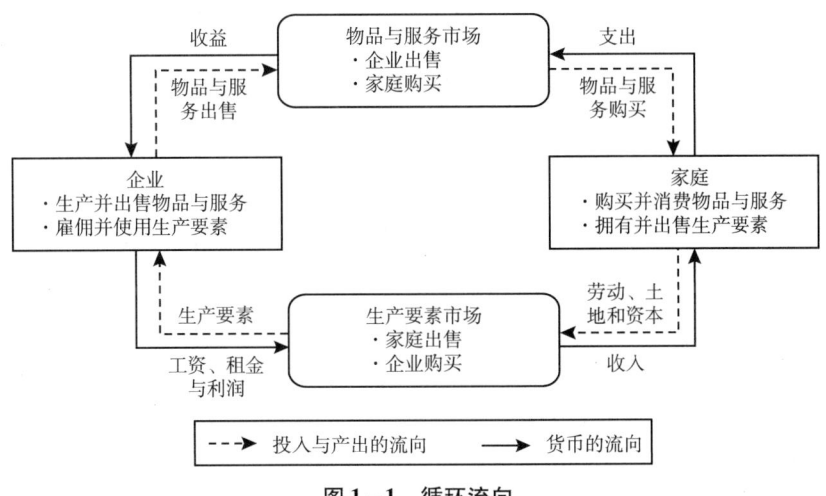

图1-1　循环流向

现在以预算约束模型为例，介绍坐标轴图表类型的经济模型。在研究经济现象时我们常常会遇到这样简化了的问题：如果一个人准备用 100 元购买面包和钢笔。一个面包需要 10 元，而一支钢笔的价格是 5 元，观察对于这个人购买选择的分析。我们发现很多种购买选择，例如，全部购买 20 支钢笔或者全部购买 10 个面包，又或者两者组合的多种情况。在进行分析时我们不妨建立一个坐标系，如图 1-2 所示，横轴为面包的购买数目，纵轴则是钢笔的购买数目。将我们计算所得的多种组合情况以点的形式对应钢笔和面包的购买数量标记在坐标轴上，之后用光滑的曲线连接这些点便得到了一个与购买选择相关的模型，我们称之为预算约束。

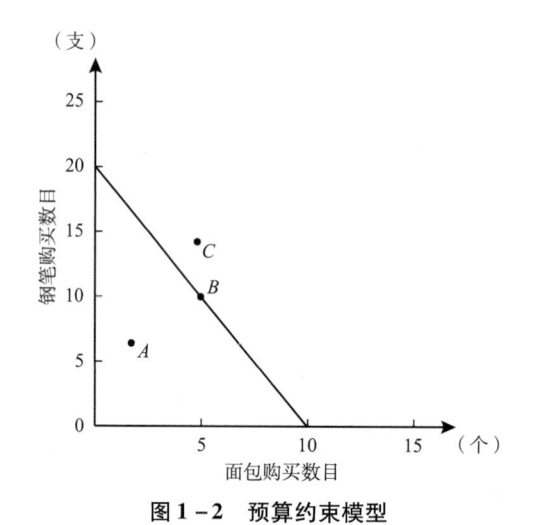

图 1-2 预算约束模型

模型如图 1-2 所示，其中 A 的区域位于光滑预算线的下方，意味着一个不能最大化自己的收益的选择（钱还没有用完），还可以购买更多的商品，B 代表着预算线上的点，此时因为面临着替代关系，不减少面包或钢笔其中一者的购买是没有办法增加另一者的购买的。而 C 意味着不可能实现的消费组合。其实如图 1-2 中模型的预算线也是存在移动的情况的。当拥有的货币不是 100 元而增加为 120 元时，曲线就会向外侧也就是说 C 区域的方向移动，同样的如果货币量减少的话，曲线就会向内侧也就是 A 区域移动。

1.4 微观经济学和宏观经济学

经济学和其他的学科一样，都是在各种不同层次上进行研究的学科。经济学通常被分为微观经济学和宏观经济学两个子领域。微观经济学研究的是个人、家庭、企业如何在市场中决策和交易，例如，工人工资的影响因素、价格波动对产品销售的影响等。宏观经济学研究的则是整体经济的现象，例如，国家的经济增长、失业率、利率等。微观经济学与宏观经济学是密切相关的，由于整体经济所产生的变动是由众多个体决策构成的，所以在分析问题时，微观经济学也是宏观经济学研究的基础。

总　结

本章主要讲述了经济学的十个原理，包括：人们如何做出决策、人们如何互相贸易、整体经济如何运行。经济学的主要思考方式是建立模型。经济模型建立在假设之上，通过简化问题来反映最重要的经济现象，循环流向图和预算约束模型就是典型的经济学模型。

关键概念

经济学的十个原理、机会成本、边际量、经济模型、微观经济学、宏观经济学

习　题

1. 经济学的十个原理是什么？
2. 如果一个人有27元，用于购买铅笔和橡皮，一支铅笔价格为0.5元，一块橡皮价格为0.9元，请仿照书中例子建立该问题的预算约束模型并绘制在坐标轴上，并且简要说明其与经济学的十个原理的相关性。
3. 什么是微观经济学和宏观经济学？二者的差别在哪里？

第 2 章　需求、供给及均衡

> **本章学习目标**
>
> 1. 掌握需求及其影响因素，供给及其影响因素。
> 2. 掌握均衡状态，以及供给和需求的移动。

2.1　需　　求

我们每时每刻都对各种不同的产品和服务具备着需求，例如，口渴时对饮用水的需求、大热天对冰淇淋的需求、玩游戏的需求等，对于不同的产品和服务的需求是市场运行的动力。同时，不同因素的改变，也同样会影响到我们需求的变化。

2.1.1　需求和需求曲线

研究在其他条件维持不变的情况下价格和需求的关系，与我们研究预算约束时的思路其实是类似的。例如，当研究小明对巧克力的需求时，我们可以通过调查，在巧克力处于不同价格的时候，小明每个月买多少块巧克力，并且对这些数据列一个表，如表 2-1 所示。

表 2-1　　　　　　　　　　　　小明的巧克力需求

巧克力的价格（元/块）	巧克力的需求量（块）
10	30
12	25
14	20
16	15

续表

巧克力的价格（元/块）	巧克力的需求量（块）
18	10
20	5

之后我们把表 2-1 的数据放在一个坐标系上，一般情况下，我们使用价格为纵坐标，使用需求量为横坐标，得到了需求曲线，如图 2-1 所示，需求曲线一般是描述价格与需求量关系的向右下方向倾斜的曲线。

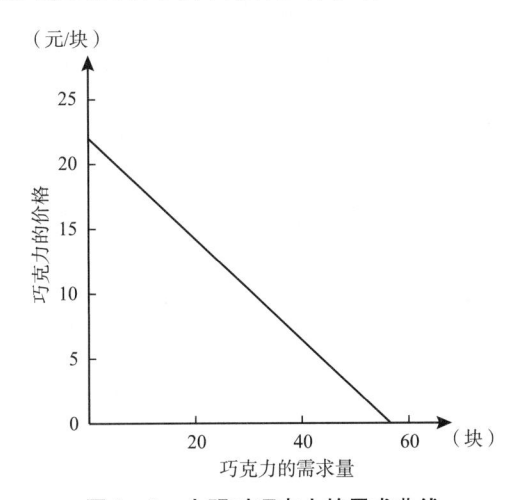

图 2-1 小明对巧克力的需求曲线

2.1.2 从个人需求到市场需求

市场需求，指的是整个市场对于物品与服务的需求，换句话说，因为市场是由无数人共同组成的，所有个人需求的总和构成市场需求。举例来说，如果市场中只有小明、小华以及小光三个人，那么他们在巧克力价格为 10 元/块的时候，整个市场对巧克力的需求就是三个人在这个价格对巧克力的需求量的加和，因而，把所有的个人需求曲线，在同一价格时将每个人的需求量水平加总就得到了市场需求曲线。市场需求曲线表现的是，在其他因素不变的情况下，市场需求量如何随着价格的变动而变化，在经济学分析和模型建立的时候，我们通常用的更多的是市场需求。

2.1.3 影响需求的因素

在我们日常生活中经常会发生下面的对话："草莓好贵，我少买一些""今天发了奖金，我去买件新衣服""猪肉又涨价了，我准备多买点鸡肉""这个口味的奶茶喝腻了，换个味道""看这个样子盐价要上涨，我得多买点"，等等。这些对话中涵盖着影响需求的几大重要因素：价格、收入、相关品的价格、嗜好、预期。

价格对于需求的影响是显而易见的，并且是负相关的。对于绝大部分物品：价格上升、需求量减少；价格下降、需求量增加。例如，猪肉的价格上升，人们就会选择少买猪肉，猪肉的需求量就会下降。

收入对于需求的影响相对复杂一些。不过一般来说，上个月的工资调低了，那人们就会选择少买一件衣服，大多数商品都是随着收入的下降，需求量也会下降的，我们把这种商品称作正常物品。又如，收入高时人们可能更多地选择开车或者打出租车，当收入减少时，人们会增加乘坐公交车的需求，我们把这类物品称为低档物品。低档物品也是有前提的，事实上在收入进一步下降的时候乘坐公交车的需求还是会下降，因而我们一般讨论的内容涉及的都是正常物品。

相关品的价格变动，也会影响需求量。相关品通常又被分为两种，一种是可以互相替代的替代品，另一种是需要配合使用的互补品。替代品如牛肉和猪肉，苹果和梨之类。互补品则是茶杯和勺子，订书机和订书钉等。通常，当两种商品互为替代品，一者的价格上升会使另一者的需求量上升，例如，苹果价格上升，人们会增加对梨的需求量。而如果两种商品是互补品，一者的价格上升会使另一者的需求量下降，例如，订书机的价格上升，订书钉的需求量也会下降。

嗜好是一种更偏向主观性的因素，可以理解为对某一类物品的偏爱，嗜好的改变也会造成需求量的改变。

预期是人们对未来情况的预测。当预期到粮价要上涨的情况下，人们通常会多购买粮食储备使得需求量上升；当预期到房价要下跌时，人们会选择出售房子，需求量下降。

我们在本章的讨论中，更多的是研究作为最主要的影响需求的因素"价格"对于市场运行机制的影响，与此同时，为了方便分析，我们大胆的假设除了价格以外的其他因素都保持不变。

2.1.4 需求曲线的移动与沿着需求曲线的移动

图2-2是某手机市场手机价格和需求量的需求曲线，一开始市场中的手机价格是4000元，相应的需求量是6万部，即图上的A点状态，在其他条件不变的情况下，价格从4000元下降到3200元，需求量也相应地上升到10万部，这时从A点移动到需求曲线上的B点，也被称为沿着需求曲线的移动。值得注意的是，这种移动只有在其他条件不变而价格是唯一变化的因素的情况下发生。

而当其他条件发生变化的情况下会发生什么呢？例如，收入上升会带来什么影响？事实上，除了价格以外的其他因素发生变动的情况下，需求曲线的整体会发生平移，如图2-3所示，需求曲线的整体向右平移了，这种移动被称为需求曲线的移动。

见图2-3，当需求曲线向外侧（右）移动的时候，相同价格上的需求量增加，也就是说需求上升，这种情况常常发生于收入上升、偏好提升等情况，而需求曲线向内侧（左）移动的时候，需求下降，这种情况通常发生于收入下降，替代品价格下降等情况。

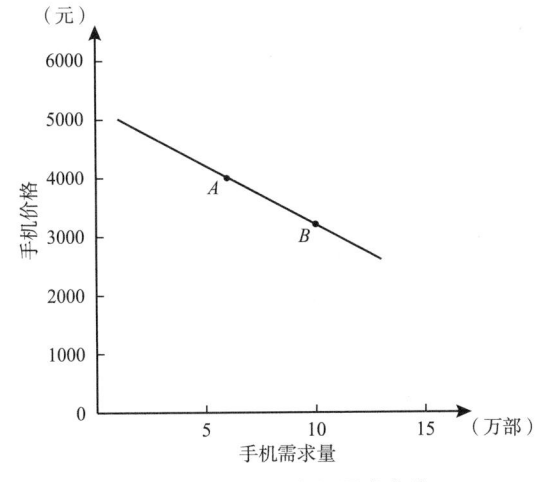

图 2-2 某手机市场需求曲线

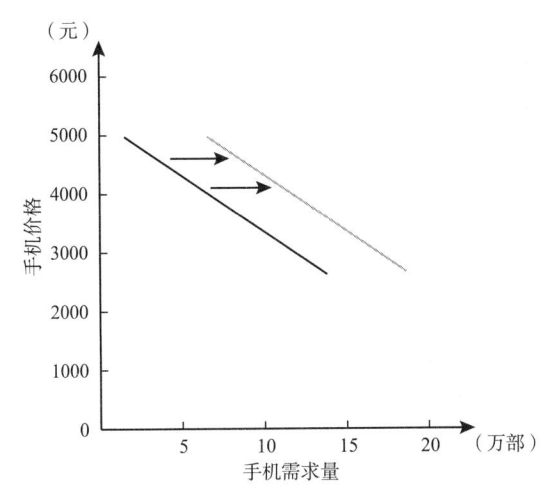

图 2-3 某手机市场需求曲线的移动

2.2 供 给

一个市场要稳定运行，有需求的买方就必定有供给的卖方，我们现在转向作为供给的卖方，考察价格和供给量的关系，实际上，价格和供给之间的关系与价格和需求之间的关系是很近似的。

2.2.1 供给和供给曲线

与研究需求曲线时的思路类似，我们对供给的研究也是在假设其他条件不变的情况下，价格和供给量的关系，例如，当研究商家对巧克力的供给时，我们可以通过调查，在巧克力处于不同价格的时候，测量巧克力商家每个月的供给量，并且对这些数据列一个表，如表 2-2 所示。

表 2-2　　　　　　　　　　　巧克力的供给

巧克力的价格（元）	巧克力的供给量（千块）
10	15
12	18
14	21
16	24
18	27
20	30

之后我们把表 2-2 中的数据作为坐标点，罗列在一个坐标系上，在习惯情况下，与需求曲线相似，我们把价格设为纵坐标，把供给量设为横坐标，得到了供给曲线，如图 2-4 所示。供给曲线一般都是描绘价格与供给量关系的向右上方倾斜的曲线，通常会经过原点。

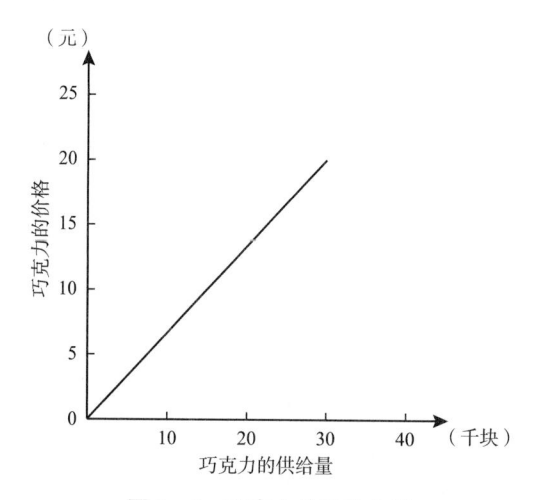

图 2-4　巧克力的供给曲线

现实情况下的供给曲线往往也不是如此完美的线性，我们为了简化问题便于分析，在经济模型时选择线性来得到更明显的结果。

2.2.2　影响供给的因素

影响供给的因素有很多，我们认为比较重要的一些因素有：价格、投入品价格、技术、预期。

（1）价格对供给的影响是最为重要的，当一件物品，例如，手机的价格上升的时候，作为卖家的商家更乐于提供更多的这种手机以供出售。价格上升时，供给量上升；价格下降时，供给量也会下降。我们一般认为当价格为 0 时，供给量也为 0，因为如果卖家不能获得利润所以就没有供给的动力。

（2）投入品价格我们可以将之在某种意义上理解为成本，当电脑的售价没有提升，而电脑各组件的价格却上升的时候，电脑商家生产电脑投入的组件的价格就会上升，卖家获得更少的利润，因而供给量会下降。通常，一种物品的供给量和其价格呈正相关。

（3）技术的提高，例如，引进了新的纺织技术，会使纺织的效率大大提高，那么织布的供给量也会得到提升，因为技术进步降低了生产成本。

（4）如果卖家预期自己的物品价格很快就可以上涨，那么商家就会选择更多地生产一些物品来储备从而减少目前的供给量。

2.2.3 供给曲线的移动与沿着供给曲线的移动

图 2-5 是巧克力价格和巧克力供给量相关的供给曲线，一开始市场中的巧克力价格是 10 元，相应的供给量是 1.5 万块，也就是说图上的 A 点的状态，在其他条件不变的情况下，价格从 10 元上升到 20 元，供给量也相应地上升到 3 万块，即从 A 点改变到 B 点，也被称为沿着供给曲线的移动。值得注意的是，这种移动只有在其他条件不变而价格是唯一变化因素的情况下发生。

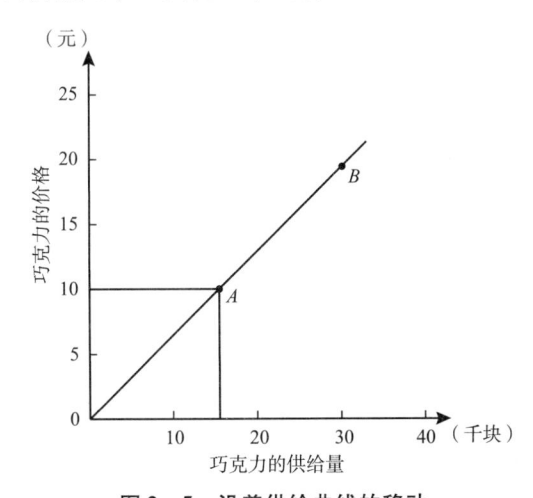

图 2-5 沿着供给曲线的移动

而当其他条件发生变化的情况下又会发生什么呢？例如，技术进步时，如图 2-6 所示，供给曲线向右侧平移。

当供给曲线向外侧（右）平移时，相同价格上的供给量增加，即供给上升，这种情况常常发生于技术进步、成本下降等情况；而供给曲线向内侧（左）移动的时候，供给下降，这种情况通常发生于投入价格上升，成本上升等情况。

(元)
25
20
15
10
5
0   20   40   60 (千块)

巧克力的价格 / 巧克力的供给量

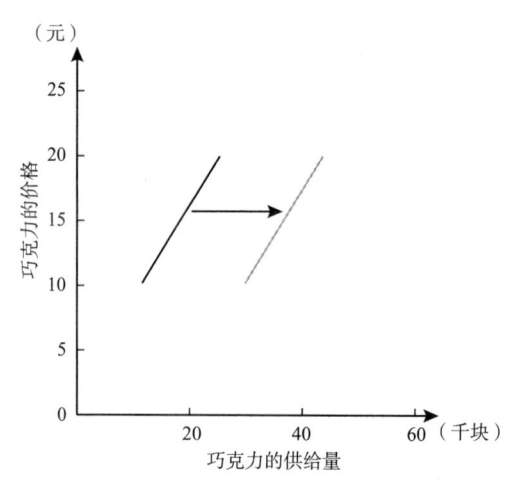

图 2-6　技术进步带来的供给曲线的移动

2.3　均　衡

在市场完全竞争的情况下，市场上某种物品的价格往往处于均衡状态，这个价格事实上是由整个市场的供给和需求所共同决定的，我们可以通过结合需求曲线和供给曲线，来获得均衡情况下的某种物品的价格，以及相对应的供给和需求量。

2.3.1　均衡状态及其实现

在均衡状态时，市场的需求量等于它的供给量，买者买到了他需要的所有东西而卖者也卖出了想要卖的所有东西。此时，对应的价格被称为均衡价格，也叫市场出清价格。

我们可以先了解均衡状态的实现，再分析为什么会有这样的假设，即为什么会有均衡状态的产生。首先是关于均衡状态的实现，我们在同一个坐标系中，将需求曲线和供给曲线结合展示，以我们在上文曾经说过的巧克力的供给曲线和需求曲线为例，如图 2-7 所示。

我们看到供给曲线和需求曲线相交于 A 点，在 A 点所有买者愿意购买的数量等于所有卖者提供的数量，因此 A 点所对应的价格就是市场的均衡价格，而其对应的巧克力数量就是市场均衡数量。

那么我们来看一看为什么市场在运作的过程中，会自然而然地达到 A 点的这样一种均衡，假如市场并不是处于 A 点的均衡位置，其巧克力的价格相对而言更高，处于图 2-7 中黑色直线所在的价格水平，黑色直线与供给曲线交于 C 点，与需求曲线交于 B 点，那么也就是说明，在这样的价格水平下，市场对巧克力的需求在 B 点的程度，而供给在 C 点的程度，显然，市场中的巧克力供给，要远远大于巧克力的需求，这样超额供给的问题会产生什么结果呢？商家发现自己的巧克力

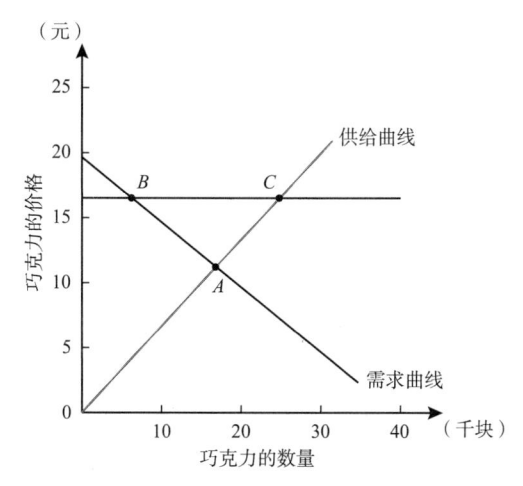

图 2-7 供给与需求均衡

堆满了仓库，卖不出去了，为了卖出巧克力他们不得不降低价格，减少供给，随着价格的下降，需求也渐渐地上升，直到价格下降到了 A 点的位置，供给与需求相互满足，价格才维持稳定。因而事实上，我们对于均衡状态所做出的假设，是市场在供给与需求的共同作用下，必然会达到的一种结果。

相反的，当价格比较低时，也会引起超额需求的问题，市场中巧克力的需求要高于巧克力的供给，供不应求，巧克力被卖完了商家才发现库存不足，因而这个时候就会引起价格的上升，同样最终会回到均衡状态的 A 点位置。

2.3.2 供给和需求的移动

上述我们所研究的是在其他情况不变的前提下，价格改变，市场会通过自发的调节而使得供给与需求重新回到均衡位置。在前面的内容中我们提到，收入增加会使需求上升，技术进步会使供给水平上升，这些因素会使供给曲线和需求曲线整体移动，此时，会对市场的均衡状况有何影响，是我们在这部分内容中要讨论的。

接下来我们分析需求曲线移动会有哪些影响。以收入的增加和减少为例，如图 2-8 所示。起初需求曲线与供给曲线相交于 A 点，收入增加使得需求曲线外移，外移后的需求曲线和供给曲线相交于新的均衡点 B，我们可以发现，收入增加会导致巧克力均衡价格和市场均衡数量都上升。相反的，收入减少会导致需求曲线左移，均衡点从 A 点的位置移动到了图中的 C 点，巧克力的均衡价格和市场均衡时的巧克力数量都下降，相似的，其他因素的改变都是通过使需求曲线内移和外移而发挥着作用，其原理和收入的上升下降相似。

另外，供给曲线的移动也会对均衡状况产生影响，以技术进步和成本上升为例，如图 2-9 所示。起初需求曲线与供给曲线相交于 A 点的均衡位置，技术进步使得供给曲线向右移动，外移后的供给曲线和需求曲线相交于新的均衡点 B，我们可以发现，技术进步使巧克力均衡价格下降，市场均衡时的巧克力均衡数量的上升。相反的，成本的上升会导致供给曲线内移，均衡点从 A 点的位置移动到了图中的 C 点，巧克力的均衡价格上升，市场均衡时的巧克力数量下降，相似的，其他因素的改变也都是通过使得供给曲线内移和外移而发挥着作用，其原理相似。

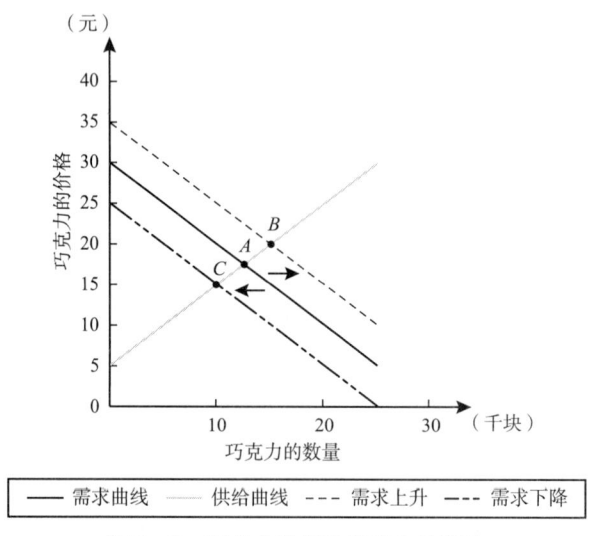

图 2-8　需求曲线移动所带来的影响

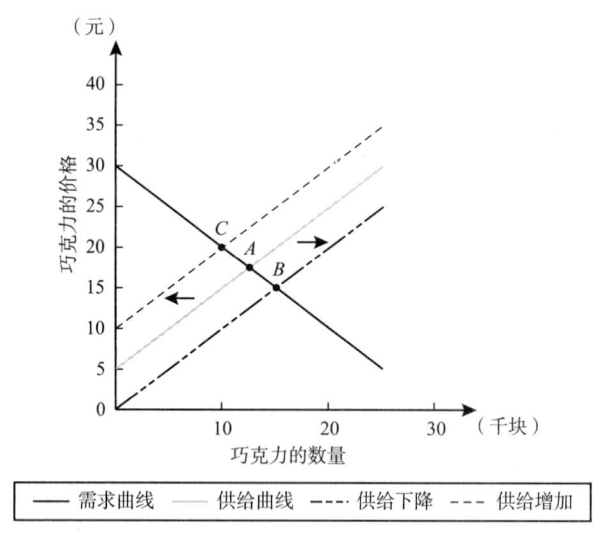

图 2-9　供给曲线移动所带来的影响

需求曲线和供给曲线也常常会同时发生变动，因为各种情况比较复杂可能性也较多，我们从选择需求曲线和供给曲线全部外移所造成的影响来探讨，如图 2-10 所示。起初供给曲线和需求曲线的均衡状态在 A 点，收入增加时，需求曲线外移，技术进步时，供给曲线外移，新的均衡点在 B 点，显然，新的均衡状态巧克力的均衡数量要大于原来的情况，而巧克力的价格则不一定，得实际参考两种曲线外移的程度才能判断。

第 2 章　需求、供给及均衡

（元）

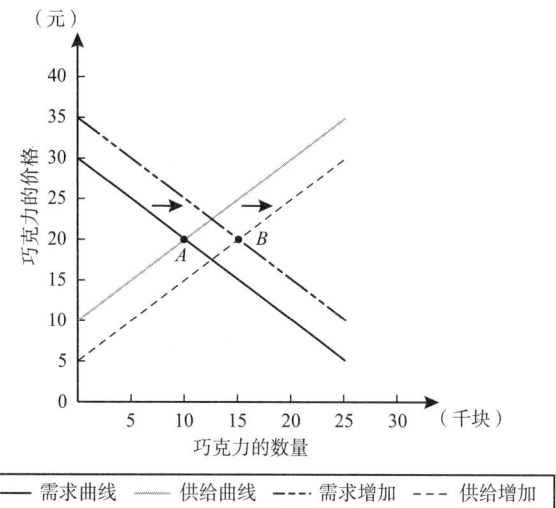

图 2 - 10　需求曲线和供给曲线同时外移的影响

―― 需求曲线　―― 供给曲线　--- 需求增加　--- 供给增加

总　结

本章主要讲述了需求及需求曲线、供给及供给曲线。有各种因素会影响需求和供给，导致需求曲线和供给曲线的移动。结合需求曲线和供给曲线，就能获得均衡情况下的某种物品的价格，以及相对应的供给和需求量。各种因素变动时，均衡也会变动。

关键概念

需求、需求曲线、供给、供给曲线、均衡

习　题

1. 收入上升时，如何影响均衡价格和均衡数量？
2. 成本增加时，如何影响均衡价格和均衡数量？
3. 收入上升同时成本增加时，如何影响均衡价格和均衡数量？

第 3 章　消费者行为

> **本章学习目标**
>
> 1. 了解预算约束。
> 2. 了解消费者如何选择。
> 3. 了解需求弹性、消费者剩余。

3.1　预算约束

在第 1 章，我们在谈论如何用经济学的模型和思维方式来分析问题时曾提到过预算约束的概念。预算约束指的是消费者的选择要受到支付能力和价格的限制。在既定价格时，消费者对各种商品和服务的支付能力的限制表现为预算约束。

我们来举一个简单的例子。李华准备用一笔钱购买铅笔和钢笔，他有 60 元，1 支铅笔售价 2 元而 1 支钢笔售价 4 元。按照这样的条件，我们可以获得如图 3-1

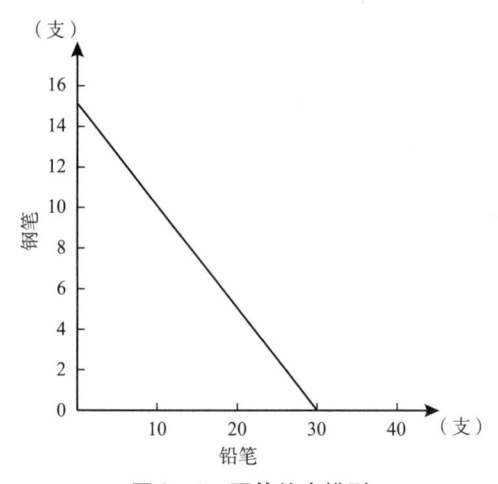

图 3-1　预算约束模型

所示的预算约束线,用这笔钱全部购买铅笔则能获得 30 支铅笔,用于购买钢笔则是 15 支钢笔,这样的预算约束并不能告诉我们消费者最终会选择什么样的组合来进行购买,为了进一步研究消费者的决定,我们引入了效用的概念,即消费者通过消费或者享受闲暇等使自己获得的满足程度。

3.2 效用与无差异曲线

效用函数表示的是消费者在消费中所获得的效用与所消费的商品组合之间数量关系的函数,用来衡量消费者从消费既定的商品组合中所获得的满足程度。关于效用,有两个基本的原理:边际效用递减原理和最大效用原理。边际效用递减原理是指,一件东西的增加,对人产生的效用的增长是递减的,也就是说,当一个饿极了的人,吃的第一口饭,效用是最大的,随着每多吃一口饭,增加的效用就会减少,如图 3-2 所示。最大效用原理是指,在风险和不确定条件下,个人的决策行为准则是为了获得最大期望效用值而非最大期望金额值。

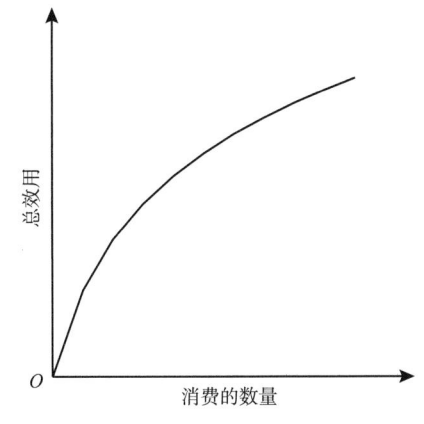

图 3-2 边际效用递减原理

因而对于一个人来说,其追求的总效用是所涉及的所有产品带来的效用的综合。作为函数可以写作 $U = U(x, y, z, \cdots)$,公式中左边的 U 为总效用,x,y,z 分别代表消费者所拥有或消费的各种商品的数量。

以图 3-1 的铅笔和钢笔为例,效用 $U = U$(铅笔,钢笔)即每一个点的铅笔和钢笔代入函数,得到的就是李华获得的效用。在图 3-1 中将相同效用的点连接就能得到无差异曲线,它们是一条条相互平行的曲线,如图 3-3 所示。

如图 3-3 的三条无差异曲线,U_1、U_2、U_3。同样位于 U_1 上的点,组合的方式不同,但是获得的都是同样的效用,曲线的弯曲方式是边际效用递减所导致的,位于上方的曲线其效用是要大于位于下方的曲线,即图 3-3 中的效用 U_1 最大,U_2 最小。

消费者所做的决策,依赖于预算约束和无差异曲线,在预算约束的限制下,可以使得自己的效用最大化的组合方式就是消费者的决定。因为边际效用是递减的,

图 3-3 无差异曲线

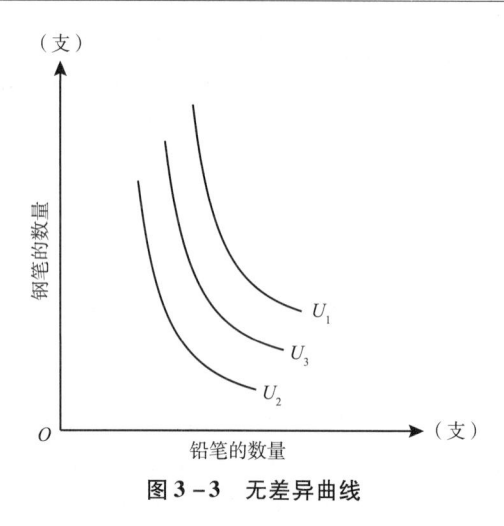

单一的购买铅笔或者钢笔都不能获得最大的效用，只有两者的组合才可以，反映在同一张图上，只有当预算约束线和无差异曲线相切时，切点处的组合方式，就是消费者做出的决定，如图 3-4 所示。

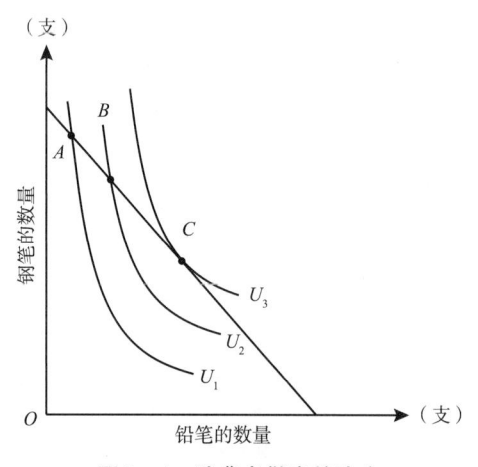

图 3-4 消费者做出的决定

如图 3-4 所示，当消费者选择 A 点的组合方式，获得的效用为 U_1，当选择 B 点的组合方式，获得的效用为 U_2，当选择 C 点的组合方式，获得的效用为 U_3。很显然无差异曲线越靠外部，其效用越高，在切点也就是说 C 点的组合对应的 U_3 才是能够获得最高效用的选择，同样的，消费者在权衡之后所做出的决定，也应该是预算约束和效用的无差异曲线的切点的组合方式。

3.3 消费者选择的变化

在这部分的内容中，我们所涉及的消费者做出的选择，是基于预算约束以及效用函数的无差异曲线决定的。那么当预算约束线或者无差异曲线变动时，显然就会改变消费者做出的选择。具体的变动包括：收入的改变、产品价格的变化、效用函数的改变等。

3.3.1 收入的改变引起的消费者选择的变化

在研究收入的改变引起的消费者选择的变化时，我们选择以收入下降时的情况作为例子。如图 3-5 所示，当收入减少时，预算约束线向下平移，从 L_1 移动到 L_2，这样的情况下，相切的无差异曲线也会偏下，从 U_1 下降到 U_2，产品的选择组合也从 A 点移动到 B 点。

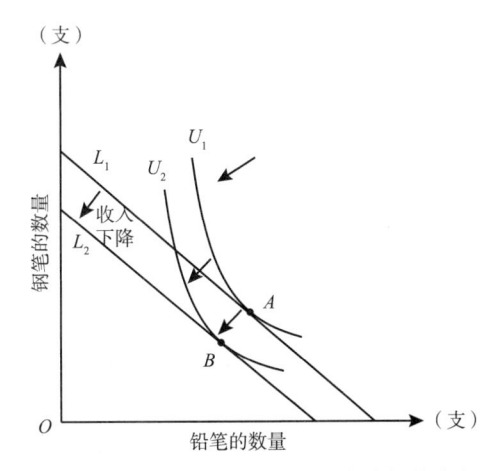

图 3-5 收入减少导致的消费者选择的变化

我们能够得到这样的结论，收入下降所造成的影响是所有产品的购买数量的减少，以及总效用的下降，但是事实上两种产品购买的比例，可能没有太大的变化，仅仅是因为收入而引起的消费者选择的变化被称作收入效应。

3.3.2 产品价格的变化引起的消费者选择的变化

在研究产品价格变化引起的消费者选择的变化时，我们通常以其中一种商品的价格上升为例，以便于我们的分析。当铅笔的价格上涨到原来的两倍时，我们可以做出新的预算约束线，事实上，它是以另一端为支点的旋转。新的预算约束线 L_2 与新的无差异曲线 U_2 相切于 B 点，就是价格变化后的消费者选择。

从图 3-6 中我们可以看到，事实上，从 A 点到 B 点的变化我们可以看作两个部分，一个部分是，假如有一条 L_3 和 L_1 平行，对应着一个较低的收入水平，将会与最终的无差异曲线 U_2 相切于 C 点，从 A 点到 C 点的变化在上文中我们知道是收入效应；另一部分从 C 点到 B 点则是沿着无差异曲线 U_2 的移动，相当于在同样的效应下，选择的两种产品的组合不同，从 C 点到 B 点事实上就是在同样效应下放弃了铅笔，使用钢笔作替代的过程，这被我们称作替代效应。总的来讲，从 A 点到 B 点的改变包括了从 A 点到 C 点的收入效应和从 C 点到 B 点的替代效应，即产

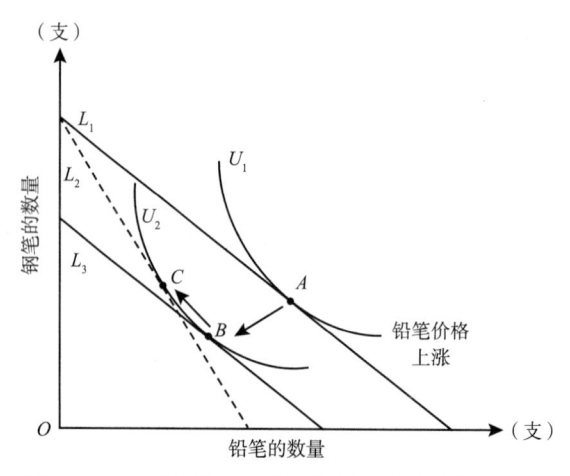

图 3-6　产品价格的变化引起的消费者选择的改变

品价格的变化，会产生两种不同的效应方式，来影响消费者的选择。在这样的情况下，不仅仅两种产品的购买数量发生变化，其购买比例一般也有较大变化，其实很好理解，当铅笔价格上升时，我们自然地就会选择少买铅笔多买钢笔。因而钢笔的比例就会上升。

3.3.3　效用函数的改变引起的消费者选择的变化

效用函数本身的改变，也会导致消费者选择发生变化。这个很好理解，如果人的偏好发生变化，认为钢笔能给自己带来更大的满足，那么效用曲线就会偏向钢笔，而最终钢笔的购买量也会增加。因为效用函数的改变会引起无差异曲线的变形，分析起来稍微复杂，但是依然是预算约束条件下无差异曲线与其的切点作为最终的选择，这一点是不会改变的。具体的情况，还需要依据不同状况进一步分析。

3.4　需求弹性

我们在日常生活中经常发现，当某种物品的价格下降时，买者对该物品的需求通常会增加。当买者收入增加时，对该物品的需求通常也会增加。当该物品的替代品的价格上升时，买者对该物品的需求通常会增加。当该物品互补品的价格下降时，买者对该物品的需求通常会增加。这样的谈论只涉及了需求变动的方向却并没有定量。为了定量衡量需求对其决定因素变动的反应程度，我们引入了弹性的概念。

需求弹性表示需求量的变动对于价格变动的反应程度，如果一种物品的需求量对价格变动的反应大，那么这种物品的需求是富有弹性的；如果一种物品的需求量对价格变动的反应小，那么这种物品的需求是缺乏弹性的。

3.5 消费者剩余

消费者剩余是涉及经济福利的部分，我们通过一个例子来解释它。假设你有一张演唱会的门票而你正想要卖掉它。因为你没时间去看这个演唱会，你决定把该门票卖给自己的朋友。你有四个朋友都愿意出钱购买这张门票，但每个人愿意为此付出的价格都有限。张三愿意用 100 元买这张门票；李四愿意用 130 元购买这张门票；王五愿意用 150 元购买这张门票而赵六愿意用 200 元购买这张门票。每个买者都希望以低于自己支付意愿的价格买这张门票，并拒绝以高于他支付意愿的价格买这张门票，而且，对以正好等于自己支付意愿的价格买进这张门票持无所谓的态度。

当这四个人聚在一起出价准备购买这张门票时，这张门票的价格最终将为 150 元，且被赵六购买走（事实上只要赵六叫价稍稍高于 150 元就可以保证获得这张门票），而赵六愿意支付的支付意愿是 200 元，那么事实上这样就可以省出 200 - 150 = 50（元）的部分，这 50 元就是赵六所获得的福利，被称为消费者剩余。同样的，当门票不是一张而是两张时，那么门票的价格就会叫到 130 元，这样王五省出了 20 元而赵六省出了 70 元，这时的消费者剩余就是 90 元。这是假定在产品很少，且购买的人也很少的情况下的，在这个例子中，我们如果构建一个需求曲线的话，它的显示如图 3-7 所示。

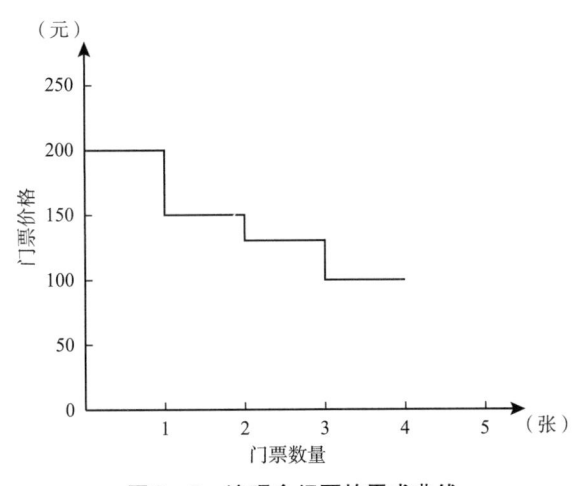

图 3-7 演唱会门票的需求曲线

那么我们所研究的消费者剩余在图上也可以简单的表示出来，当有一张门票时，消费者剩余是如图 3-8 的阴影部分面积，即处于 200 元部分以下而 150 元部分以上的阴影区域，代表的消费者剩余是 50 元。

而当情况发生变化，拥有两张门票时，消费者剩余则是如图 3-9 的阴影部分。即 130 元以上，200 元以下的区域，代表的消费者剩余是 90 元。

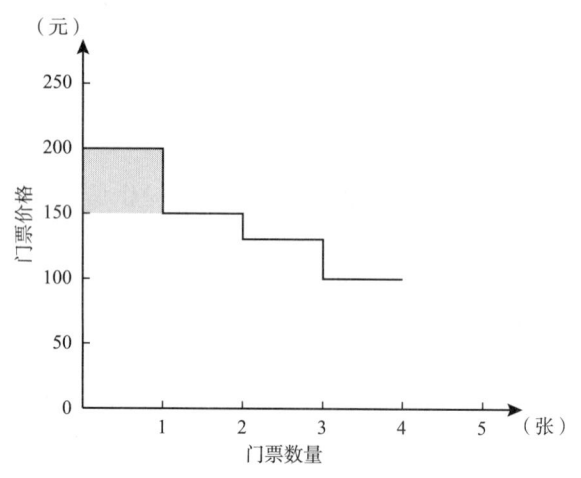

图 3-8 当有一张门票时的消费者剩余

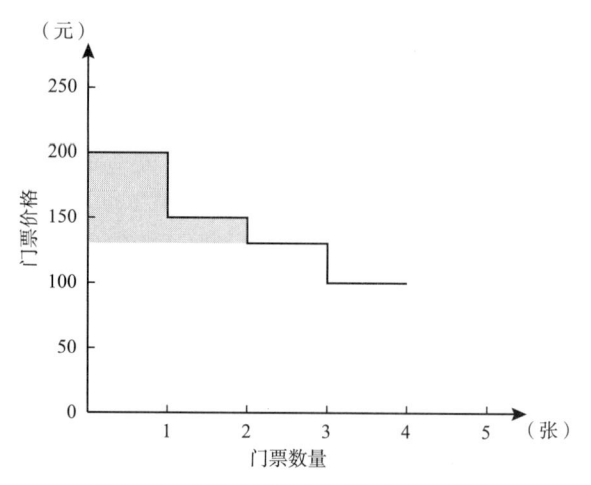

图 3-9 当有两张门票时的消费者剩余

这个例子的结果对所有需求曲线都是成立的，需求曲线以下和价格以上的面积衡量的就是市场的消费者剩余。因为，需求曲线衡量买者对此物品的支付意愿。支付意愿与市场价格之间的差额是每个买者的消费者剩余。所以，需求曲线以下和价格以上的总面积是一种物品或劳务市场上所有买者消费者剩余的总和。

更一般的情况我们可以反映在需求曲线上，需求曲线一般是斜向下的光滑曲线，在价格以上需求曲线以下部分事实上是一个三角形，我们所衡量的消费者福利便是三角形的面积，如图 3-10 所示。

我们发现，随着价格下降，消费者剩余也逐渐上升，但是社会福利不仅仅包括消费者剩余，因而价格并不会无限下降。经济学家通常假设，消费者是理性的，应该尊重他们的偏好。此时，消费者是他们从自己购买的物品中得到了多少收益的最好的判断者。

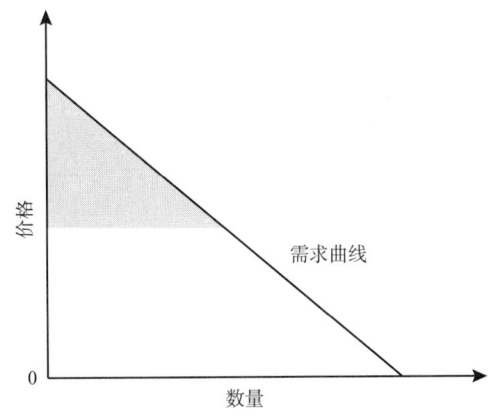

图 3-10　一般情况下的需求曲线与消费者剩余

总　结

消费者的选择既取决于消费者偏好，同时受到支付能力和价格的限制。在既定价格下，消费者对各种商品和服务的支付能力的限制表现为预算约束。效用函数用来表示消费者在消费中所获得的效用与所消费的商品组合之间数量关系的函数，以衡量消费者从消费既定的商品组合中所获得满足的程度。关于效用，有两个基本的原理，边际效用递减原理和最大效用原理。无差异曲线是指这样一条曲线，在它上面的每一点表示不同的商品组合，但是人们从中得到的满足程度却是一样的。消费者所做的决策，依赖于预算约束和无差异曲线，在既定预算约束下，最大化自身效用时的组合方式就是消费者的选择。当预算约束线或者无差异曲线变动时，会导致消费者选择发生变化。

关键概念

预算约束、效用函数、无差异曲线、边际效用递减、收入效应、替代效应、需求价格弹性、消费者剩余

习　题

1. 李华计划使用 100 元的资金购买两种商品，面包和牛奶，面包 8 元一袋，而牛奶 6 元一瓶，面包和牛奶对于李华而言的效用函数是 $U = U$（面包，牛奶）= $5\ln$（面包）$+ 4\ln$（牛奶），请根据以上条件绘制出预算约束线和效用最大化的无差异曲线，并计算消费者的最优组合。

2. 说明收入效应和替代效应的差别，并且在单一产品价格上升的情况下，绘图解释收入效应所造成的影响和替代效应所造成的影响。

3. 小明半天都没有进食。下面是他对一碗饭的评价：第一碗饭评价 5 元；第二碗评价 3 元；第三碗评价 1 元。画出他对米饭的需求曲线。如果一碗饭的价格是 2 元，小明会买多少碗饭？从他的购买中得到了多少消费者剩余？用你的图说明小明的消费者剩余。

第 4 章　生产者行为

> **本章学习目标**
>
> 1. 了解生产成本。
> 2. 了解生产者如何做出决定。
> 3. 了解供给曲线、供给弹性、生产者剩余。

4.1　等产量曲线

生产可能性是指，一个人运用其所具有的生产要素进行生产可以达到的选择的组合情况。这里的生产要素是多样的，包括时间、原料、家畜等众多可能。

在这里我们将引入等产量曲线，等产量曲线表示能够生产的某一产品的给定产量水平下的所有可能的（有效率的）投入品组合。这里我们通常情况下，为了便于分析，约定俗成的选用的生产要素是资本与劳务，分别标记为 K 和 L。对于每一个不同投入的资本和劳务，都对应着一个产量 Q，对于不同的资本与劳务的投入，一部分的组合可以获得相同的产量。将相同产量对应的投入组合进行连线，得到的就是一条等产量曲线，等产量曲线的形状和我们在上一章中提到的效用的无差异曲线很相似，无差异曲线形状的原因是因为边际效用递减，而等产量曲线形状的原因是边际产量递减。如图 4-1 所示，就是等产量曲线的一种表现。

图 4-1 中的三条等产量曲线 Q_1、Q_2、Q_3 各自的曲线上的产量都是相等的，虽然它们对应的都是不同的资本 K 和劳务 L 的投入组合，而靠外侧的产量曲线上对应的产量，要高于偏内侧的产量曲线上的产量，如图 4-1 中显示，Q_3 最大而 Q_1 最小。这样的等产量曲线虽然告诉了我们一定产量前提下的组合方式，但并不能告诉我们生产者最终会选择什么样的组合来进行生产。为了进一步研究生产者决策，我们引入了生产成本的概念，所谓的生产成本就是指生产单位为生产产品或提供劳务而发生的各项生产费用。

图 4-1 等产量曲线

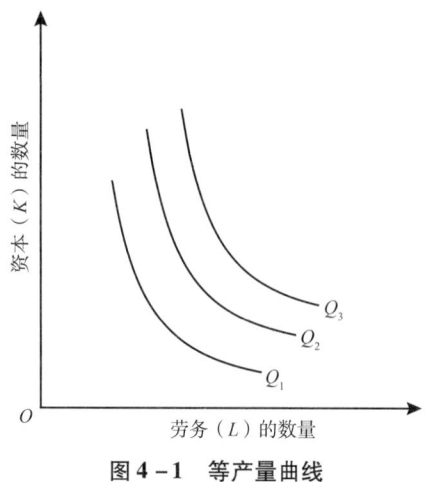

如图 4-2 所示，随投入要素的数量增加，增加一单位投入要素数量所带来的总产量的增加量在减少，即边际产量递减。这解释了图 4-1 中等产量曲线为什么凸向原点。

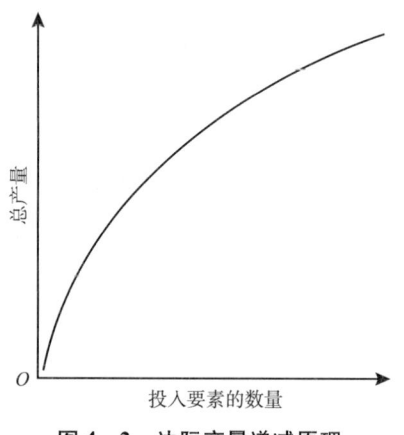

图 4-2 边际产量递减原理

4.2 总成本曲线、平均成本曲线与边际成本

在研究竞争市场中的企业状况时，我们首先也需要一些用于描述具体情况的模型，这时候我们引入了成本的各种衡量方式。与上一章的生产者行为不同的是，我们这次是以单一产品为目标的成本随产量变化的关系曲线。

4.2.1 总成本曲线

接下来我们研究企业的生产和定价决策。对于这个目的来说，最重要的关系是产量和总成本之间的关系。把产量设为横轴，把总成本设为纵轴，表示这两者的关系。这条曲线被称为总成本曲线，如图 4-3 所示，其中总成本常写作 TC。

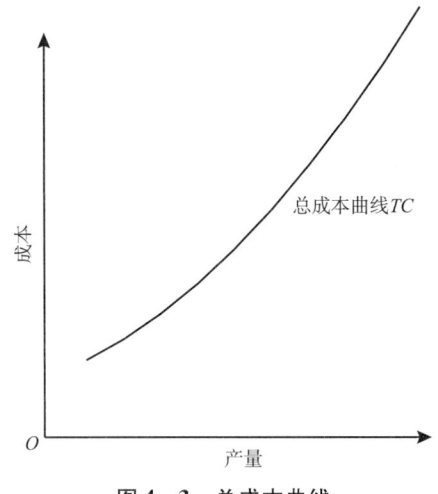

图 4-3　总成本曲线

注意，总成本曲线随着产量增加而越来越陡峭。这一点其实很好解释，首先我们在之前的内容中提到过边际产量递减的原理，也就是说，随着投入成本的增多，相同的投入所引起的产量的增加量逐渐下降，下面看一组例子。

我们由表 4-1 中数据可以看到，第一次使产量上升 3 个单位所需要的成本是 10 元，而第二次使产量上升 3 个单位需要的成本则是 30 - 10 = 20（元），显然，依照边际产量递减，我们可以得到边际成本递增的结论。

表 4-1　　　　　边际产量递减带来的边际成本增加数据

成本（元）	总产量（个）	边际产量（个）
10	3	3
20	5	2
30	6	1
40	6.5	0.5

另一个需要注意的问题是固定成本与可变成本。以面包店为例，面包店的总成本可以分为两类。其中一些成本不随着生产的产量变动而变动，称为固定成本。面包店的固定成本包括面包店的租金、制造面包机器的成本等，因为无论面包店生产多少面包，这种成本是维持不变的。同样，店员的薪水也是固定成本。在图 4-3 中，我们可以看到产量为 0 时，总成本曲线和纵轴相交的截距并不是 0，这个值就是固定成本的大小；此外，企业的一些成本会随着企业改变产量而变动，称为可变成本。面包店的可变成本包括面粉和糖的成本，这是显而易见的，面包店生产的面包越多，需要投入的面粉和糖就越多。同样，如果面包店因为产量需要提升而必须多雇工人以便多生产，那么，这些工人的薪水就是可变成本。企业总成本等于固定成本加可变成本。

4.2.2 平均成本曲线

作为面包店的经营者,常常要思考这样一个问题:生产 1 个普通的面包要多少成本?我们把企业的成本除以它生产的产量,可以得到平均成本。例如,如果企业每小时生产 20 个面包,它的总成本是 40 元,一个普通的面包的成本是 2 元。

总成本除以总产量称为平均总成本。由于总成本正是固定成本与可变成本之和,所以平均总成本可以表示为平均固定成本与平均可变成本之和。平均固定成本是固定成本除以总产量,平均可变成本是可变成本除以总产量,如图 4-4 所示,平均成本常写作 ATC。

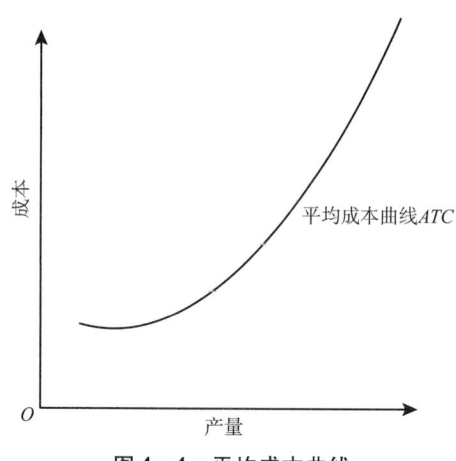

图 4-4 平均成本曲线

值得注意的一点是:平均总成本曲线是 U 形的,因为平均总成本等于平均固定成本加上平均可变成本。因为固定成本被分摊到更多量的产量上,所以平均固定成本随着产量的增加总是下降的。又因为边际产量递减所以平均可变成本一般随着产量增加而增加。平均总成本的形状反映了平均固定成本和平均可变成本的变化。在产量水平低时,平均总成本高是因为固定成本只分摊在少数几个单位的产品上。然后随着产量上升,平均总成本下降。当企业生产产量超过一定的值时,平均总成本由于平均可变成本大幅度上升又开始增加。在这个过程中,存在使平均总成本最小的产量,也就是 U 形曲线的底部。这种产量被称为企业的有效规模。

4.2.3 边际成本

边际成本 MC 表示当企业增加一单位产量的生产时总成本的增加量,如图 4-5 所示。

图 4-5 边际成本曲线

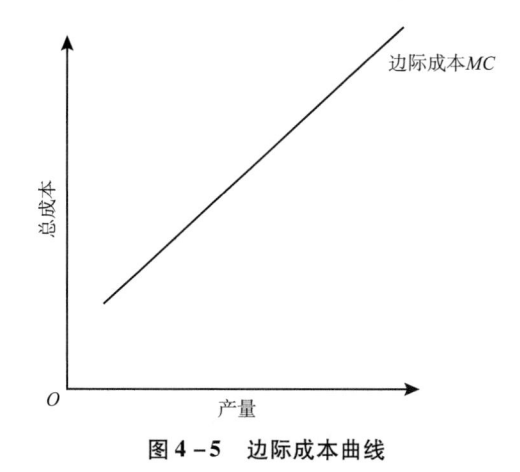

4.2.4　边际成本和平均总成本之间的关系

通过思考，我们可以得到这样一个结论：当边际成本小于平均总成本，再生产产品平均总成本就会下降；当边际成本大于平均总成本，再生产产品平均总成本就上升。边际成本曲线与平均总成本曲线相交。并且这个交点是最低平均总成本，如图 4-6 所示。

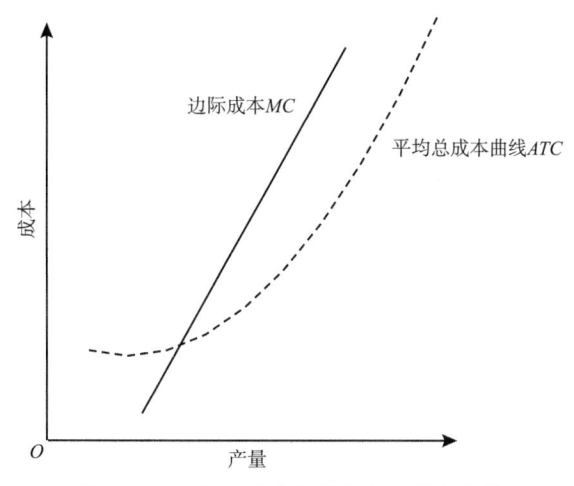

图 4-6 平均总成本曲线和边际成本曲线

4.3　生产成本和等成本曲线

等成本曲线表示一个固定的总支出所能得到的各种投入品组合。假设厂商面对的投入品价格是固定的，等成本曲线就是一条直线，其斜率代表相对价格。无论是什么样的生产者，在其生产的时候总是追求着在一定产量的条件下使己方的生产成本更加少的目标。我们先来看一下等生产成本曲线，如图 4-7 所示。

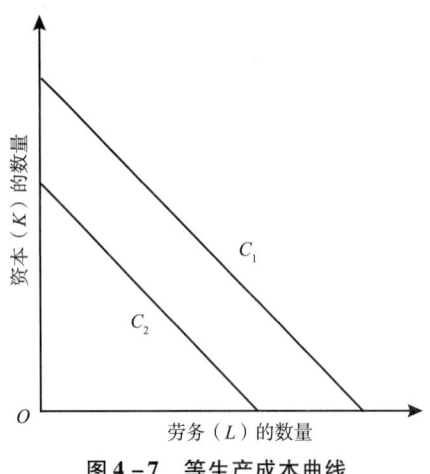

图 4-7 等生产成本曲线

在生产过程中,每一份资本或者劳务都对应着一份单价,因而等生产成本曲线一般是一条直线,在同一条等生产成本曲线上的资本和劳务的组合都要付出相同的成本,同样的是,越靠内侧的生产成本曲线对应的成本越小,即图 4-7 中 C_1 的成本要比 C_2 的成本要高。

对于一个生产者来说,其追求的产量是所涉及的所有生产要素带来的产品的综合,作为函数可以写作 $Q = Q(x, y, z, \cdots)$,其中,Q 为产量,x、y 和 z 分别代表生产者所拥有或投入的各种生产要素的数量。

生产者所做的决策,就是在等产量曲线的约束下,即产量一定的情况下,让自身生产的成本最小化,采取的组合方式就是最终生产者的决定。因为边际产量是递减的,单一的投入一种生产要素不能获得最大的效用,只有两者的组合才可以,反映在同一张图上,就是使得等产量曲线和等成本曲线相切时,切点处的组合方式就是生产者的决定,如图 4-8 所示。

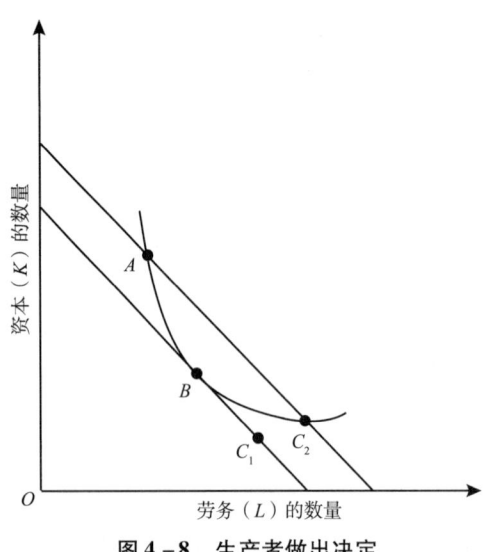

图 4-8 生产者做出决定

如图 4-8 所示，如果生产者选择 A 点的组合方式进行生产，则所需要承担的成本是 C_2，如果生产者选择 B 点的组合方式，则需要承担的成本是 C_1，很显然等成本曲线越靠外部，其承担的成本越高，在切点也就是说 B 点的组合对应的 C_1 才是能够达到的最低成本的组合选择，而在 A 点或者是任何不是 B 点的位置的组合方式都会造成不必要的成本的付出。同样的，生产者在权衡自己的各种生产成本之后所做出的决定，也应该是等成本曲线和产量的等产量曲线的切点位置处所代表的组合方式。

4.4 变动引起的生产者选择的变化

在这部分的内容中，我们所涉及的生产者做出的选择，是基于等成本曲线以及生产函数的等产量曲线决定的。那么当等成本曲线和等产量曲线发生变动时，生产者的选择也会变化。具体的变动包括，产量目标的改变、技术的进步等。

4.4.1 产量目标的改变引起的生产者选择的变化

在研究产量目标的改变引起的生产者选择的变化时，我们选择以目标产量提高作为例子，至于产量下降的情况，用相同的办法可以同样推得。如图 4-9 所示，当目标产量增加时，等产量曲线向外平移，从 Q_1 移动到 Q_2，这样的情况下，相切的等成本曲线也会偏上，从 C_1 外移到 C_2，生产要素的选择组合也从 A 点移动到 B 点。

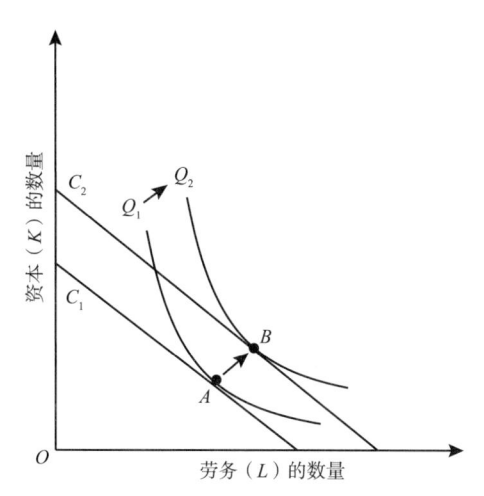

图 4-9　产量目标的上升引起的生产者选择的变化

我们能够得到这样的结论，产量目标的上升所造成的影响是对于所有生产要素的投入的增加，以及总生产成本的增加，但是事实上两种生产要素投入的比例，可能没有太大的变化。

4.4.2 技术的进步引起的生产者选择的变化

技术的进步会引起等产量曲线本身的计算方式的改变，也同样会引起生产者选择的变化。这个很好理解，如果技术发生了进步，只需要更少的资本或者劳务就能够达到原先的产量，那么等成本曲线只需要在较低的位置就能够达到相同的产量。但是因为技术的改变会引起等产量曲线的变形，分析起来稍微复杂，总的来说依然是等产量曲线与等成本曲线的切点作为最终的选择，这一点是不会改变的。具体的情况，还需要进一步依据不同状况来不同分析。

4.5 供给弹性

我们发现，当一种物品价格上升，当其投入的生产要素的价格下降，或者当技术提高时，该物品的生产者会增加供给量。为了衡量供给对其决定因素变动的反应程度，我们又要使用弹性的概念。供给弹性用于表示供给量对价格变动的反应程度：如果一种物品的供给量对价格变动的反应大，这种物品的供给是富有弹性的；如果一种物品的供给量对价格变动的反应小，这种物品的供给是缺乏弹性的。

4.6 生产者剩余

同消费者剩余一样，生产者剩余同样是涉及经济福利的部分，我们用一个相似的简单的例子来解释生产者剩余的概念。假设你需要请人来为你家的居住环境进行装修。你发出告示招募人来为你进行装修的工作。有4个人来应征，张三愿意以600元的价格接受这份任务，他的工作成本是500元；李四愿意以700元的价格接受这份任务，他的工作成本是600元；王五愿意以900元的价格接受这份任务，他的工作成本是800元；赵六愿意以800元的价格接受这份任务，他的工作成本是700元。每个卖者都希望以高于自己的心理价位来接受这份任务，并拒绝以低于成本的价格接受这份任务。

当这四个人聚在一起应征接受这份任务时，你只要把价格叫到600元，张三就会接受这份工作，而其他人会因为低于自己的成本而拒绝。而张三本身的生产成本是500元，那么事实上这样就可以使得张三获得600－500＝100（元）的部分，这100元就是张三所获得的福利，被称为生产者剩余。同样的，当需求的人工数是2个而不是1个的时候，那么价格就会叫到700元，这样张三获得了200元而李四则获得了100元，这时的消费者剩余就是300元。在这个例子中，我们如果构建一个供给曲线的话，它的显示是如图4－10所示。

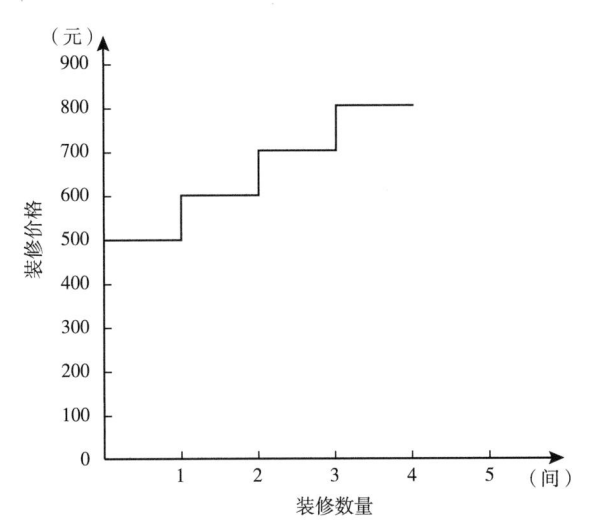

图 4-10 装修工作的供给曲线

那么，我们所研究的生产者剩余用图也可以简单地表示出来，当招募 1 个工人时，生产者剩余是如图 4-11 的阴影部分面积，即处于 600 元部分以下而 500 元部分以上的阴影区域，代表的生产者剩余是 100 元。

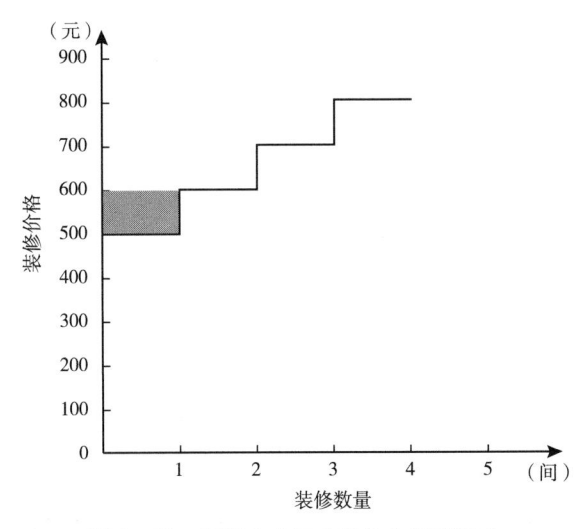

图 4-11 招募 1 个工人时的生产者剩余

而当情况发生变化，招募 2 个工人时，生产者剩余则是如图 4-12 的阴影部分。即 700 元以下，500 元以上的区域，代表的消费者剩余是 300 元。

更一般的情况我们可以反映在供给曲线上，供给曲线一般是斜向上的光滑曲线，在价格以下供给曲线以上部分事实上是一个三角形，该三角形的面积就是生产者福利，如图 4-13 所示。注意，供给曲线反映了卖者的成本，而价格和生产成本之间的差额是每个卖者的生产者剩余，所以价格之下和供给曲线以上的面积衡量市场的生产者剩余。

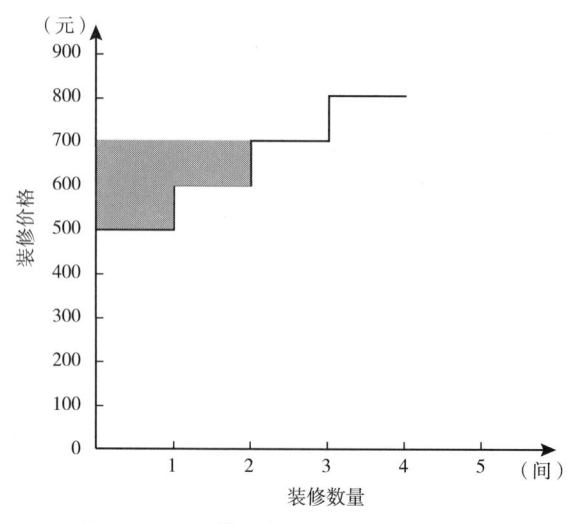

图 4-12　招募 2 个工人时的生产者剩余

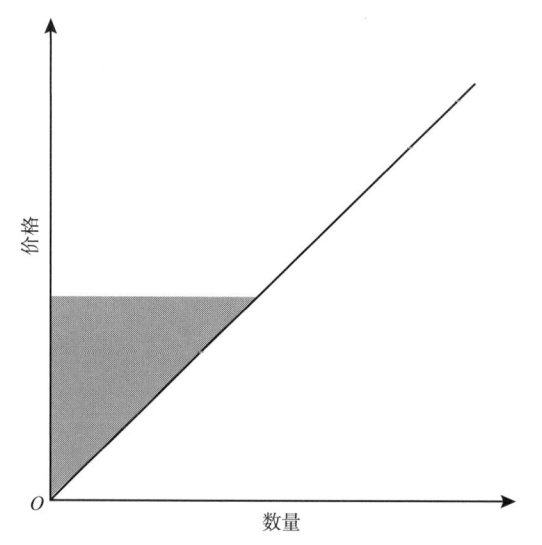

图 4-13　一般情况下的供给曲线与生产者剩余

卖者总是希望他们可以高价卖出商品，可是，高价时生产者福利会如何变化呢？生产者剩余的概念对这个问题提供了一个准确的答案，结合我们在上一章中提到的消费者剩余的概念，我们大概可以将社会福利在供给与需求曲线上进行一个表示，如图 4-14 所示的阴影部分。

我们所知道的是，消费者剩余在价格上升时减少，而生产者剩余在价格上升时增加，因而社会福利的变化随着价格的提高是分为两部分的，消费者剩余的变化和生产者剩余的变化是相反的，所以具体的社会福利是否增加，还得结合实际的问题进一步分析。

图 4-14 社会福利

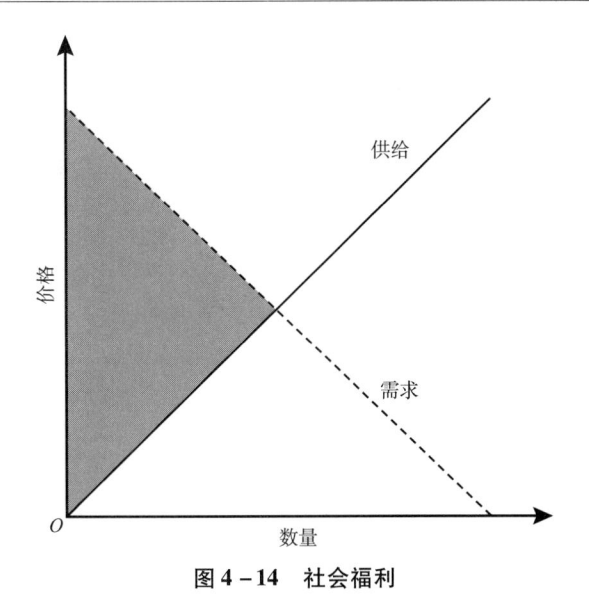

总　结

等产量曲线表示能够生产的某一产品的给定产量水平下的所有可能的（有效率的）投入品组合。等成本曲线表示一个固定的总支出所能得到的各种投入品组合。生产者所做的决策，就是在等产量曲线的约束下，即产量一定的情况下，让自身生产的成本最小化，采取的组合方式。因为边际产量是递减的，单一的投入一种生产要素不能获得最大的效用，只有两者的组合才可以，反映在同一张图上，其实就是使得等产量曲线和等成本曲线相切时，切点处的组合方式，就是生产者的决定。当等成本曲线以及生产函数的等产量曲线发生变动时，会使生产者的选择发生变化。具体的变动包括，产量目标的改变、技术的进步等。供给弹性用于表示供给量对价格变动的反应程度。

关键概念

等产量曲线、边际产量递减、生产成本、等成本曲线、总成本、边际成本、平均成本、供给弹性、生产者剩余、社会福利

习　题

1. 李华开设了一家工厂，计划投入资本与劳务生产巧克力，生产要素投入是两类，资本与劳务，资本每单位8元，而劳务每单位6元，资本与劳务用于生产巧克力的产量是 $Q = Q(K, L) = 5K^{\frac{1}{2}}L^{\frac{1}{2}}$，请绘制出产量目标为100个单位的等产量曲线和等成本曲线，并计算出生产者的最优生产方式。

2. 简要说明产量目标的改变如何影响生产者做出决定,并且绘图解释具体的影响。

3. 从消费者剩余和生产者剩余两方面的角度,谈谈价格的变化对于社会福利的影响,并且思考,市场能否通过自我调节的方式,自发地达到社会福利的最大化?

第 5 章　市场结构

本章学习目标

1. 了解市场结构的内涵。
2. 了解完全竞争、垄断、垄断竞争、寡头四种市场。
3. 理解四种不同市场的特征。

5.1　市场上的竞争

在本章中，我们将考察在市场中竞争的不同企业的行为，例如，一个小县城里的面包店。根据市场的竞争程度，通常可以分为完全竞争市场和不完全竞争市场。假如一个市场是完全竞争的，如铅笔市场，一方面，生产的铅笔基本上是同质的，另一方面，其价格由市场中无数的买者和卖者共同决定的，其中单一的卖家或者买家，只能被动地接受价格，所以他们也被叫作价格接受者。

当然也有一些不完全竞争的市场，即部分买家或者卖家可以很大程度影响市场价格，按照其特点分，大约有三种不同的情况。首先，是垄断，垄断是指在这个市场中，只有一个卖者，这个卖者决定价格。例如，在隔绝的地方的一个村落，只有一户人家拥有水井可以提供水，那么就形成了垄断，他们可以自己制定水的价格。其次，是寡头，如同一些国家的航空公司，整个市场中只有几家不同的航空公司提供服务，那么他们会倾向避免激烈的竞争，同时一家航空公司会对服务价格产生较大的影响。最后，则是垄断竞争，是指一些市场有许多提供有差别的产品的卖者，每个卖者都有某种决定自己产品价格的能力，比如软件行业，每一种程序都有其特殊性，价格也不同。

5.2　完全竞争市场

完全竞争市场有三个特征：一是市场上有许多买者和许多卖者；二是各个卖者提供的物品是同质的；三是企业可以自由地进入或退出市场。

由于这些条件，市场上任何一个买者或卖者的行动对市场价格的影响都是微不足道的，他们都是价格接受者。以鸡蛋市场为例，没有一个鸡蛋买者可以影响鸡蛋价格，因为相对于市场规模，每个买者购买的鸡蛋数量很少，同样，每个鸡蛋卖者对价格的控制是有限的，因为许多其他卖者也提供基本相同价格的鸡蛋。如果一个卖者收取高价格，买者就会到其他地方买。企业可以自由地进入或退出市场，大致的意思就是说：任何人都可以通过努力开一个养鸡场，而且，任何一个已经开了养鸡场的人可以决定离开该行业。事实上我们对竞争企业的许多分析并不依靠自由进入和退出的假设，因为当只能作为价格接受者时，能否自由进入退出并不是必要的。

5.3　垄断市场下的企业状况

5.3.1　垄断与垄断形成的原因

如果一个企业是某种产品唯一的卖者，而且如果这种产品并没有相近的替代品，这个企业就是垄断。垄断的基本原因是进入壁垒，垄断的成因一般有三种：第一，关键资源由一家企业拥有；第二，政府给予一个企业排他性地生产某种产品的权利；第三，生产成本使一个生产者比大量生产者更有效率。

（1）关键资源由一家企业拥有。垄断产生的最简单方法是一个企业拥有一种关键的资源。例如，我们日常生活中经常饮用的可口可乐，事实上是由其浓缩原汁冲配而成的，这个浓缩原汁的配方是绝对机密，世界上只有可口可乐工厂能够生产这种浓缩原汁，那么，浓缩原汁所有者就垄断了可口可乐。垄断者可以如其所好地规定可口可乐的价格。

（2）政府给予一个企业排他性地生产某种产品的权利。很多的情况下，垄断产生的原因是政府的特许造成的。专利是政府如何为公共利益创造垄断的一个例子。当一家制药公司发明了一种新药时，它就可以向政府申请专利。如果政府认为这种药是原创性的，它就批准专利，该专利给予该公司在一定年份中排他性地生产并销售这种药的权利。专利的影响是容易说明的。由于这些法律使一个生产者成为垄断者，所以，这些垄断生产者收取较高价格并赚取较多利润。这些法律也鼓励了一些合法的行为：鼓励了这些公司的研发。因此，决定专利的法律既有收益也有成本。

（3）生产成本使一个生产者比大量生产者更有效率。当一个企业能以低于两个或更多企业的成本为整个市场供给一种物品或劳务时，这个行业是自然垄断。即当相关产量范围存在规模经济时，自然垄断就产生了。自然垄断的一个例子是供水。为了向镇上居民供水，企业必须铺设遍及全镇的水管网。如果两家或更多企业在提供这种服务中竞争，每个企业都必须支付铺设水管网的固定成本。因此，如果一家企业为整个市场服务，水的平均总成本就是最低了。

关于形成自然垄断的过程，有很多经济学家认为，在自然垄断形成的初期，是依赖于政府给予的权利而造成的垄断。以供水为例，首先是法律给予了供水企业以排他性，才可以安全地将自己的设备建设于全镇的水管网，等到进入运营一段时间后，自然垄断就形成了，一方面有着法律效力的保护，另一方面有着规模经济生效时对于后进入市场的企业的门槛会变高，导致了垄断的形成。

5.3.2 垄断者的收益

竞争企业与垄断之间的关键差别是能否影响其产品价格。竞争企业只能被动接受市场条件所给定的其产品价格。相反，由于垄断者是市场上唯一的卖者，它就可以调整向市场供给的产量来影响产品的价格。作为一个竞争市场的企业，其面临的需求曲线是一条直线，首先其被动地接受价格，另外，因为市场很大，这个企业所占据的只有很小一部分，所以事实上它在这个价格下，无论多少产量的产品都能够售卖出去，所以，竞争企业面临一条水平需求曲线。与此相比，由于垄断者是其市场上的唯一卖者，所以，它的需求曲线就是整个市场的需求曲线。这样，垄断者的需求曲线会由于所有的原因而向右下方倾斜。如果垄断者降低其产品价格，消费者就多买这种物品。换个角度来看，如果垄断者增加它销售的产量，其产品价格就下降。

市场需求曲线限制了垄断者由其市场势力得到利润的能力。一个垄断者愿意的话，就可以收取高价格，但是由于高价格会减少消费者对其产品的需求。垄断者追求的是利润最大化而不是高价格，这就是为什么水费、可口可乐的价格等都不会定得特别高的原因。垄断者可以选择需求曲线上的任意一点，但它不能选择需求曲线外的任何一点。垄断者的目标是利润最大化。由于企业的利润是总收益减去总成本，所以，解释垄断者行为要考察垄断者收益。如图5-1所示，是一个垄断企业的需求曲线、边际收益曲线和成本曲线。根据边际收益递减和边际成本递增原理，边际收益向下倾斜而边际成本向上倾斜。

如果企业在低产量水平上生产，边际成本小于边际收益。如果企业增加一单位产量，增加的收益将大于增加的成本，利润将增加。因此，当边际成本小于边际收益时，企业可以生产更多单位产品来增加利润。

同样的推理也可以用于高产量水平的情况，在这种情况下，边际成本大于边际收益。如果企业减少一单位生产，节省的成本将大于失去的收益。因此，如果边际成本大于边际收益，企业可以减少生产来增加利润。最后，企业调整其生产水平直至产量达到A点对应的产量时为止，在这时边际收益等于边际成本。因此，垄断者的利润最大化产量是由边际收益曲线与边际成本曲线的交点决定的。

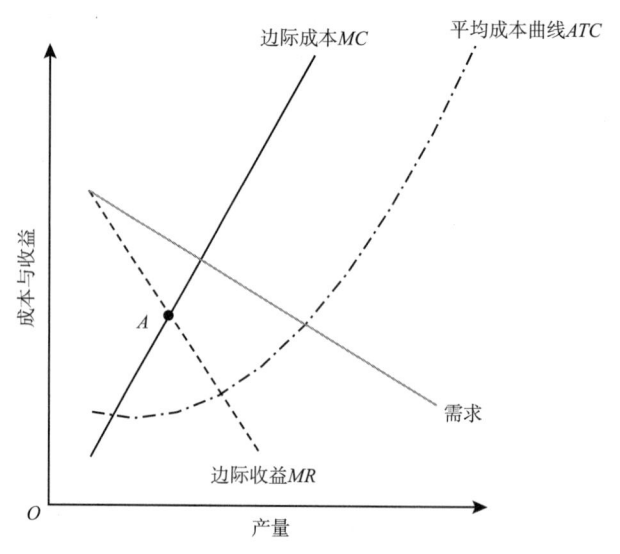

图 5-1 垄断企业模型

值得注意的一点是，在遵循这条利润最大化的规则上，竞争企业和垄断者是相似的。但是，这两类企业之间也有一个重要的差别：竞争企业的边际收益等于其价格。而垄断者的边际收益小于其价格，因为垄断者并不能使得自己的产量无限制的卖出。因而在价格高于边际成本的情况下，一方面避免了零利润的产生，另一方面却带来了无谓损失。我们将在第 7 章了解到无谓损失。

5.4 寡头市场和垄断竞争

经济中一般企业面临竞争，但竞争并没有激烈到使企业完全成为价格接受者，一般企业也有某种程度垄断，但它的市场势力还没有大到使企业可以完全像垄断企业。换句话说，在我们的经济中，典型的企业是不完全竞争。不完全竞争的市场有两种类型，分别是寡头和垄断竞争市场。

（1）寡头是只有少数几个卖者的市场，每个卖者都提供与其他企业相似或相同的产品。例如，国内提供电话通信服务的只有包含联通、移动在内的几家企业，因而就是寡头。它的特征如下：

第一，厂商极少。市场上的厂商只有一个以上的少数几个（当厂商为两个时，叫双头垄断），每个厂商在市场中都具有举足轻重的地位，对其产品价格具有相当的影响力。

第二，相互依存。任一厂商进行决策时，必须把竞争者的反应考虑在内，因而既不是价格的制定者，更不是价格的接受者，而是价格的寻求者。

第三，产品同质或异质。产品没有差别，彼此依存的程度很高，叫纯粹寡头，存在于钢铁、尼龙、水泥等产业；产品有差别，彼此依存关系较低，叫差别寡头，存在于汽车、重型机械、石油产品、香烟等产业。

第四，进出不易。其他厂商进入相当困难，甚至极其困难。因为不仅在规模、资金、信誉、市场、原料、专利等方面，其他厂商难以与原有厂商匹敌，而且由于原有厂商相互依存，休戚相关，其他厂商不仅难以进入，也难以退出。

（2）垄断竞争有许多相似但不相同产品的企业的市场结构。例如，电脑软件市场，有很多功能相似但不能完全替代的产品。垄断竞争市场竞争程度较大，垄断程度较小，比较接近完全竞争，而且要现实得多，在大城市的零售业、手工业、印刷业中普遍存在。从总体上说，这种市场具有以下特点：

第一，厂商众多。市场上厂商数目众多，每个厂商都要在一定程度上接受市场价格，但每个厂商又都可对市场施加一定程度的影响，不完全接受市场价格。另外，厂商之间无法相互勾结来控制市场。对于消费者，情况是类似的。这样垄断竞争市场上的经济人是市场价格的影响者。

第二，互不依存。市场上的每个经济人都自以为可以彼此相互独立行动，互不依存。一个人的决策对其他人的影响不大，不易被察觉，可以不考虑其他人的对抗行动。

第三，产品差别。产品差别是造成厂商垄断的根源，但是又存在一定程度的可相互替代性，因而厂商之间会相互竞争。产品差别含义的准确表述如下：在同样的价格下，如果购买者对某家厂商的产品表现出特殊的爱好时，就说该厂商的产品与同行业内其他厂商的产品具有差别。

第四，进出容易。厂商进出一个行业比较容易。这一点同完全竞争类似。

总　结

根据市场的竞争程度，可以分为完全竞争市场和不完全竞争市场。不完全竞争，指部分买家或者卖家可以对市场价格产生很大的影响，按照其特点可以分为垄断、寡头、垄断竞争。垄断的成因一般有三种：关键资源由一家企业拥有；政府给予一个企业排他性地生产某种产品的权利；生产成本使一个生产者比大量生产者更有效率。在遵循利润最大化规则上，竞争企业和垄断者是相似的。但是，这两类企业之间也有一个重要的差别：竞争企业的边际收益等于其价格。而垄断者的边际收益小于其价格。不完全竞争的市场有两种类型：寡头和垄断竞争。

关键概念

完全竞争市场、垄断市场、垄断竞争市场、寡头市场

习题

1. 竞争市场的特征是什么？请列举一些你认为的竞争市场例子。

2. 面包行业是竞争的。每个企业每年生产 200 万个面包。每个面包的平均总成本为 5 元，并按 7 元出售。一个面包的边际成本是多少？这个行业处于长期均衡吗？为什么？

3. 请简要说明垄断市场的成因和特点，并且解释为什么垄断企业不会无限制地抬高自己的产品价格，另外，垄断企业和竞争企业面临的需求曲线有何不同？

4. 画出垄断者的需求、边际收益和边际成本曲线。找出利润最大化时的产量水平。表示出利润最大化的价格。

5. 市场结构的四种类型，其分类依据是什么？

第 6 章 生产要素市场

本章学习目标

1. 掌握均衡工资和劳动的边际产量的关系。
2. 了解生产要素如何得到报酬。
3. 了解一种要素的变动如何改变其他要素的收入。

人们以各种方式赚到收入：工人赚取薪水，房屋所有者赚取租金，资本所有者赚取利润和利息。其中多少收入归属工人？多少归房屋所有者和资本所有者？为什么一些工人赚的工资比另一些人高？正如大部分经济学问题一样，对这些问题的回答，取决于供给与需求。劳动、土地和资本的供给与需求分别决定了支付给工人、房屋所有者和资本所有者的价格。对于收入的分析，我们要着手考虑生产要素市场。其中，劳动、土地和资本是三种最重要的生产要素，在这部分的内容中，我们将要考虑的就是生产要素和收入的关系。我们通过考虑完全竞争条件下、追求利润最大化的企业如何进行生产要素的购买决策来分析要素需求。

6.1 劳动需求与劳动力市场均衡

一般来讲，竞争市场下的企业是价格接受者。由于有许多其他企业出售面包和雇用员工，所以，一个企业只能接受市场条件决定的面包价格和员工工资。它唯一要决定的是雇用多少员工和生产多少面包，从而最大化利润。我们在之前的内容中说到过边际产量递减的道理，我们大概用这样一个例子来解释，当雇用的员工数量从 1 人变成 2 人时，面包的产量从 100 个上升到 180 个，而当雇用的员工从 2 人变成 3 人时，面包的产量从 180 个升到 240 个，值得注意的是，第一次多雇用员工，产量上升的值是 80 个，而第二次产量上升的值是 60 个，随着不断地雇用工人，面包产量的增长逐渐变得缓慢,这就是我们所说的边际产量递减了,这个现象其实很好理解,起初,当只雇用少数几个工人时,他们拥有充足的空间和生产工具来生产面包。随着工人数量增加,增加的工人不得不排队来使用模具和烤箱。因此,随着雇用的员工越来越多,每个增加的工人对面包产量的贡献越来越小。由于这个原因,生产函数越到后侧越为平坦,如图6-1所示。

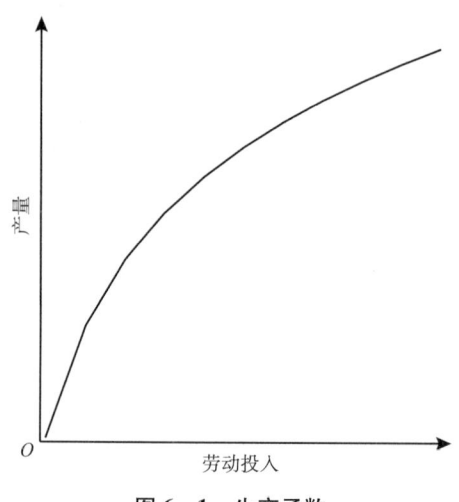

图6-1 生产函数

任何一个企业都像我们的例子中所说的面包企业一样,追求的是更多的利润而不是生产更多的面包。因此,当决定雇用多少工人时,企业会考虑每个雇用工人能带来的利润和需要为之付出的成本。我们通过考虑劳动的边际产量值来确定工人对收益的贡献。如果多雇用一个员工可以生产60个面包,每个面包卖10元,那么,这个工人就产生600元的收益。现在考虑企业将雇用多少工人。假定面包工人的市场工资是每周500元,此时,企业雇用第一个工人是赢利的:600元收益-500元工资=100元利润。随着雇用工人的逐渐变多,在工人数达到一定的量以后,雇用工人就不能带来利润了,如果再继续雇用工人,那么会因为边际产量值小于边际成本而减少利润。这时候企业就不会再雇用工人了,而边际产量值等于工人工资时就决定了雇用工人的数目。

通过分析一个竞争性企业的利润最大化雇用决策之后,我们可以提出一种劳动需求理论:通过确定一定既定水平的市场工资,我们事实上是可以获得企业所决定需要的劳动量的,企业选择劳动量的决策原则是使边际产量值等于市场工资。因此,对一个竞争性的、追求利润最大化的企业来说,边际产量值曲线也就是劳动需求曲线。我们可以得到竞争性劳动市场上工资相关的两个结论:一是工资调整使劳动的供求平衡;二是工资等于劳动的边际产量值。关于工资等于劳动的边际产量值这点,我们在上面已经部分解释了其原因,另外,劳动市场上还存在着供求关系的均衡,如图6-2所示。

如图6-2所示,工资和劳动量调整使供求平衡。在市场均衡时,每个企业雇用的劳动力的边际产量值等于市场工资,此时利润最大化得以实现,且在均衡点劳

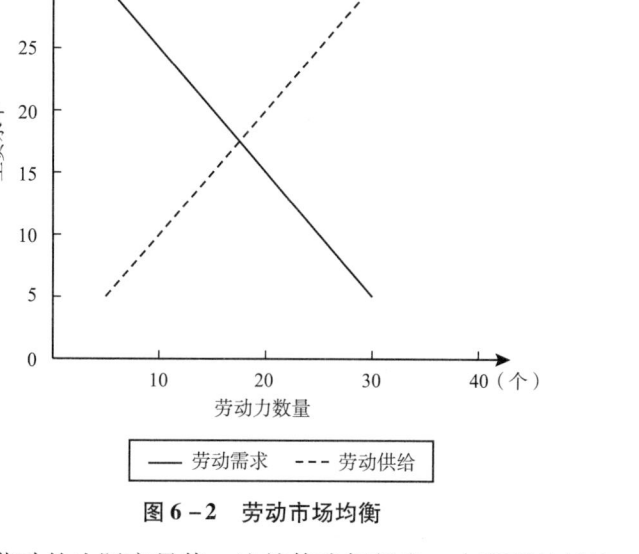

（图 6-2 劳动市场均衡：纵轴为工资水平（元），横轴为劳动力数量（个）。实线为劳动需求，虚线为劳动供给。）

动力市场工资等于劳动的边际产量值。这就使我们得出一个重要的结论：均衡工资和边际产量值会随着劳动力供求关系的变化而等量变动。我们通过一些使劳动供求曲线移动的事件来说明这一点。劳动均衡的移动一般分为两种不同的情况：一方面是劳动供给的移动；另一方面是劳动需求的移动。

我们来分析劳动需求移动带来的影响。如果政府忽然鼓励大家吃面包，或者是因为面包中发现了新的营养成分，使面包受欢迎程度得到提高，那么其改变的状况如图 6-3 所示。劳动需求曲线从 D_1 移动到 D_2，均衡点也从 A 点移动到 B 点。在新的均衡点，工资水平上升了。这是因为对于单个企业来说，面包需求上升导致

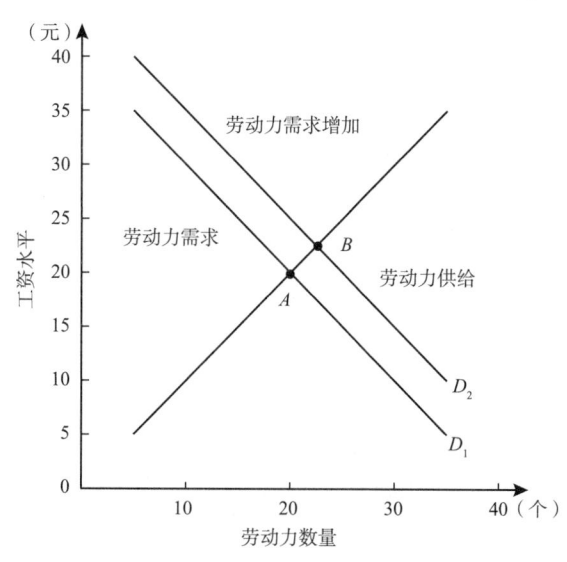

图 6-3 劳动需求上升带来的影响

面包的价格上升,这种价格上升并没有改变任何一种既定工人数量时劳动的边际产量,但它增加了边际产量值。在面包价格较高时,现在雇用更多面包师有利可图了,工资和劳动的边际产量值又同时变动了;并且在工资达到新的均衡水平时,因为企业多雇用了员工,劳动量也上升到新的均衡水平。

6.2 资　　本

在前面我们介绍了企业如何决定雇用多少工人,以及这些决策如何决定工人的工资。事实上除了工人所代表的劳动,企业还要决定其他生产要素的投入。例如,面包店需要选择店面的大小,以及供面包师做面包的烤箱和模具的数量。一般的,我们把企业的生产要素分为劳动、土地和资本。劳动和土地这两个术语的含义是清楚的,资本则是指生产中所用的设备与建筑物存量。这就是说,经济中的资本代表现在正用于生产新物品和劳务的过去生产的物品的积累。就比如面包店里的模具、烤箱以及面包店的房子等。

资本的主要特征有:第一,它的数量是可以改变的,即它可以通过人们的经济活动生产出来;第二,它之所以被生产出来,其目的是为了获得更多的商品和劳务;第三,它是作为投入要素,即通过生产过程来得到更多的商品和劳务的。

事实上,工资就是简单的劳动租赁价格。因此,土地和资本的租赁价格,和劳动的决定方式没有什么不同,是由供给和需求决定的,此外,土地和资本的需求决定也与劳动的需求一样。无论是土地还是资本,企业会一直增加对它们的租用量直到要素的边际产量值等于要素的价格。因此,每种要素的需求曲线反映其要素的边际生产率。

6.3 土　　地

经济学中的土地泛指一切自然资源,这些自然资源既不能被生产出来,又不会毁灭。即土地的"自然供给"是固定不变的。地租是土地的使用价格,而不是土地买卖的价格。由于土地的供给数量是固定不变的,所以地租完全是由需求决定的,地租随着人们对土地需求的增加而不断上升。

土地供给是指在各种可能的地租下,人们愿意提供的土地数量。在一般情况下,市场上的土地供给不变。土地需求是指在各种可能的地租下,人们对土地的需求量。一般来说,地租越高,人们对土地的需求量越小;地租越低,人们对土地的需求量越大。在理论上,这是边际报酬递减规律发生作用的结果。土地的供给曲线和需求曲线的交点决定了土地的价格。一块土地的均衡租用价格取决于边际产量的现值与预期未来会有的边际产量值。

6.4 三种生产要素的联系

在处于均衡状态下的生产要素市场中，任何一种生产要素：劳动、土地或资本的价格都等于它们的边际产量值。任何一种要素的边际产量又取决于可以得到的要素量。由于边际收益递减，供给多的要素边际产量低，价格低；供给少的要素边际产量高，价格也高。因此，当某种要素供给减少时，它的均衡要素价格上升。

然而在大多数情况下，由于多种生产要素同时被使用，这就使每种要素的生产率都取决于生产过程中使用的其他要素的可供应量。结果，任何一种生产要素发生变化都会改变所有要素的收入。

总　结

劳动、土地和资本是三种最重要的生产要素。为了使利润最大化，企业雇用的工人要到边际产量值和市场工资相交的点上。因此，一个竞争性的、追求利润最大化的企业，其雇用的工人人数要达到劳动的边际产量值等于市场工资这点上。在竞争市场中，追求利润最大化的情况下，在雇用工人的工资等于边际产量值时，同时产品的市场价格也就等于边际成本。无论是土地还是资本，企业会一直增加对它们的租用量直到要素的边际产量值等于要素的价格时。因此，每种要素的需求曲线反映该要素的边际生产率。改变任何一种生产要素供给的事件会改变所有要素的相关收入。

关键概念

生产要素、要素市场、土地、劳动、资本、边际产量值、市场工资

习　题

1. 解释企业如何决定雇用多少劳动。
2. 解释一个企业的边际产量值如何与其劳动需求相关。
3. 在雇用工人的工资等于边际产量值时，同时产品的市场价格也就等于边际成本，为什么？
4. 假设广东省的人口由于移民进入而突然增加，工资、土地和资本所有者赚到的租金会如何变化？

第 7 章 市场失灵与经济政策

> **本章学习目标**
>
> 1. 掌握公共物品和共有资源的定义。
> 2. 理解市场失灵和外部性。
> 3. 掌握税收和国际贸易等微观经济政策中的经济学理论。

7.1 物品的分类

对于普通商品,我们可以依靠市场提供有效的供需使供求达到均衡,从而最大化生产者和消费者剩余之和。但有一些产品是不能依赖市场来维持均衡的,例如,我们不能依赖市场来为我们的公园提供免费的健身设施。也就是说当物品是水果等一般产品时,市场可以完美运作,但当物品是公共健身设施时,市场的作用却很糟。

在经济学上,我们通常基于两个特征来对物品进行分类。第一个特征是物品的排他性,第二个特征是物品的竞争性。根据是否有排他性和竞争性的组合,我们可以将市场上的物品分为四类,即私人物品、公共物品、共有资源和自然垄断,如表 7-1 所示。下面我们将逐一介绍这四种不同物品的特点。

表 7-1　　　　　　　按照排他性和竞争性对物品的分类

分类	具有竞争性	没有竞争性
具有排他性	私人物品（馒头、手机）	自然垄断（供水、有线电视）
没有排他性	共有资源（池塘的鱼、环境资源）	公共物品（国防、知识）

(1) 私人物品是指既有排他性又有竞争性的物品。经济中大多数物品都是像馒头这样的私人物品。私人物品的排他性和竞争性可以通过举例来说明,当你拥有

一个馒头的时候，你完全可以阻止别人来吃这个馒头，这就是排他性；同样的，对于一个馒头，你吃了这个馒头，别人就没办法吃到了，这就是竞争性。

（2）公共物品是指既无排他性又无竞争性的物品。也就是说，不能阻碍人们使用一种公共物品，而且一个人享用一种公共物品并不减少他人对它的享用。例如，公园中的健身器材是一种公共物品，你使用健身器材的时候，不能阻碍别人使用健身器材，并且只要健身器材足够，你对健身器材的使用也不会影响他人对健身器材的使用。

（3）共有资源是指有竞争性但没有排他性的物品。例如，池塘中的鱼就属于共有资源，每个人都能到池塘捕鱼，你的捕鱼并不能阻碍别人捕鱼，但是因为池塘中鱼的总量在一定时间内有限，当一个人捕到鱼时，鱼留给其他人捕的鱼就少了，因而池塘中的鱼是竞争性的。

（4）自然垄断是指当一种物品有排他性但没有竞争性时就可以说存在这种物品的自然垄断。例如，一个城市的供水是自然垄断的。一户房子的用水不会对别的房子的用水产生影响。但供水有排他性：一个城市由于受到法律的规定等条件，一般只有一家企业可以进行供水，也就是说，一旦一家企业进行供水了，那么就阻碍了别的企业进行供水。事实上，我们在本书第 5 章市场结构的那部分内容中已经提到了和自然垄断相关的内容，有兴趣的读者可以在那部分中进行回顾。

在本章中，我们主要考虑没有排他性的物品，也就是公共物品和共有资源。在介绍了外部性的内容后我们将会知道，外部性的产生就是因为没有价格可以对这些物品进行评价。这时候就需要政府的干预，政府干预可以潜在地增进社会经济福利。

7.2 公共物品和共有资源

在上面的内容中我们大概介绍了公共物品和共有资源的定义，事实上，我们会发现大多数公共物品和共有资源都是由政府提供的，这是因为私人市场本身不能生产有效率的数量。下面我们就来具体分析一下为什么市场不能配置出公共物品和共有资源有效数量的原因。

7.2.1 公地悲剧

我们先通过一个简单的例子来解释如果没有政府干预的情况下，共有资源会发生什么情况。假如在一个偏远的渔村，渔村里的人都以捕鱼为生，因为比较偏远和缺少工具，他们都是以下海捕鱼为生产的主要方式，假设用下海捕鱼的方式，每个人每天能捕到 4 条鱼。

有一天，这个渔村的人捡到了一条比较完好的渔船，这条渔船被认为可以帮助大家捕鱼，是一种共有资源，大家都可以上船捕鱼。事实上，在这艘船上操作的人和这艘船能够捕到的鱼的数量符合关系，如表 7 - 2 所示。平均捕鱼人数的下降是由于边际产量递减。

表 7-2　　　　　　　　　　渔船操作人数和捕鱼关系表

操作人数	渔船捕鱼数	平均每人捕鱼数	比下海捕鱼多捕鱼数
0	0	0	0
1	10	10	6
2	18	9	10
3	24	8	12
4	28	7	12
5	30	6	10
8	32	4	0

我们可以知道，如果这艘船是属于私人的情况下，这艘船的主人追求的一定是这艘船能够最大化自己的价值，比下海捕鱼捕捞更多的鱼，因此按照表 7-2 中的数据，会有 3 个或 4 个人上渔船，这样这艘船每天事实上可以多创造 12 条鱼的价值。相对的，如果这艘船是共有资源，那么只要在船上平均捕鱼数超过 4 条，也就是下海捕鱼数，那么渔民就觉得上船是有利可图的，就会不断地有新的渔民上船，直到操作人数达到 8 人，船上每人也同样只能捕到 4 条鱼，与下海没有差别，这样这条渔船事实上并没有多创造任何的价值，也就是说作为共有资源的渔船，事实上和不存在没有任何差别，这一点是出人意料的，也被称作"公地悲剧"。

7.2.2　公地悲剧的解决办法

事实上解决公地悲剧的办法很简单，也是我们一直以来在做的。政府可以通过行政管制或税收减少共有资源的过度使用。我们结合之前的例子来解释一下这个现象。假如渔民当中出现了一个领导团体作为政府，政府决定这艘渔船由政府所有，依然是所有人都可以上船捕鱼，但是每个上船的人捕鱼后要上交 2 条鱼作为捕鱼船的租金。在这样的情况下，渔船上的人数会上升到 5 人，每个人可以通过渔船捕到 6 条鱼，这样上交 2 条鱼后可以和下海捕鱼获得的数量相等。我们可以发现在这种情况下，渔船多创造的价值是 10 条鱼，虽然还没有达到最大价值的 12 条鱼，但是也避免了公地悲剧的产生。

事实上，如果这艘渔船是私有的，产权界定清晰的话，在追求利润最大化的情况下，这艘渔船最终会发挥到 12 条鱼的价值。然而作为政府管理下的渔船，能够创造多少价值，我们可以清楚地了解到是由政府决定的上船捕鱼的租金决定的。在这种情况下，政府必须通过一系列的调查来确定最佳的租金，以使这艘船能够发挥出最大的价值。

如果每一种物品都由政府来决定的话，繁杂的事物和调查成本会使得很多租金或价格偏离最大效用，因而最好的办法还是明确产权。一般只有在无法轻易明确产权的情况下，特别是对于公共物品和共有资源而言，政府的干预才显得特别重要，而一般性的产品都可以通过市场来配置资源。这也是我们由计划经济转变为市场经济的原因。

7.3 外部性

市场做了很多好事，但它并不能做好一切。经济学的十个原理之一就是，政府有时可以改善市场结果，市场有时不能有效地配置资源。在上文中提到的公共物品和共有资源，初步提及了外部性这个名词。在本节中，我们将讨论政府政策如何从外部性角度潜在地改善市场分配以及哪些政策更有效。

外部性是导致市场失灵的一种因素。外部性是一个人的行为对其他人福利的影响。如果这种行为对其他人不利，则称之为"负外部性"，如果这种行为对他人有利，则称为"正外部性"。大多数情况下，买者与卖者在决定需求或供给时不会考虑其行为的外部性，换句话说，这种均衡并不能最大化社会整体福利。以下是有关正负外部性的例子，以便更好理解。汽车的尾气排放有负外部性，因为它产生严重的空气污染并影响社会中其他人的身体健康。但是无论是乘客还是司机都不会有动力去关心汽车尾气的排放。此时就需要政府干预来调控这个问题。施行"单双限"、汽油税等措施，减少尾气排放。

通常，历史建筑修复具有正外部性，因为这些建筑附近的人将享受这些建筑的美丽和历史意义。但是建筑物的所有者却不能得到修复这些建筑物的全部收益，也就失去修复这些建筑物的动力。因此，大多数地方政府通过行政管制拆毁历史建筑物来处理这类问题，并对修复这些建筑物的业主提供税收减免或补贴政策。在上面的例子中，单纯的市场中的决策者没有考虑到他们行为的外部效应。为了保护旁观者的利益，政府应努力影响这种拥有外部性的行为。

7.4 税 收

税收是一种非常重要的经济政策工具，影响着我们的生活的方方面面，因此税收是一个非常重要的部分。这一节我们将研究税收如何影响经济。

我们需要提出一个简单而敏感的问题：当政府对一种物品征税时，谁将承担税负？是购买此物品的人？还是出售此物品的人？政府是否仅仅使用立法来分配税收负担，还是依靠经济中更基本的力量来决定税收负担分配？经济学经常使用税收归宿这个术语来指税收负担分配的问题。正如我们所看到的，我们将通过使用供求工具了解有关税收归宿的一些令人惊讶的结论。

首先考虑对物品的购买者征税。如果当地政府通过法律规定，面包的购买者每买一个面包必须向政府支付1元税收。那么这项法律将如何影响面包的买卖双方呢？为了回答这个问题，我们可以根据需要构建一个税收影响供求关系的模型，如图7-1所示。

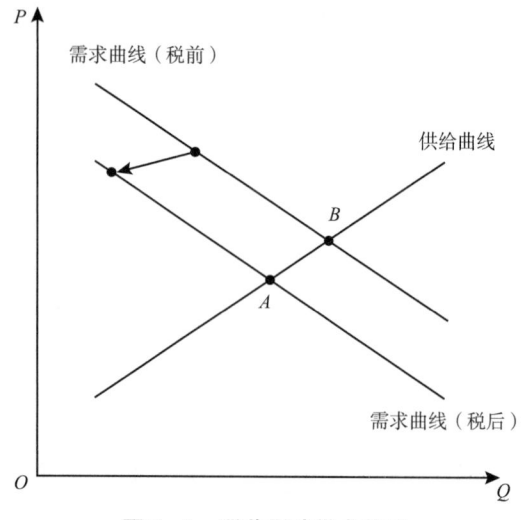

```
       P ▲
         │    需求曲线(税前)
         │                              供给曲线
         │          ●
         │        ╱   ╲
         │       ╱     ╲  B
         │      ╱       ●
         │     ╱       ╱ ╲
         │    ╱       ●   ╲
         │   ╱       A     ╲
         │  ╱               ╲
         │ ╱                 ╲ 需求曲线(税后)
         │╱                   ╲
         O─────────────────────→ Q
```

图 7-1　税收影响供求关系

这项税收最初是影响面包的需求。供给曲线不受影响，因为在任意给定价格下卖方向市场提供面包的动机是不变的。相反，买者只要购买面包就必须向政府纳税这相当于购买面包的价格上升了。因此，税收会使面包的需求曲线发生移动，如图 7-1 所示，移动的方向很容易知道。由于对买者的征税减少了面包的吸引力，因此买者在每种价格下所需的面包数量相应减少。结果，需求曲线向左移动或者说向下移动。在供求关系均衡的情况下，均衡的价格和数量从 B 点移动到 A 点，显而易见的，税收使得产品的价格下降，并且使产品出售的数量也下降。

现在我们回到税收归宿问题：谁支付了税收？虽然买方向政府支付了全部税收，但却是买者与卖者分担了负担。这是因为对产品征税时，市场价格下降，并且销售量也在下降。因此，税收也使卖者的状况变坏了。另外，由于买者支付了税收，买方的状况变糟了。总之，以上分析可以得出两个一般性的结论：第一，税收抑制了市场活动。当对物品征税时，该物品在新的均衡下销售量减少了。第二，买者与卖者分摊税负。当达到新的均衡时，买者为该物品支付的更多，而卖者得到的却变少了。

相对的，我们来考虑如果向卖者征税的情况下，将如何影响市场结果，现在考虑向产品的卖者征税。假设当地政府通过法律规定面包的卖方每售一个面包必须向政府缴纳 1 元税收。这项法律有什么影响呢？我们同样可以建立如图 7-2 所示的模型。

同样的，由于不向买者征税，需求曲线不会改变。相反，对卖者征税会增加销售成本，从而会减少每个价格水平下卖家提供的产品数量，供给曲线就会向左移动或者说向上移动。供求曲线的变动将使供需平衡点将从 B 点移动到 A 点，显然，均衡价格上涨，买方和卖方再次分担税负。由于市场价格的上涨，买方为每个面包支付的费用高于税前。卖者获得的价格高于没有税收时的价格，但是缴纳税款后收入却减少了。

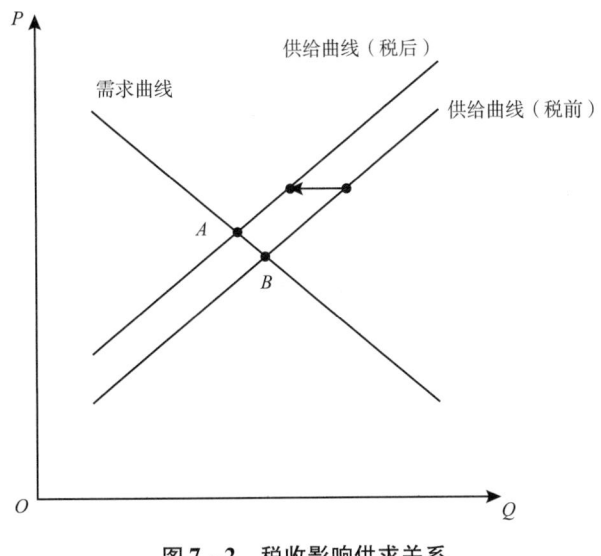

图 7-2 税收影响供求关系

综上所述，我们可以得出一个令人十分惊讶的结论：对买家和卖家征税，其结果的影响是一样的。在这两种情况下，都能移动供给曲线和需求曲线的相对位置。当达到新均衡时，买卖双方将分担税负，向买卖双方征税的唯一差别则是由谁把钱交给政府。

7.5 国际贸易

2018 年，中国和美国之间发生了贸易争端，国家贸易对经济有何影响呢？既然要考虑国际贸易的影响，那么我们不能回避没有贸易时的情况，假如有一个与世隔绝的国家，自己供给和需求自己生产的木材。这个国家不允许任何人进口或出口木材，也没有人敢违法。由于没有国际贸易，国内的木材市场仅由国内买家和卖家组成。如图 7-3 所示，这是一个典型的供需平衡问题，图 7-3 中展示了在没有贸易的情况下均衡时的消费者和生产者剩余。我们利用消费者和生产者剩余总和来衡量买卖双方从木材市场上获得的总收益。

为了分析自由贸易对福利的影响，我们假设这个国家与世界其他国家相比是一个小型经济，因此它对世界市场的影响可以忽略不计。这就是说，世界上的木材价格是既定的。这个国家可以以给定的价格出售木材成为出口商，或以给定价格购买木材并成为进口商。当贸易前国内均衡价格低于世界市场时，显然如果开始进行国际贸易，木材卖者们发现，世界市场的价格比国内的高，自己的木材卖出国赚的钱更多，因而都向国外售卖木材，木材买者们发现，木材价格变高了，更少的买者愿意购买木材，因而国内供给量大于国内需求，该国向其他国家出售木材。因此，成为一个出口者。

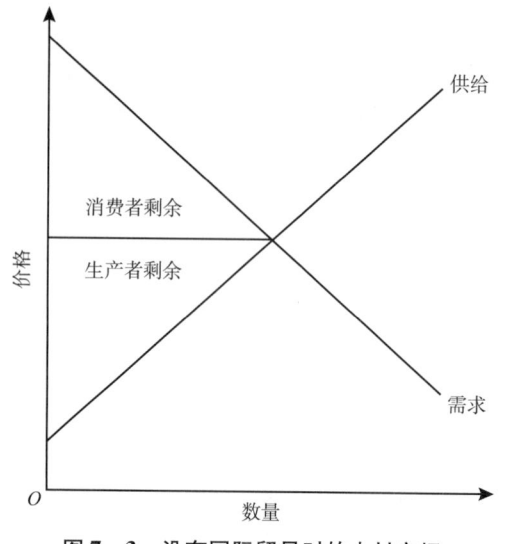

图 7-3 没有国际贸易时的木材市场

现在考虑开放贸易的得失。显而易见,并不是每一个人都受益。贸易导致国内价格上涨至世界价格。国内木材生产商状况有所改善,他们现在可以以更高的价格出售木材,但国内木材消费者的状况则恶化了,因为他们不得不以较高的价格购买木材。为了衡量这种贸易前后的得失,我们建立了一个经济学模型,以了解消费者和生产者剩余的变化,如图 7-4 所示,在允许贸易前,调整木材价格以使国内供需平衡。消费者剩余,即需求曲线以下和国内均衡价格以上部分的面积是 $A+B$。生产者剩余,即供给曲线以上国内均衡价格以下的面积是 C。贸易前剩余,即消费者与生产者剩余之和,是 $A+B+C$。

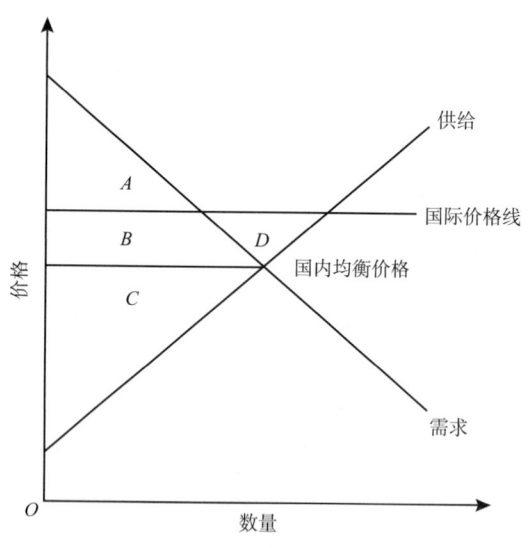

图 7-4 国际贸易对出口国的影响

当发生了国际贸易后,国内价格会上升到国际价格。消费者剩余减小,改变后的面积是 A。生产者剩余明显上升,面积为 $B+C+D$。因此有贸易时的总剩余是面

积 $A+B+C+D$。上述福利计算表明，在出口国，贸易使卖方受益，因为生产者剩余增加了 $B+D$ 区域的部分；买者状况恶化，因为消费者剩余减少了 B 的部分，但是因为卖者的剩余增加超过了消费者剩余的减少，即总剩余增加，国际贸易有利。因而，当一个国家允许贸易并成为一个产品的出口国时，该产品的国内生产者变得更好，而该物品的国内消费者状况恶化。总的来说，贸易增加了一个国家的经济福利，因为受益者的收入超过了受损者的损失。

下面让我们考虑一下进口国的收益和损失，现在假设贸易前国内均衡价格高于世界价格。当允许自由贸易时，国内价格必须等于世界价格。如图 7-5 所示，由于贸易前国内供给量小于国内需求量。因此，供需之间的差额将从其他国家购买，该国是一个木材进口国。如图 7-5 中显示，世界价格对应的水平线代表了世界其他地区的供给。这条供给曲线是富有完全弹性。现在考虑贸易的得失。并非每一个人都受益。当贸易迫使国内价格下降时，国内消费者的状况变好，而国内生产者的状况变坏。

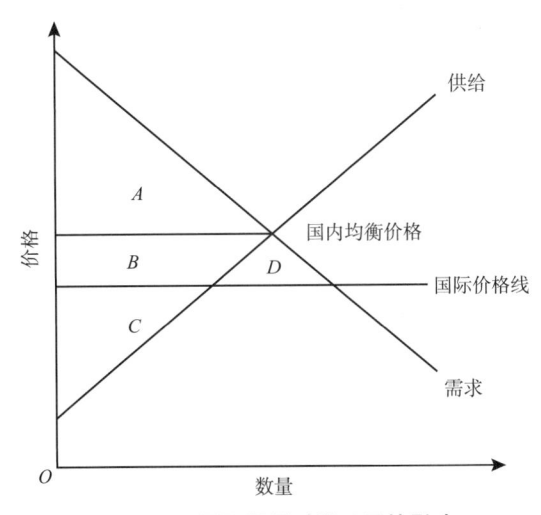

图 7-5 国际贸易对进口国的影响

我们通过衡量消费者和生产者剩余变化来衡量收益和损失的大小，贸易前，消费者剩余是 A，生产者剩余是 $B+C$，而总剩余是 $A+B+C$。贸易后，消费者剩余为 $A+B+D$，生产者剩余为 C，总盈余为 $A+B+C+D$。这表明，在一个进口国中：消费者剩余增加了 $B+D$，这有利于买方，生产者剩余减少了 B，不利于卖方。但买者的受益超过了卖者的损失，总福利增加了 D。通过对进口国的分析，可以得出两个与出口国情况相类似的结论：当一个国家允许贸易并成为一个产品的进口国时，该产品的国内消费者受益，国内生产者受损。贸易增加了一个国家经济总福利，因为受益者的收益大于受损者的损失。

因此，人们可以理解经济学的十个原理之一：贸易可以使双方的状况变好。一个国家参与国际贸易后会创造出赢家和输家。但是，赢家的好处大于输家的损失。因此，国际贸易仍然使总状况变好。

总　结

根据是否有排他性和竞争性的组合，我们将市场上的物品分为四类：私人物品、公共物品、共有资源和自然垄断。作为负外部性影响，共有资源经常被滥用。外部性是指一个人的行为对他人福利的影响。当这种影响效果不利时，它称为"负外部性"，如果这种影响效果有利，则称为"正外部性"。对买家和卖家征税，其结果的影响是一样的。在出口国，贸易使卖方受益；买方情况恶化，但是由于卖方的盈余的增加超过买者盈余的减少，即总盈余增加，国际贸易是有利的。当一国允许贸易并成为物品的进口国时，该物品的国内消费者状况变得更好，而该物品的国内生产者状况则恶化。贸易增加了一国经济总福利，因为受益者的收益超过了受损者的损失。

关键概念

排他性、竞争性、私人物品、公共物品、共有资源、自然垄断、公地悲剧、外部性、外部性内部化、税收、国际贸易

习　题

1. 根据排他性和竞争性我们如何对物品进行分类？举例解释公地悲剧是什么样的情况，并且思考这样一个问题：如果新建一条不收费的高速公路，会有什么样的结果，这条公路能不能发挥其价值？
2. 什么是外部性？外部性的问题怎么解决？
3. 税收对于供求关系的影响是无谓损失，那么为什么我们在无谓损失的情况下还坚持税收？
4. 说明允许国际贸易以后，一国家的福利会发生怎样的变化？

第 8 章　宏观经济学导论

本章学习目标

1. 了解宏观经济学的研究对象及方法。
2. 熟悉国内生产总值（GDP）的概念、构成，掌握国内生产总值的计算方法。

8.1　宏观经济学概述

8.1.1　宏观经济学的研究对象

宏观经济学是以整个国民经济为基础，研究社会的整体经济行为，即研究如何使国民收入以较为合适的速度稳定增长。因此，宏观经济研究涉及的主要问题有：经济波动、就业与失业、价格水平及通胀、经济增长等。

具体而言，宏观经济学重点研究以下几个问题：第一，为什么一些国家的经济有周期性波动，有时处于高涨、有时处于萧条，从而造成不同程度的失业；第二，为什么有些国家会在某些时期出现严重的通货膨胀，并导致名义利率和汇率出现大幅波动；第三，为什么一些国家的经济能够快速增长，而一些国家的经济发展较慢、甚至会出现停滞和倒退。这些问题可归结于国民收入变化问题，其原因、后果和应对对策即为宏观经济学的研究内容。

宏观经济学和微观经济学是经济学的两大分支，两者之间存在明显的差异。微观经济学研究针对的是个人、家庭和企业，目标是解释他们如何做出决策、如何在市场上相互交易。宏观经济学以整个经济为基础，旨在解释大多数家庭、企业和市场的经济变化。因此，宏观经济学家必须要研究各种问题。宏观经济学和微观经济学均为理论经济学的重要组成方面，它们共同构成了理论经济学的基础。宏观经济学侧重于经济总量,主要包括总产出和总收入,总体就业和失业,以及价格水平和通货膨胀。微观经济学关注的是个人如何做出最佳选择以及如何协调各个经济实体的选择(通过市场或行政制度);重点放在个体经济实体(家庭、企业和政府机构)的活动如何相互联系,集中在特殊商品的价格和数量上,如鸡蛋或面包的数量和价格,并讨论资源分配。

宏观经济学和微观经济学的区别主要在于对整体经济活动内部联系的不同划分和把握,而不是研究对象的范围和层次。通常来讲,如果是各种经济部门出现100万人失业,那就是一个宏观经济学问题;若面包价格上升或者下降,则属于微观经济学问题。但是,如果包括面包在内每种商品的平均价格都上涨或下跌,则属于宏观经济学问题。这里特别提到宏观经济学和微观经济学的术语,以帮助读者更好地将宏观经济学和微观经济学区分。但是,将两者完全隔离开来的方法则是错误的,原因在于:为了解释经济波动现象,宏观经济学必须观察和理解消费者和企业的行为、劳动市场、商品市场、金融市场以及政府机构的作用,那么,就有必要依靠微观经济学的研究方法。因此,只有辅之以微观经济学的基础,读者才能够更好地了解和认识宏观经济学。

宏观经济学研究社会的整体经济行为,这与微观经济学个量分析的方法不同,宏观经济学要进行总量分析,也就是通过加总个体量引出总量的分析方法,也称为宏观经济学的加总法。经济加总是经济学家用以描述经济生活的一系列简单抽象的术语。例如,一定数量的苹果、衬衫、汽车等不同类商品无法直接加总,但是在市场上这些商品均可换取一定数量的金钱,因此通过货币将这些不同的产品的产量还原成一定的市场价值,然后再加总。

8.1.2 宏观经济学的几个基本概念

为了更好地学习宏观经济,读者需要了解和熟悉几个宏观经济学的基本概念,这些概念贯穿整个宏观经济学理论体系,从而使宏观经济学的基本框架和模型得到统一。因为宏观经济学关注的是整个经济的运行,而不是个体的经济行为和局部市场的运作。现实经济中的市场可分为多种类型,但与宏观经济运行相关的市场可被抽象为三大市场:产品市场、货币(或金融)市场以及要素市场。

产品市场是所有商品和劳务交易的市场。商品是指有形的产品,如手机、面包、衬衫、杯子等;劳务是指无形的服务,如医疗、警务、防务、理发、法律服务等。在产品市场中,商品和劳务的总供给量和总需求量按国民收入和国民生产总值来衡量。金融市场是指全部金融资产交易的市场,如货币、债券、股票等。由于金融交易的目的是获取资金,金融市场也被称作货币市场。要素市场指的是交易生产商品和劳务的所有生产要素的市场。任何产品的生产都至少需要三种要素(土地、劳动和资本)中的一种。

宏观经济学研究这三大市场,目的是建立涵盖三大市场的宏观经济均衡模型。这三个市场的自动均衡机制将决定产品市场的总体价格和总产出、货币市场的一般利率以及要素市场的要素成本和数量。这三个市场总量的不断变动将导致三大市场的均衡和宏观经济的总体均衡的变动。

宏观经济学中的四大部门是指企业、家庭、政府和国外部门。其中，企业和家庭分属私人部门。企业部门是指所有生产最终产品和服务的企业总和；家庭部门是指生产要素的生产者和所有消费者的总和。

了解了三大市场和四大部门之后，让我们看一下宏观经济学中的有关变量。从经济学模型角度看，经济模型中存在外生变量和内生变量两种变量。外生变量是由经济模型之外的力量所决定的。内生变量是由经济模型本身所决定的一类变量，也是模型所要解释的变量。

经济变量还可分为存量和流量，两者都是一定时间内可大可小的数量。存量是指一定时点上测算出来的量。例如，任一特定时刻的机器、厂房数量；任一特定时刻的总就业人数；任一特定时刻的货币数量；等等。流量是只能在一段时间内测算的量。例如，工资通常指月工资、每周工资或小时的工资；国民收入是指一年、一季度或某个月的国民收入。

宏观经济学是研究各经济总量在由三大市场和四大部门组成的宏观经济结构中的决策机制。显然，在各种经济总量中，最重要的是国民收入，这是国民经济的基本流量，它可以使三大市场和四大部门紧密联系在一起，为宏观经济研究奠定良好的基础。

8.1.3 宏观经济学的流派之争

自宏观经济学出现以来，产生了很多派系，可以说是"各领风骚数十年"。但最主要有两个流派，即凯恩斯主义学派和古典学派。

古典学派的历史相对长，其核心观点市场能自动达到完美的均衡，反对政府对市场的干预。从亚当·斯密创立经济学以来，古典学派一直是最正统的经济学派，正如亚当·斯密提出的"看不见的手"的观点。然而，在20世纪20年代和30年代，古典学派遇到了前所未有的质疑，因为欧洲和美国的资本主义世界经历了长时间的大萧条，大萧条使人们怀疑市场自己的矫正能力，而后，凯恩斯主义学派应运而生。

凯恩斯主义学派的核心观点就是市场本身不能顺利地运行，因此需要政府的参与。就好像市场是一艘大船，政府是这艘船的舵手，一旦舵手放任不管，这艘船就会发生事故。凯恩斯主义在诞生后，已然成为最主要的经济学流派。然而，凯恩斯主义没能解释发生在20世纪70年代的"滞胀"现象，于是，人们又开始怀疑凯恩斯主义是否真正洞察了经济学的真相。

而后，以弗里德曼为首的货币主义学派又坚持要回到古典学派的观点即政府不能干预经济，政府只需要充当一个公正并严格执行合适的货币发行量的增长率的角色就可以了。从那以后，政府应该干预和不应该干预市场的争议每天都在上演。两个学派都在不断完善自己的学术观点。到目前为止，都已不再是原始的观点体系了，因此也都改了新的名称：新凯恩斯主义与新古典主义宏观经济学。这就是当前最主要的两个流派。

当然，还有很多其他流派，这些学派虽然不成为主流，但它们有自己独到的观点，例如，供给学派提倡供给管理来减少生产成本、优化产业机构等。但目前来说，学术界最主要的还是凯恩斯主义阵营和新古典主义阵营。

8.2 一国收入的衡量

8.2.1 经济的收入与支出

我们首先看一下什么是国内生产总值（gross domestic product，GDP）。GDP 同时衡量两件事：经济中所有人的总收入以及经济中所有物品与劳务产出的总支出。这两件事实际上是相同的，所以 GDP 衡量总支出和总收入。就经济整体而言，总收入必然等于总支出。

为什么一个经济的收入和其支出相同呢？这是因为每一次交易都有两方：买者和卖者。买方的 1 元支出恰好是卖方对应的 1 元收入。例如，小花为小明给她修剪草坪而支付 100 元。在这种情况下，小花是这种服务的买家，而小明是卖家。小明收入了 100 元，而小花支出了 100 元。所以，交易对经济的总的收入和支出做出的贡献是相同的。无论是以总收入还是以总支出来衡量，GDP 都增加了 100 元。

8.2.2 国内生产总值的衡量

前面我们讨论了 GDP 的含义，现在用数字更准确地衡量它的值。下面是把 GDP 作为对总支出的衡量来说明它的定义：国内生产总值（GDP）是在某一既定时期一个国家内生产的所有最终物品与劳务的市场价值。GDP 衡量的是一段时间内经济收入与支出的流量。这个时期通常是一年或一个季度。通过 GDP 的定义，可以发现，该定义将 GDP 作为经济中的总支出。但是，不要忘记，经济中的总支出和总收入是相等的，所以无论支出法还是收入法得到的 GDP 的值是相同的。

接下来我们学习一下与 GDP 相关的几个概念：

国民生产总值（GNP）是一国国民（取得国籍的居民）的总收入。它与 GDP 的不同之处在于：GNP 包括一个国家的公民在国外赚取的收入，但不包括外国人在该国赚取的收入。例如，当一个日本公民在中国工作时，他的产出是中国 GDP 的一部分，但不是中国 GNP 的一部分（而是日本 GNP 的一部分）。通常，一个国家的国内居民是大部分国内生产的承担者。因此，GDP 和 GNP 是非常相近的。

国民生产净值（NNP）是一个国家居民的总收入（GNP）减折旧。折旧是指经济中设备和建筑物存量的磨损，又被称为"固定资本的消费"。

国民收入是一个国家居民在生产物品与劳务时获得的总收入。它与国民生产净值的不同之处在于：它不包括间接的企业税（如销售税），但包括企业补贴，有时统计误差也可能导致两者产生差异。

虽然各种收入衡量指标有些区别，但是它们说明的经济状况是相同的。当 GDP 增长时，这些收入指标通常也对应增长；当 GDP 减少时，这些衡量指标通常也减少。对整体经济的波动而言，我们用哪种收入指标来衡量影响不大。

8.2.3 GDP 的组成部分

经济中的支出有多种形式。在任何时候，小明一家人可能在庆丰包子吃早餐；李宁可能建立了一家门店；中国海军可能获得一艘巡洋舰；而外国可能从华为公司购买通信设备。经济学家通常将 GDP（用 Y 表示）分为：消费（C）、投资（I）、政府购买（G）和净出口（NX）四个组成部分，来研究 GDP 在各种类型支出中的构成：

$$Y = C + I + G + NX$$

现在我们来进一步考察这四个部分。

（1）消费（consumption）是除购买新住房以外的家庭物品和劳务的支出。"物品"包括家庭购买耐用品（汽车）和非耐用品（食物）。"劳务"则包括教育和医疗等无形的产品。

（2）投资（investment）是对用于未来生产更多物品和劳务的物品的购买。它是资本设备、存货和建筑物购买的总和，注意新住房的购买属于投资而非消费。值得注意的是，核算 GDP 中的投资是指购买用于生产其他物品的物品（如资本设备、建筑物和存货）而非日常所说的股票、债券等金融投资。

（3）政府购买（government purchase）包括中央和地方政府用于物品与劳务的支出。它包括公务员的工资和其他公务的支出。

（4）净出口（net export）等于一国货物的出口减去对该物品的进口。例如，广东一家服装企业将衣服卖给一家美国公司，就增加了净出口。

8.2.4 GDP 是否能衡量经济福利

我们已经知道了 GDP 的含义是什么，但是 GDP 是衡量社会经济福利最好的指标吗？由于 GDP 衡量经济的总收入和总支出，通过人均 GDP 我们可以知道经济中每个人的平均收入与支出。多数人希望得到更高的收入和支出，人均 GDP 似乎是衡量经济福利的最佳指标。

虽然有一些人对此持有异议，我们还是要关注 GDP。GDP 的提高实际上有助于提高我们的生活水平。GDP 无法衡量孩子们的健康状况，但 GDP 的增加可以为孩子们提供更好的医疗条件；GDP 不能衡量孩子们的教育质量，但提高 GDP 可以为孩子们提供更好的教育体系；GDP 无法衡量诗歌的美感，但提高 GDP 可以使更多的公民有机会阅读和欣赏诗歌；GDP 没能考虑我们的知识、诚信、勇气、智慧和对国家的热爱，但如孟子说"仓廪实而知礼节，衣食足而知荣辱"。所以说，虽然 GDP 不能直接衡量"幸福感"，但它确实衡量了我们提高"幸福感"的能力。

然而，GDP 并不是衡量福利的完美指标。首先，GDP 使用市场价格来衡量物品与劳务,因此它几乎未包括在市场之外的所有活动的价值。例如,GDP 不包括在家庭中生产的物品和劳务的价值。其次,GDP 也不能包括环境质量,当 GDP 增加而环境质量变坏时,社会整体福利有可能是下降的。最后,GDP 也没有涉及收入分配。二八定律告诉我们,虽然人均 GDP 能表示平均每个人的情况,但平均量的背后却是个体收入分配的巨大差异。

总结起来,在大多数情况下,尽管 GDP 是衡量经济福利的一个较好的指标,但我们也要记住 GDP 包括了什么,而又遗漏了什么。

8.3 物价水平

通货膨胀是衡量宏观经济整体运行的另一大重要指标,通货膨胀不是指某种商品和劳务价格的上升,而是指物价总水平的上升。物价总水平,也称为一般价格水平,是指所有商品和劳务交易总价的加权平均数值。这个加权平均值就是价格指数。

举例说明如何建立价格指数。假设经济中有 A、B、C 三种商品交易,三种商品在现期和基期(之前某一时期)的价格和交易量情况,如表 8-1 所示。

表 8-1　　　　　　　　　　　假设的价格指数示例

商品品种	基期交易量(件)	基期价格(美元)	现期价格(美元)	价格变化(%)
A	2	1.00	1.50	50
B	1	3.00	4.00	33
C	3	2.00	4.00	100

可以看出,交易总量是 2 件 A、1 件 B、3 件 C 的总和。此时,基期价格总额 = $1 \times 2 + 3 \times 1 + 2 \times 3 = 11$(美元);现期价格总额 = $1.5 \times 2 + 4 \times 1 + 4 \times 3 = 19$(美元)。因此,现期价格指数 = $(19/11) \times 100\% = 172.7\%$,可得,通货膨胀率 = 72.7%。在这里,当前价格水平相比基准价格水平增加了 72.7%。就是说,这一时期(从基期到现期)的通货膨胀率是 72.7%。

衡量通货膨胀率通常有三个价格指数:一是消费者价格指数(CPI)是通过计算城市居民消费日常生活用品和劳务的价格水平的变动获得的指数。二是生产者价格指数(PPI)是通过计算生产者在生产过程的所有阶段获得的产品的价格水平变动而获得的指数。这些产品包括制成品和原材料。三是 GDP 价格指数也称 GDP 折算指数,该指数用于矫正名义 GDP 数值以消除通胀因素。

对于 CPI 的理解有两点值得注意:首先,CPI 计算不包括居民购买的所有消费品价格,而是包括对居民生活影响较大的商品价格。为了便于对价格变化进行对比分析,这些商品都是一揽子固定的商品,每种商品的权数都相对固定。其次,CPI 对居民生活成本变动只能大致反映。例如,当这"一揽子"商品中某种商品的性能或质量下降但价格没有变化时,CPI 就难以反映居民生活的变化。

总　结

宏观经济学以整体国民经济作为研究对象，采取总量分析法。GDP 是在某一既定时期一个国家内生产的所有最终物品与劳务的市场价值。衡量通货膨胀率通常有三个价格指数：消费者价格指数、生产者价格指数、GDP 折算指数。

关键概念

宏观经济学、三大市场、四大部门、国内生产总值、消费、投资、政府购买、净出口、CPI、PPI、GDP 折算指数

习　题

1. 三大市场是什么？
2. 四大部门是哪四个？
3. GDP 的定义和计算方法是什么？
4. 简要说明如何衡量通货膨胀。

第 9 章　长期经济增长

本章学习目标

1. 了解长期经济增长的效应。
2. 理解生产率及其决定因素。
3. 了解经济政策如何促进经济增长。

9.1　经济增长

首先我们考察一下世界上一些国家的经济发展历程。表 9-1 给出了 13 个国家人均实际 GDP 的数据，这些数据都是以一个世纪为跨度。表 9-1 的第一列和第二列分别是国家和时期，第三列和第四列分别代表期初和期末的人均实际 GDP。

表 9-1　不同的增长经历

国别	时期	期初人均实际 GDP（美元）	期末人均实际 GDP（美元）	年增长率（%）
日本	1890~2008 年	1504	35220	2.71
巴西	1990~2008 年	779	10070	2.40
墨西哥	1990~2008 年	1159	14270	2.35
德国	1870~2008 年	2184	35940	2.05
加拿大	1870~2008 年	2375	36220	1.99
中国	1990~2008 年	716	6020	1.99
美国	1870~2008 年	4007	46970	1.80
阿根廷	1990~2008 年	2293	14020	1.69

续表

国别	时期	期初人均实际GDP（美元）	期末人均实际GDP（美元）	年增长率（%）
印度	1990~2008年	675	2960	1.47
印度尼西亚	1990~2008年	891	3830	1.38
英国	1870~2008年	4808	36130	1.36
巴基斯坦	1990~2008年	737	2700	1.21
孟加拉国	1990~2008年	623	1440	0.78

资料来源：曼昆. 经济学原理 [M]. 第7版. 梁小民，梁砾，译. 北京：北京大学出版社，2015。

表9-1中人均实际GDP数据表明，不同国家的生活水平差异很大。2008年，美国的人均收入水平是中国的8倍，是印度的16倍。贫困国家的平均收入水平仅相当于几十年前富裕国家的水平。2008年印度尼西亚普通民众的实际收入低于1870年的美国民众的收入。

表9-1最后一列显示的是各国GDP年增长率。可以看到，日本排在第一，它的年增长率为2.71%。一个世纪以前，日本的平均收入仅略高于墨西哥，但远远落后于阿根廷。但在2008年，日本的平均收入已远超过墨西哥或阿根廷，接近德国、加拿大或英国人的平均收入水平。排名倒数的是孟加拉国和巴基斯坦，一个多世纪以来，这些国家的年均增长率不到1.3%，当然这些国家的居民仍然生活在贫困之中。

由于增长率的差异，各国在收入方面的排名将随着时间的推移而发生巨大的变化。如表9-1中所示，与其他国家相比，日本的排名上升了，相反，英国倒退了。在1870年，英国是世界上最富裕的国家，人均收入是加拿大的2倍。但如今已与加拿大的平均收入持平。这些数据表明国家的穷或富并不是一成不变的。那么如何解释这些变化？为什么有些国家进步而有些国家落后了？这正是我们将要研究的问题。

9.2 生产率：作用及决定因素

从某种意义上，对各国生活水平差异的解释可归结于生产率。但是，从另一方面说，这种国际差异也令人深感困惑。为了解释一些国家的收入与其他国家的巨大差异，我们必须考察决定一国生产率水平的诸多因素。

9.2.1 为什么生产率如此重要

对生产率和经济增长的研究以著名小说《鲁滨逊漂流记》中的故事为基础建立的一个模型。小说主人公鲁滨逊·克洛索（Robinson Crusoe）一个人流落荒岛，独自生活，他自己捕鱼、自己种菜、自己缝制衣服。我们把克洛索的活动：捕鱼、种植蔬菜和制作衣服的生产和消费视为一个简单的经济。通过对克洛索经济的分析，我们可以得出一些可适用于更复杂和更现实的经济结论。

哪些因素决定了克洛索的生活水平呢？那就是生产率，即每单位劳动投入生产的物品和劳务的数量。如果克洛索很擅长捕鱼、种植蔬菜和制作衣服，他就能过得很好。否则，他的生活就很糟。因为克洛索只能消费他所生产的东西，他的生活水平与他的生产率密切相关。在克洛索经济的情况下，生产率是生活水平的决定因素，因此随着生产率的提高，生活水平也相应会提高。克洛索每天能捕到的鱼和种的菜越多，他的食物越丰盛。如果他能找到一个有很多鱼和土壤肥沃的地方，他的生产率就会相应提高。生产率的提高使他生活的状况变得更好。

生产率在决定克洛索生活水平方面所起的作用对一个国家经济来说是相同的。我们知道，一个国家的 GDP 可以同时衡量两件事：经济中所有人的总收入以及经济中生产物品与劳务总支出。简单来说，一个经济的收入就是该经济的支出。像克洛索一样，一个国家只有生产出商品与劳务的情况下才能享受更高的生活水平。一个国家生产率越高，其生产出的商品和劳务就越多，相对应居民生活水平就越高。美国人比印度人生活得更好，是因为美国工人比印度工人生产率高。经济学中的十大原理之一指出，一个国家的生活水平取决于其生产物品与劳务的能力。因此，为了了解我们所观察的各国或各个时期的生活水平的巨大差别，我们必须关注物品和劳务的生产，也就是必须关注生产率。

9.2.2 生产率是如何决定的

我们知道生产率对于确定克洛索的生活水平是非常重要的，但是哪些因素决定着克洛索的生产率呢？如果他有更多钓鱼工具，学到了更好的捕鱼技术，或者他发现了更好的诱饵，他会在捕鱼方面做得更好。这些决定生产率的因素，称之为物质资本、人力资本、自然资源和技术知识，在更复杂和更现实的经济中也都有相对应的部分。下面我们分别考察每一种因素。

生产率的第一个决定因素是人均物质资本。用于生产物品与劳务的设备和建筑物存量称为物质资本，或简称为资本。例如，小麦收割机、挖掘机、车床等。资本适用于各种物品与劳务的生产。

生产率的第二个决定因素是人力资本。人力资本是经济学家用来指工人通过接受教育、培训和经验而获得的知识与技能的一个术语。人力资源包括工人在所受教育中所积累的技能。与物质资本一样，人力资本也是一种生产出来的生产要素，它提高了一个国家生产物品与劳务的能力。

生产率的第三个决定因素是自然资源。自然资源是自然界提供的生产投入，如土地、水和矿藏。自然资源有两种形式：可再生的与不可再生的。森林是可再生资源的一个例子，石油是不可再生资源的一个例子。

生产率的第四个决定因素是技术知识。技术知识的变革使劳动更高效地用于生产物品与劳务。技术知识有多重形式。一是公共知识，每个人使用它之后都了解了这项技术。二是由私人拥有的技术，只有发明它的公司知道，例如，很多饮料的秘方。三是在短期内是由私人拥有的技术，例如，制药和化学专利。所有这些形式的技术知识对经济中商品与劳务的生产都是重要的。

9.3 经济增长与经济政策

我们已经知道一个国家的生活水平取决于其生产物品与劳务的能力，即生产率，这取决于物质资本、人力资本、自然资源和技术知识。那么对于各国的决策者来说，哪些政府政策可以提高生产率水平呢？

9.3.1 鼓励储蓄和投资

资本是生产出来的生产要素，因此社会的资本量是可以改变的。如果一个经济体生产了大量的新的资本品，那么它就拥有大量资本存量，也就拥有生产更多的物品与劳务的能力。因此，把更多的现期资源投资于资本的生产就可以提高一个国家的未来生产率。由于资源是有限的，那么人们就要进行取舍。当更多的社会资源投资于资本时，就必须要减少消费并节省更多的当前收入。换句话说，有必要牺牲现期物品与劳务的消费，以便未来享有更多消费。因此，鼓励储蓄和增加投资是政府提高经济增长率经济生活水平的一种方法。

9.3.2 其他因素

除了鼓励储蓄和投资外，吸引来自国外的投资、增加教育投资、保护产权和促进政治稳定、增加技术研究和开发、减少贸易限制和促进人口增长等也都会加快一个国家的经济增长。

第一，来自国外的投资。我们知道，一个国家可以通过增加储蓄来增加投资，从而提高其长期经济增长率，这并非是一国增加新资本的唯一途径，另一种是增加国外投资。来自国外的投资分为外国直接投资（FDI）和外国有价证券投资。来自国外的投资增加了一个国家的资本存量，也可以提高该国的劳动生产率。此外，国外投资也是穷国引进富国先进技术的有效途径。因此，许多经济学家都提倡鼓励来自国外投资的政策，但也要注意过度的外国投资会减弱国内资本对国内市场的控制。

第二，教育投资。教育是增加人力资本的有效途径。从美国的历史数据看，受教育与否，使得人均工资差距在10%左右。在人力资源特别稀缺的其他贫困地区，受过教育与未受过教育的工人之间的工资差距更大。因此，政府可以通过鼓励教育的政策来提高一个国家的长期增长率。

第三，产权和政治稳定。决策者还可以通过保护产权和促进政治稳定来加快一个国家经济增长。产权指人们对自己所拥有的资源行使权力的能力。例如，一个国家对专利的保护以及合同制度的健全等。现实中对产权的威胁是政治不稳定性。当革命和政变很普遍时，产权保护就不那么可信了，国内居民储蓄和投资也就减少了，而且外国人也会减少来此地进行投资。

第四，研究和开发。相比于一个世纪以前我们的生活水平有了大幅度的提升，这是技术知识的进步所带来的。加大技术的研发可以较快地改善生产工具，提高劳动生产率和生活水平。

第五，自由贸易。大多数经济学家认为，允许自由贸易的国家的整体收益增加，取消了贸易限制的国家，将经历重大技术进步和高速的经济增长，如中国。实行出口导向型经济的国家或地区，经济增长率很高。

第六，人口增长。经济学家和其他社会科学家就人口是如何影响社会的问题争论了很久。最直接的影响是劳动力规模：人口多意味着更多的工人生产物品和劳务。中国人口众多是中国在世界经济中起着如此重要作用的原因之一。

总　结

在本章中，我们讨论了影响一国经济增长的主要因素，也就是生产率。然后，我们学习了决定一国增长率的主要因素，以及决策者如何通过促进经济增长的政策来提高生产率，进而提高生活水平。

关键概念

生产率、物质资本、人力资本、自然资源、技术知识、产权

习　题

1. 生产率是什么？
2. 生产率的决定因素是什么？
3. 什么因素决定一国的生活水平？

第 10 章　短期经济波动

本章学习目标

1. 理解总需求曲线和总供给曲线。
2. 熟悉并掌握总需求–总供给模型。

10.1　总需求曲线

总需求包括消费需求、投资需求、政府需求和国外需求四种，它是整个经济社会对产品和劳务的需求总量，通常以产出水平来表示。总需求衡量的是经济中各种行为主体的总支出，影响总需求的因素主要有价格水平、收入、对未来的预期等，此外，还包括诸如税收、政府购买或货币供给等政策变量。

总需求函数用于描述社会需求总量和价格水平之间的关系。它代表了在特定的价格水平下经济社会总需求水平。在由价格为纵轴和产出为横轴组成的坐标系中，总需求函数的几何表示称为总需求曲线。总需求曲线描述了与每个价格水平相对应的社会总需求。

为了说明为什么价格水平 P 与总需求量具有反向变动关系，回忆一下 8.2.3 中提到的一个经济总产出核算的支出等式：

$$GDP = C + I + G + NX$$

从理论上说，上述等式右边的四个部分中消费（C）对应消费需求，投资（I）对应投资需求，政府购买（G）对应政府需求，净出口（NX）对应国外需求，每一部分都对经济的总需求做出了贡献。特别地，这里只需说明经济中的价格水平如何影响家庭部门的消费和企业部门的投资，即可说明总需求曲线为什么向右下方倾斜。

首先，价格水平对消费的影响可以利用财富效应来解释，当价格水平下降时，货币实际价值提高，消费者感觉更富有，就会增加消费，这就意味着物品与劳务的需求量会增加。相反，价格水平上升货币真实价值下降，消费者感觉变穷了，就会减少消费，从而减少对物品与劳务的需求量。由财富效应可知，P 与 C 变动方向相反，C 是总需求的重要组成部分，故总需求与价格是反方向变动的。

价格水平对投资的影响可以通过利率效应来解释。我们知道价格水平是货币需求的决定因素，价格水平越低，货币量需求就越少。根据货币市场的理论，货币需求量下降导致利率下降。进一步地，利率的下降会鼓励企业增加投资，进而使总需求增加。反之，则降低了经济的总需求。根据利率效应，P 与 I 反方向变动，而 I 又是总需求的一个组成部分，也就说明了总需求与价格是反方向变动的。

10.2 总供给曲线

总供给是由经济社会投入的基本资源（包括劳动、生产性资本存量和技术）生产的总产量（或国民收入）。总供给函数主要用于描述总产量与一般价格水平之间的关系。在以价格为纵轴和总产量为横轴的坐标系中，总供给函数的几何表达称为总供给曲线。

宏观经济学中依据调控货币工资（W）和价格水平（P）所要求的时间的长短将总供给曲线分成三种：古典总供给曲线、凯恩斯总供给曲线和常规总供给曲线。

古典学派认为，在长期中价格和货币工资具有伸缩性，经济始终处在充分就业的状态，就业水平或总产量并不随着价格水平的变动而变动。经济的产量水平不受价格变动的影响，处在潜在产量水平上。因此，古典学派认为，总供给曲线是一条位于经济的潜在产量或充分就业产量水平上的垂直线。

凯恩斯不赞同古典学派的看法，他认为货币工资具有"刚性"，即货币工资不会轻易变动。在假设货币工资"刚性"条件下，当产量增加时，价格和货币工资均不发生变化。因此，凯恩斯的总供给曲线是一条水平线。

上述两种总供给曲线分别代表两种极端状态。垂直的古典总供给曲线基于货币工资（W）和价格水平（P）能够立即调整的假设；水平的凯恩斯总供给曲线则是基于货币工资（W）和价格水平完全不能进行调整的假设。西方学者认为，常规的短期总供给曲线是介于两个极端之间，而且实际情况下的常规总供给曲线是非线性的。

10.3 总需求－总供给模型

学习了总需求和总供给曲线之后，便可根据这两条曲线所组成的总需求和总供给模型对现实的经济情况加以解释。为了论述方便，可以把它们分为三种情况：宏观经济的短期目标、总需求曲线移动和总供给曲线移动。

10.3.1 宏观经济的短期目标

从短期来看，宏观经济目标是充分就业和物价稳定，如图 10-1 所示。

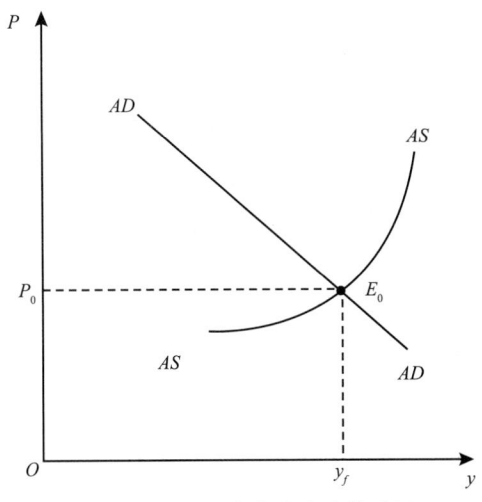

图 10-1 总需求曲线移动的后果

如图 10-1 可知，当总需求曲线（AD）和总供给曲线（AS）相交于 E_0 点时，产量（y）处于充分就业的水平（y_f），价格为 P_0，而此时的 P 既不会上升也不会下降。E_0 点也就是我们所要寻找的宏观经济短期目标点，即充分就业和价格稳定的点。

然而，只有在偶然的情况下，AD 和 AS 才能相交于 E_0 点，现实经济中的很多因素都会导致 AD 和 AS 的位置变动，使交点脱离 E_0 点。

10.3.2 总需求曲线移动

当总需求曲线发生移动时，如图 10-2 所示。

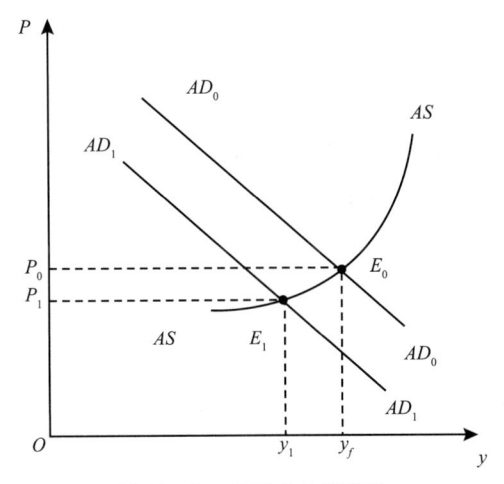

图 10-2 总需求曲线移动

如图 10-2 所示，在某个时期，AD_0 和 AS 相交于充分就业点 E_0。E_0 点的产量为 y_f，价格水平为 P_0。当总需求减少的时候，AD_0 向左移动到 AD_1 的位置，这样，AD_1 和 AS 相交于 E_1 点。这表明此时经济社会处于萧条状态，相应的产量和价格均低于充分就业的数值。

10.3.3 总供给曲线移动

如图 10-3 所示，在某个时期，AD 和 AS_0 相交于充分就业的 E_0 点。这时的产量和价格水平分别为 y_f 和 P_0。此时，如果由于某种原因，总供给减少，造成 AS 曲线由 AS_0 向左移动到 AS_1，使 AD 与 AS_1 相交于 E_1 点，那么，E_1 点表明此时的经济处于滞胀的状态即失业和通胀并存，其产量和价格水平分别为 y_1 和 P_1，而且 AS_1 向左偏离 AS_0 的程度越大，失业和通货膨胀也都会越严重。

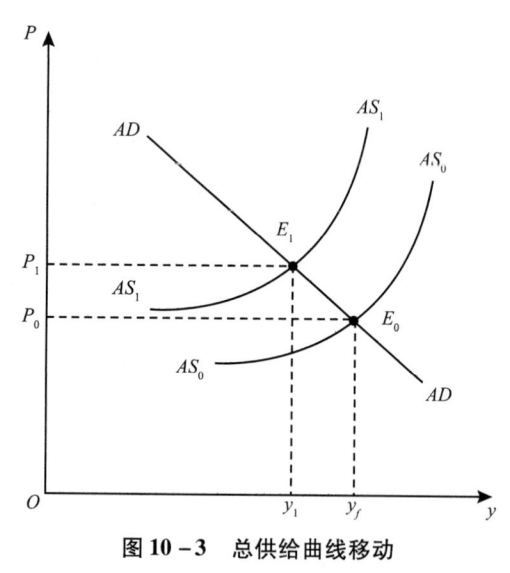

图 10-3 总供给曲线移动

总　结

本章的主要内容是分析总需求曲线和总供给曲线以及由这两种曲线所组成的总需求-总供给模型。了解当总需求曲线或总供给曲线发生变动时，其对应的现实中的经济状况是如何变化的。

关键概念

总供给、总需求、总供给曲线、总需求曲线、总需求-总供给模型

习 题

1. 总需求曲线为什么向右下方倾斜？
2. 三种总供给曲线的区别是什么？
3. 总需求和总供给曲线是如何移动的？

第二篇

金融学基础

第 11 章 金融学的基本概念

本章学习目标

1. 掌握金融学的基本概念。
2. 理解金融学的逻辑。
3. 掌握资产的分类及几种资产的相互转化。

金融与我们每个人的生活息息相关，存在于我们生活中的每个角落。居民理财、储蓄与消费的权衡选择、企业投融资等都是金融活动。但是，我们真正了解金融吗？金融到底是怎么回事？人类社会为什么要有金融市场？除了让华尔街的资本家谋取超额利润之外，金融交易有没有真正创造价值、对社会福利是否有积极的影响？如果有的话，是如何贡献的？如何创造价值的？金融的逻辑是什么呢？本章内容会为你解答上述问题，揭开金融学神秘的面纱。

11.1 什么是金融学

博迪（Zvi Bodie）和莫顿（Robert C. Merton）在《金融学》教科书中认为："在不确定的环境中，金融学是研究如何配置稀缺资源的学科。"在《新帕尔格雷夫经济学大辞典》中，金融学（finance）被解释为"研究资本市场如何运作、资本资产如何供应和定价"。金融交易是指不同时空中价值或现金流的配置。为何出现跨时空的价值交换？这种价值交换又是如何发生、怎样发展？这些都是金融学的研究目的。希勒（Robert J. Shiller）在《金融与好的社会》中写道："在不确定环境下，金融应帮助我们降低随机性，促进金融体系良性运转，我们要进一步深化其内在逻辑，提升金融撮合独立个人交易的能力——这些交易能让每一个人生活变得更好。"

严格来说，金融学与金融经济学的内涵并不相同，二者是不同的概念。经济学偏向研究价格机制与资源配置效率，而金融经济学则是从参与者效用最大化的角度出发，以金融市场的价格形成机制与金融资产的配置效率为研究对象，同时考察信息在金融市场中的有效性。金融经济学关注资产配置的总体福利，而"理性人"是经济学的理论基础，我们可以将经济学的"个体理性"推演到金融经济学的"集体理性"，运用经济学研究方法考察金融市场。与金融经济学相比，其他金融学分支理论可以只考虑"个体理性"。

11.2 金融学的基本逻辑

11.2.1 金融交易是跨时间的价值交换

从现实来看，跨时间价值储存和跨空间价值移置存在一定问题。为解决这些现实问题，货币的出现革命性地创新了贸易、商业化的发展。我们通过以下几个实例了解货币的作用。

为解决跨空间价值交换问题，"票号"于中国明清时期在山西逐渐发展起来，让本来需要跨地区运输货物、银子才能完成的贸易，只要一张山西票号出具的汇票就可以解决。这降低了异地贸易的交易成本，让货物公司专注于生产特长商品上，让票号经营商承担异地支付的挑战，专业分工更加明确。借贷交易是典型的跨时间价值交换，张三今天向李四借1万元，先支取使用，即所谓的"透支未来"，以后再把本钱加利息还给李四。

进入现代社会，金融交易已经远远超出了上述简单的人与人之间的价值交换，形式变得更加复杂。例如，我们所熟知的股票，是一种既跨时间，又跨空间的金融交易。需要注意的是，这里的"空间"是指未来预期的不同盈利或亏损的抽象状态。

11.2.2 用随机变量描述金融交易行为

随机变量除了可以用于表示股票、债券、借贷签约以外，还可以表达其他任何类型的金融交易合同。基于随机变量的交易该如何实现、这些随机变量该如何定价都是金融学所要研究的内容。金融市场还可以对未来定价、对交易风险定价。

除此以外，我们还需明确一个概念：对于任何产品，只有"相对价值"，没有"绝对价值"。换句话说，价值不能独立存在，而是相对人的主观效用而言的。商品的价值在于它能否提高个人效用，个人效用包括消费效用、财富效用、主观幸福或满足感等。效用价值论可以帮我们更好地理解金融：效用决定价值，而不是劳动成本决定价值。

11.2.3 信用和契约是金融交易达成的关键

金融合同执行过程中的信用、保证是金融交易发展的制度基础。随着现代法治制度的建立，现代证券市场得以发展。可以这样理解，我们所熟悉的外部化的金融证券市场，其发展的基础是支持陌生人之间交易的现代商法、合同法、证券法等方面的发展；反之，金融交易在陌生人之间的不断深化，也给不同层次的法治带来了更高要求，促进了法治的演进。

传统儒家"孝道"体系被非人格化的金融市场所代替，压在血缘、家族之上的交易功能逐步从血缘、家族剥离，信贷、保险、投资功能都可由金融市场取代，金融市场将中国家庭从利益交换中解放出来，情感交流、精神世界成为家庭功能重点定义内容，家不再是利益交换场所。从这个意义上说，金融市场使中国文化摆脱了传统儒家体系的束缚。

11.2.4 借贷类金融交易的贡献仍被低估

过去，金融交易贷款的作用是帮助借款人把大的开支分摊在现在和未来几年内，这样，个人、企业、国家的支出就不会太大。迄今为止，贷款融资对个人、家庭和企业的积极影响仍然被低估。客观分析我们会发现借钱消费也是一件好事，在某些情况下甚至是更好的选择。

今天，与其他发展中国家一样，中国拥有数万亿美元的外汇储备，西方发达国家则是负债累累。难道未来几个世纪历史还会重演？关键在于中国如何利用好证券市场。

11.3 节俭悖论与货币幻觉

11.3.1 节俭悖论

凯恩斯在《就业、利息和货币通论》（1936 年）中首次提出节俭悖论的概念。节俭是一个人或一个家庭的美德。在当下，社会依然歌颂勤俭节约。从微观经济的角度来分析，从生命长度的财富、收入、预算出发，一个人、一个家庭设立一个储蓄计划可能是优化的决策。但从宏观经济的角度看，若每个人强调节俭、每个家庭避免消费，则会导致经济大萧条。社会总需求不足使工厂、企业关闭，工人失业。这说明，良好行为的个体性在加总时有可能走向反面。

11.3.2 货币幻觉

1928 年,耶鲁大学经济学家费雪(Irving Fisher)出版了《货币幻觉》一书。货币幻觉是指:由于某种原因经济社会中流通的货币量增加时,从微观个人角度来看手中的货币量增加,那他首先会变富。随着时间的推移,经济社会中所有人都发现自己持有的货币量增加了,则经济中货币量增加的长期后果就是通货膨胀,最后每个人都会发现自己没有变富。更糟糕的是,可能个人经济状况比货币增加以前更为贫困了。

11.4 资产的类型

11.4.1 什么是资产

国际会计标准委员认为:资产所体现的经济利益是在可预期的未来直接或间接为企业带来现金或现金等价物的潜力,包括企业经营中的部分生产能力、转换为现金或现金等价物的能力以及减少现金流出的能力等,例如,优化加工程序以降低企业生产成本。由历史的交易、事项形成并由某一特定主体获得或控制、会给主体带来可预期的未来经济利益的资源被称为资产。

资产与资本、资产与产品是比较容易混淆的两对概念,我们首先来分析资产与资本的关系:资产(asset)是在未来能为其所有者带来可预期经济利益的能力。对于企业,资产是指用于投入生产经营活动并为投资者在未来带来经济利益的资源,出现在资产负债表的左侧,归企业所有。资本(capital)是经济活动主体为从事生产经营活动而购置资产的资金来源,是投资者对主体的投入。对于企业,资本出现在资产负债表的右侧,按归属债权人和公司所有者(股东)的部分,分为债务资本与权益资本。企业对其资本不拥有所有权。

然后我们关注资产与产品的概念:第一,收益的确定性。资产的收益是未来的,具有不确定性;产品的收益是当期的,是相对确定的,产品市场运营就不存在自身价值的不确定性。第二,信息不对称对价值判断影响程度不同。未来现金流折现体现的是资产的价值,随着时间的推移,资产的估值要随着与之相关的信息变化而不断修正。产品的价值估计不需随时间进行修正。换句话说,与产品市场相比信息不对称程度对资本价值及资本市场运营的影响更大。

11.4.2 资产的分类

广义上,资产分为实体资产和金融资产,未上市股权被称为实体资产,包括有形资产和无形资产。实体资产是以实体价值形式存在的一种长期资产。它是为生产商品、提供劳务或经营管理等各种投资目的而持有的实体资产。有形资产和无形资产是实体资产的主要存在形式：工厂、机器和设备等都是有形资产，而专利权、土地使用权和商誉等都是无形资产。

与实体资产相比，金融资产种类繁多、千差万别，但都具有一些共同的特征，通常以流动性、收益性和风险性"三性"概括。第一，流动性。这是金融资产可以以货币的形式存在，或将其转换成货币的方式十分容易。一些金融资产本身就是货币，如现金和存款。第二，收益性。由收益率表示。第三，风险性。持有金融资产可能会产生经济利益的损失。

一般地，金融资产主要包括现金资产、信贷资产和证券资产。

第一，手持现金＋活期存款＝现金资产（M1）。这里需要明确一个概念，这里的现金是指以非消费目的、用于投资而持有的现金。

第二，银行贷款＋企业应收款＝信贷资产。由一定借贷关系而形成的对未来特定资产的要求权被称为信贷资产。对于企业，主要指各种应收款项；对于个人，主要指出借给他人的短期或长期借款，如居民定期储蓄存款。需要注意的是，信贷资产有正值和负值的区别。可以说，信贷资产经营的风险最大。

第三，权益类证券＋债务类证券＝证券资产。以有价证券形式存在的资产被称为证券资产，包括各种股票、债券等。

总　结

本章首先对金融学的概念进行了介绍。随后，从四个方面说明了金融学的基本逻辑，并且介绍了节俭悖论和货币幻觉。此外，介绍了资产的类型。

关键概念

金融学、节俭悖论、货币幻觉、资产、实物资产、证券资产、现金资产

习　题

1. 金融学的概念是什么？
2. 金融学的基本逻辑是什么？
3. 几种资产类型的区别是什么？

第 12 章　金融市场概览

> **本章学习目标**
> 1. 掌握金融市场的功能和作用。
> 2. 掌握金融市场的具体分类及市场特点。

12.1　什么是金融市场

根据交易的产品类别，市场分为商品市场和生产要素市场。其中，专门提供资本的要素市场被称为金融市场。广义的金融市场是指通过资金融通实现金融资源配置，最终帮助配置实物资源的市场，主要的活动形式包括：第一，银行类金融机构的借贷；第二，非银行类金融机构的借贷；第三，企业通过发行公司债和股票实现的融资；第四，投资者通过购买债券、股票实现的投资；第五，通过租赁、信托、保险等途径实现的资金的集中与分配等。狭义的金融市场指的是股票、债券、基金等有价证券进行交易的场所。

12.1.1　直接融资与间接融资

金融市场交易是在最终投资人、最终融资人和中介机构之间进行的，最终投资人和最终融资人可以是个人、企业、政府和国外部门，而中介机构主要是指专门从事金融活动的金融机构，包括商业银行、保险公司、投资银行等。

若资金转移直接在最终投资人和最终融资人之间进行，则这些融资活动被称为直接融资，例如，为证券的发行融资。若资金转移是通过中间人在最终投资人和最终融资人之间进行的，则这些融资活动被称为间接融资，例如，通过银行存款和贷款活动进行融资。我们可以用图 12-1 描述金融市场上的资金转移过程。

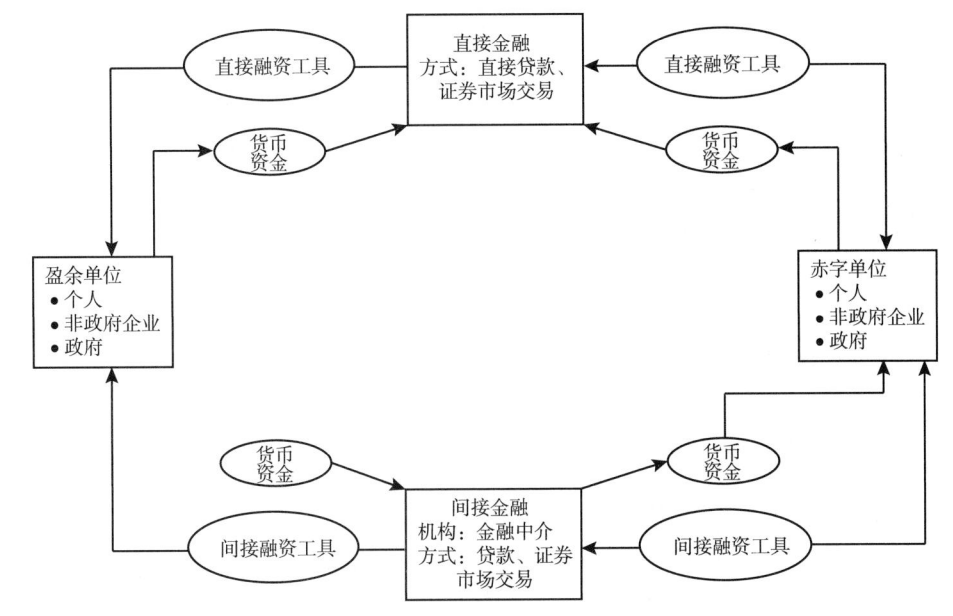

图 12-1 金融市场资金转移过程

12.1.2 金融市场的类型与功能

金融市场一般分为货币市场和金融市场。其中,交易期不足一年的短期金融市场称为货币市场,其功能是满足交易者的流动性需求;超过一年的金融市场被称为资本市场,其主要功能是满足政府填补预算赤字和工商企业中长期投资的需求。

通过组织交易各类金融产品,金融市场具有以下功能:第一,优化资金配置。在市场环境和价格信号引导下,调整资金资源在盈余部门和短缺部门之间分配。第二,实现风险分散和转移。但对总体而言,风险并没有被消除。第三,价格发现。金融资产均有票面金额。通常情况下,可直接把金融资产的票面金额作为货币的金融资产进行交易。然而股票、债券等金融资产的内在价值并不能通过票面价值来体现,只能靠金融市场交易中买卖双方之间的互动过程来"发现"价值。

12.2 货币市场

12.2.1 票据与贴现市场

货币市场交易票据包括商业票据和银行承兑票据。由商品交易产生的延期付款被称为商业票据。商业票据是抽象的或非因果的,就是说它只反映了由此产生的债权债务关系,并不反映交易的内容。只要票据不是伪造的,付款人就没有理由根据票证中包含的条件拒绝付款。此外,商业票据的发行完全基于发行人的信用情况，无须其他担保。因此，发行人的可信度决定了商业票据是否可以进入金融市场流通。

在商业票据中，以商品交易为目的票据被称为真实票据，而以融资为目的的票据被称为融通票据。一年内非金融机构发行的融通票据是发达国家商业票据的主要市场，商业银行、投行和其他金融机构是这些产品的主要买家。折扣方法广泛应用于短期融资领域，如商业票据、银行承兑汇票和国库券。因此，短期融资市场也称为贴现市场。

12.2.2 国库券市场

国库券由政府发行，是一种以政府信用为担保的无风险投资工具，短期以三个月、六个月、九个月和十二个月为主。国库券的发行频率高，在许多国家，国库券是每季度一次或每月一次定期发行的，美国每周发行三个月和六个月的国库券。贴现发行是目前国库券的主要发行方式，通过竞争性报价确定国库券发行价格和贴现率（即无风险利率）。国库券市场的流动性在货币市场中是最高的，许多中央银行的公开市场业务都选择通过国库券市场开展。

12.2.3 可转让大额存单市场

由银行业存款类金融机构向个人、非金融公司和政府机关发行的大额存款证明被称为大额存单（CDs）。与一般存款单不同，可转让存单的金额为整数，投资门槛较高，可在到期日之前转让。可转让存款单于20世纪60年代首次在美国产生，中国CDs于2015年6月15日正式发行，以人民币计价。

12.2.4 回购市场

通过回购交易进行的短期金融交易市场被称为回购市场。我国的回购市场比较活跃。当证券被出售时，卖方在未来的时间点签订回购证券的合同作为回购协议。通过回购的证券交易所可以理解为担保贷款。买方通过购买证券将贷款借给卖方，卖方同意回购证券并在指定时间退还贷款，并且证券是抵押品。证券公司也可以作为贷方取消回购交易。经纪公司承诺首先购买证券并以特定价格出售给对手。回购交易通常是短期的，一天期的回购交易被称为"隔夜租赁"，最长可达一年。

12.2.5 银行间拆借市场

银行同业间拆借市场是指银行之间的短期资金借贷市场，商业银行以及其他各类金融机构是主要参与者。1996年1月，我国银行间拆借市场开始联网试运行，其交易方式主要是回购和信用拆借。银行拆借市场是我国规模最大的货币市场，所以中国人民银行会通过调整拆借利率来进行公开市场操作。

12.3 资本市场

从内容上看,长期存贷款市场和长期证券市场是资本市场的主要组成部分,其中长期证券市场主要包括股票市场和长期债券市场。

12.3.1 股票市场

专门从事股票交易的市场称为股票市场,包括股票的发行和交易。股票是由股份公司发行的股票证书,代表股东资产和收入的剩余求偿权。股票交易分为场内交易和场外交易。

必须取得会员资格才能够进入证券交易所从事交易,而会员资格的取得有各种严格限制并需缴纳巨额会费。会员主要分为两类:经纪人和交易商。经纪人只能作为证券买家和卖家之间的中间人,从事代客交易,佣金是收入;交易者可以直接买卖证券,销售和购买之间的差额就是收入。如果客户想要买入或卖出上市证券,第一步是与经纪人开立账户并委托经纪人买卖证券。当客户产生证券交易需求时,应向经纪人发出"以什么价格买卖哪种证券"的指示;经纪人将客户的订单传递给交易所的交易员,交易员将按照说明进行相应证券交易。

12.3.2 创业板市场和新三板市场

经营历史短、资产规模小是大多数风险资本所培育企业的特点,加之这些企业发展领域新、失败风险大,通常来说无法满足一般的上市条件。

对于风险投资家而言,他们努力将公司提前推向市场以实现资本周转。为了满足这种市场交易需求,小公司和初创公司的股票交易应该建立一个与成熟公司的股票发行和交易不同的市场。这种市场通常被称为创业板市场或二板市场、小盘股市场。创业板市场是主板市场以外的专业市场。与主板市场相比,在历史沿革和业务规模等上市条件方面对企业要求较低,更多的重点放在公司的成长性和未来潜力上。美国纳斯达克是一个十分知名的创业板市场,许多公司在创业板市场培育后进入主板市场。例如,纳斯达克上市的微软公司股票已进入道琼斯工业指数。

2013年,中国设立了全国中小企业股份转让系统,即新三板市场,主要是为非上市公司股票公开转让和发行融资提供了交易平台。在新三板市场上市的企业中,信息技术产业占比较大。目前新三板市场的成交金额和换手率都稳步上升。但三板市场容量仅为主板的1%~2%,相比成熟市场来说还有很大距离。

12.3.3 长期债券与长期债券市场

长期债券是指期限一年以上的债券。有两种主要形式的政府长期债券:一种是有息票，定期支付利息和到期还款；另一种是本金和利息支付一次到期。由财政部直接发行的国债和由政策性金融机构发行的政策性金融债券是目前中国的主流政府债券。由金融机构和非金融机构发行的债券称为公司债券，是公司筹集长期资金的重要工具。一般地，公司债期限超过 10 年。

12.3.4　一级市场与二级市场

一级市场也称为初级市场，是证券发行的市场，包括：新企业首次公开发行（IPO）、老公司增资补充发行股票、政府发行债券等。二级市场也称次级市场，在证券发行后各种证券在不同的投资者之间买卖流通所形成的市场，未到期证券需要提前变现需在二级市场上寻找买主。

12.4　衍生金融工具市场

在资产价值中，像厂房、设备、土地一样，有的金融资产与实物资产之间存在着直接的联系。此外像期货、股票指数期权等金融产品则是依附于股票、债券、存单、货币等金融资产而产生。金融衍生工具的本质是一种合约，远期、期货、期权和互换是目前市面上最活跃的四种金融衍生品，其他更为复杂的合约都是以它们为基础演化而来的。20 世纪 70 年代，面对高通货膨胀率刺激实行的浮动汇率制，让人懂得金融交易的一项重要需求就是规避通货膨胀风险、利率风险和汇率风险，此后金融衍生工具得以迅速发展。

12.4.1　远期和期货

远期和期货是容易混淆的一对概念，我们对两者的异同加以区分：

两者的联系在于：它们都是交易双方按约定价格在未来某一期间完成特定资产交割的一种方式。远期合约一般进行场外交易，主要分为货币远期和利率远期两类。

两者的区别在于：第一，远期合约交易规模小，灵活多变，买卖双方均可根据各自的愿望对合约条件进行磋商；第二，期货合约的交易是在有组织的交易所内完成，合约的内容都已标准化，如标的资产的种类、数量、价格、交割时间、交割地点等。

12.4.2　期权

在约定的时期内，期权合约的买方有权按约定的价格买入或卖出一定数量的标的资产，也可以根据需要放弃行使这一权利。为取得这样一种权利，买方必须向卖方支付一定数额的费用，即期权费。按照标的资产的不同，期权合约分为股票期权、货币期权、股指期权和期货期权等。

期权的基本特征包括：一是到期日；二是执行价格；三是欧式或美式；四是看涨或看跌。在某个确定的时间，看涨期权、看跌期权的买方有权以确定的价格买入、卖出标的资产。

期权的最大功能是风险锁定，允许买方以有限的损失换取无限的收益。对于看涨期权的买方来说，如果不考虑买卖资产时的佣金费支出，当执行价格低于市场价格时，买方会行使买进的权利从而取得收益；反之，当执行价格高于市场价格时，买方放弃行"买入"的权利，亏损不会高于期权费。

12.4.3 互换

互换是由未来交换现金流的双方签订的合约，也被称为"掉期""调期"。在合约中，由双方规定现金流的互换时间及数量。远期合约可以看作一个最简单的互换合约：远期合约可以等同于在今后的某单一时间现金流的互换，而互换合约通常阐明在今后的若干时间互换现金流。利率互换是最常见的互换形式，即 A 公司同意向 B 公司在今后若干年内支付在本金之上按事先约定的固定利率与本金产生的现金流。作为回报，由同一本金产生的浮动利率现金流由 A 公司获取。大多数利率互换合约中的浮动利率是伦敦同业拆借利率（LIBOR）。

12.5 投资基金

投资基金是一种分享利益和风险的集体投资制度，也被称为共同基金。发起人设立投资基金，通过发行证券募集资金。基金管理人接受基金托管人的委托，对资金进行管理并从事专业的证券投资活动。基金投资人不参与基金的管理和操作，只能定期获得投资收益。根据投资人的委托，基金管理人进行投资业务并收取管理费。

12.5.1 公募基金与私募基金

按照资金募集方式划分，基金可以分为公募基金和私募基金。

通过公开发行证券筹集资金建立的基金称为公募基金；通过非公开发行证券设立的基金称为私募基金。为满足对投资有特殊期望的客户需求，私募基金的投资有一定的限制，合格投资者是一些大型投资机构和高净值个人。例如，索罗斯在美国领导的量子基金要求每个投资者投资不少于 100 万美元和投资者总人数不到 100 人，主要是金融寡头和工业巨头。

对冲基金是一种私募基金，专为寻求高投资回报的投资者而设计。对冲基金的最大特点是广泛使用期权和期货等金融衍生品来进行股票市场、债券市场和外汇市场等金融市场的投机活动，其风险非常高。据对冲基金研究公司（Hedge Fund

Rtsearch)估计,目前全球对冲基金管理资产约为 2.87 万亿美元。2015 年第三季度,全球对冲基金资产减少了 950 亿美元,是 2008 年金融危机中单笔资产损失最高的一次。

12.5.2 其他类型基金

根据基金的法律地位,基金分为两种类型:契约型基金和公司型基金。

契约型基金是根据一定的契约原理组建的代理投资行为。由委托者、受托者和受益者三方构成。公司型基金是按照股份公司方式运营的。由投资公司、管理公司、保管公司和承销公司构成。其中:发行固定数量的股票、发行期满不再增加和减少股份、基金规模不再变化的基金被称为封闭式基金;而股票数量和基金规模不封闭的基金被称为开放式基金,也称为共同基金。在国外,封闭式基金的发展速度远远落后于开放式基金。

根据投资收益与风险的不同目标,基金分为收益型基金、增长型基金、混合型基金。

以定期获取固定收益为投资目标的基金被称为收益型基金,这类基金主要投资于固定收益证券,如债券、优先股股票等。而以证券增值潜力为投资目标的基金被称为增长型基金,这类基金通过低买高卖赚取投资利润差价。

除此以外,基金还分为货币市场基金和养老基金。

货币市场基金就是投资于货币市场的基金,专门从事短期类票据的买卖。投资风险低、流动性好是货币市场基金的主要特点,类似银行存款,该基金允许投资人随时提取所投资金。其优点在于与存款利率相比,收益率较高。作为社会保障基金的重要组成部分,养老基金被用于支付退休收入。养老基金通过发行基金股份或受益凭证,为社会养老基金筹集资金。

咨询机构 Wilis Towers Wastson 发布的"全球养老金资产研究"(GPAS)报告表明,养老基金金额自 2005 年超过 21 万亿美元后,全球养老基金资产以年均 5% 的增长率增加(以美元计算)。2015 年度,世界 19 个主要市场机构养老资金资产市值为 35.4 万亿美元。这些资产相当于相关国家 80% 的 GDP,占世界资本市场投资者可以利用的机构资产的 35%。

12.6 外汇市场和黄金市场

在国际支付中,需要兑换各种货币,外汇交易的地方是外汇市场。如今的国际金融和国际贸易中,外汇市场不仅促进了货币兑换和结算,也为国际垄断资本的外部扩张和外汇投机提供了交易场所。根据是否具有固定的交易场所,国际外汇市场分为有形外汇市场和无形外汇市场。前者有固定的交易场所,而后者没有。

12.6.1　外汇市场

外汇银行、外汇经纪商、中央银行、众多进出口商、非贸易外汇供需和外汇投机者都是外汇市场的主要参与者。中央银行授权开展外汇业务的境内银行、境内外资银行分支机构以及从事外汇业务的其他相关金融机构都统称为外汇银行。它是外汇供应商和外汇需求者的主要中间人，还可以自己买卖外汇并参与外汇市场的投机活动。为避免大规模国际短期资本流动导致汇率剧烈波动的情况，中央银行有责任干预外汇市场，即在外汇短缺时出售外汇，在外汇过剩时进行收购外汇。

12.6.2　黄金市场

19 世纪初，世界上第一个国际黄金市场在伦敦诞生。第二次世界大战爆发后，黄金交易非常有限，伦敦黄金市场因此关闭了 15 年。20 世纪 50 年代，布雷顿森林体系开始形成，黄金和美元以 1∶35 的比例挂钩。布雷顿森林体系崩溃后，世界黄金市场重新成为一个完全自由的交易市场。80 年代初，黄金价格飙升至每盎司 850 美元的高位。自 90 年代末以来，国际市场上出现了罕见的黄金抛售浪潮，各国央行减少了黄金储备。2015 年，美元持续走软、全球股市下跌，国际黄金期货升至每盎司 1300 美元，报 1301.5 美元/盎司，创 15 个月新高，黄金一路走高。

过去，有大部分黄金是货币用黄金。货币用黄金又分为流通用黄金和储备用黄金：近一百年以前黄金需求集中在流通方面，如铸造金币；而国家集中的黄金储备是目前的主流，各国官方都保有数以千吨计的黄金作为国际储备资产。2017 年世界各国央行黄金储备中，排在前十的黄金储备大国分别为：美国 8133.5 吨、德国 3377.9 吨、意大利 2451.8 吨、法国 2435.8 吨、中国 1708.5 吨、俄罗斯 1655.4 吨、瑞士 1040 吨、日本 765.2 吨、荷兰 612.5 吨。

目前对黄金的需求属于非货币需求，可分为投资需求和消费需求。珠宝业、电子仪器、牙科、工业装饰、奖牌、纪念币等领域都有很大的黄金消费市场。消费者使用黄金的多样化促进了全球黄金交易活动的积极化。基于黄金的特点和历史习惯，以黄金为标的物的投资活动仍然相当活跃，这表明黄金市场仍具有重要的金融功能，当市场不确定性很大时，人们常常会转向购买黄金以保值。

12.7　金融市场的国际化

金融市场的国际化是一个非常复杂且不断变化的经济趋势。国际私人资本流动对各国的实际经济活动和金融活动产生积极和消极的影响：一方面，随着国际资本的流入，实体经济可以获得充足的资金并迅速增长，证券市场将进一步发展；另一方面，随着国际资本的流失，它可能带来经济萧条和金融危机。一些地区形成的经济联盟，金融和货币联盟不仅使该地区国家之间的经济合作更加紧密，而且使各国之间的实际经济运行和金融运作更加迅速。当一个国家的经济出现问题，该地区各国也会出现经济波动和金融冲击。

在现代经济中，人们自然认为金融市场的国际化与金融风险的改善密切相关。一般来说，经济发达国家成熟度高，吸收能力和消化能力都比较强，风险防控经验丰富，付出的代价可能较低。相反，在金融市场国际化的过程中，发展中国家尚不成熟的金融体系可能会付出更高的代价。

12.7.1 金融市场国际化的演进和格局

传统的国际金融市场是指随着全球生产和资本的发展，西方发达国家的国内金融市场自然延伸到其他国家。传统的金融业务从纯粹的国内居民发展到非居民之间的国际金融业务。在第一次世界大战之前和之后，英国伦敦率先发展成为一个国际金融市场。第二次世界大战后，纽约成为世界上另一个重要的国际金融市场。在同一时期，苏黎世、瑞士、法兰克福、德国和日本东京的国际金融市场也在发展。离岸金融市场的形成和发展促进了金融市场的国际化。独立于该国货币和金融体系且不受该国金融法规约束的金融活动场所称为离岸金融市场。

12.7.2 国际游资

国际热钱，也称为热币、热钱，是指流入国际并且流动性极强的短期资本，特别是对于国际金融市场的投机活动。随着互联网和大数据的发展，数十亿美元的资金可以瞬间传递到世界各地。据估计，超过80%的国际金融市场外汇交易被用于投机。

交易杠杆化、快速流动、集团作战是国际游资的主要特点。集团作战使游资成为真正强大的军团，基于以上特点，国际游资可以很容易地在某个市场上呼风唤雨，蓄意攻击一国的金融体系，并从中赚取收益。

总　结

本章首先对金融市场进行了介绍，其次说明了金融资产的特征及金融市场的功能。随后，具体介绍了几种金融市场及相应的金融工具。最后还对金融市场的国际化趋势进行了概括性的说明。

关键概念

金融市场、金融资产、商业票据、国库券市场、可转让大额存单市场、回购市场、银行间同业拆借市场、期权、期货、远期、互换、投资基金、公司型基金、契约型基金、风险投资基金、欧洲货币市场、离岸金融市场、国际游资

习 题

1. 金融市场的功能是什么？
2. 如何理解货币市场和资本市场之间的关系？
3. 中国的货币市场和资本市场同发达国家相比，有何差别？
4. 在资本市场上，企业是直接在一级市场上融资，那二级市场的存在价值是什么？

第 13 章　金融机构

> **本章学习目标**
>
> 1. 理解金融机构的职能和作用。
> 2. 熟悉我国金融机构体系的构成。
> 3. 区别国际金融机构的职能和作用。

13.1　金融机构及其包括的范围

13.1.1　什么是金融机构

金融机构又被称为金融中介,包括从事各种金融活动的各类组织。金融中介种类繁多:(1)间接融资领域中,各类银行为资金盈缺的双方提供金融交易;(2)直接融资领域中,投资银行、证券公司、证券经纪人以及金融市场上的各种基金以及证券交易所等金融机构撮合筹资者和投资者进行交易,并提供策划、咨询、承销、经纪服务;(3)各种保险;(4)从事信托、金融租赁、土地和房地产金融活动的重要部门。

13.1.2　金融机构的分类

依据联合国统计署统计分类处制定的国际标准产业分类法:

按经济活动类型划分,共十七类经济活动,金融中介是其中的一类,包括:(1)中央银行;(2)存款货币银行;(3)金融租赁以及其信贷活动机构;(4)保险公司和养老基金机构。

此外还有辅助金融中介，包括：（1）证券交易所；（2）投资银行；（3）投资基金公司。

国民经济核算体系（SNA）按机构对金融业进行了分类：（1）中央银行；（2）其他存款公司（即存款货币银行）；（3）通过金融市场筹集资金，取得金融资产的其他金融中介机构；（4）金融辅助机构，如证券经纪人、贷款经纪人、债券发行公司、保险经纪公司以及经营各种套期保值的衍生工具的公司等；（5）保险公司和养老基金。

13.2 中国的金融机构体系

中华人民共和国金融体系诞生的标志是1948年底成立的中国人民银行。1953年，中国仿照苏联模式实施高度集中的计划管理体制，中国的金融机构也进行了改造，并建立起一个高度集中的国家银行体系，这被后来的我们称为"大一统"的银行体系模式。与之同时，还有众多的农村信用合作社。经过几十年的改革开放，我国形成了以中国人民银行为中心、国有商业银行为主体、多种金融机构分工协作的金融中介机构体系格局。

13.2.1 中国人民银行

中国人民银行是中华人民共和国的中央银行、国务院组成部门，其职能包括：（1）依法独立制定和执行货币政策；（2）监督管理银行间同业拆借市场、债券市场、外汇市场和黄金市场；（3）防范和化解系统性金融风险；（4）制定人民币汇率政策；（5）发行、管理人民币；（6）经理国库；（7）制定支付结算规则；（8）制定金融业综合统计制度；（9）组织协调国家反洗钱工作；（10）管理信贷征信业；（11）从事有关国际金融活动；（12）从事金融业务活动；（13）承办国务院交办的其他事项。

13.2.2 政策性银行

1994年，国有独资商业银行分设出三家不以营利为目的的政策性银行：（1）国家开发银行；（2）中国进出口银行；（3）中国农业发展银行。根据政府的决策和意向，政策性银行专门从事政策性金融业务，并且根据具体分工的不同，服务于特定的领域。

国家开发银行是全球最大的开发性金融机构，中国最大的对外投融资合作银行、中长期信贷银行和债券银行；中国进出口银行支持领域主要包括对外经贸发展和跨境投资、"一带一路"建设、国际产能和装备制造合作、科技、文化以及中小企业"走出去"和开放型经济建设等；中国农业发展银行以国家信用为基础，以市场为依托，筹集支农资金，支持"三农"事业发展，发挥国家战略支撑作用。

13.2.3　汇金公司、中投公司

2003年12月，中央汇金投资有限责任公司（中央汇金）在北京正式成立，代表国家依法行使对国有商业银行等重点金融企业出资人的权利和义务，是由国家出资设立的国有独资公司。

2007年9月，财政部通过发行特别国债从中国人民银行购买中央汇金公司的全部股权，并将上述股权作为对中国投资有限责任公司（中投公司）出资的一部分注入中投公司。国务院行使中央汇金公司的重要股东职责并任命中央汇金董事会、监事会成员。

根据国务院授权，中央汇金对国有重点金融企业进行股权投资，代表国家行使投资人权利，履行投资人对国有重点金融企业的义务，实现国有金融资产保值增值。中央汇金不从事其他任何商业性经营活动，也不干涉所控股的国有重点金融企业的日常经营活动。

截至2017年12月31日，中央汇金控股参股机构包括：（1）国家开发银行；（2）中国工商银行股份有限公司；（3）中国农业银行股份有限公司；（4）中国银行股份有限公司；（5）中国建设银行股份有限公司；（6）中国光大集团股份公司；（7）中国光大银行股份有限公司；（8）中国出口信用保险公司；（9）中国再保险（集团）股份有限公司；（10）新华人寿保险股份有限公司；（11）中国建银投资有限责任公司；（12）中国银河金融控股有限责任公司；（13）申万宏源集团股份有限公司；（14）中国国际金融股份有限公司；（15）中信建投证券有限责任公司；（16）建投中信资产管理有限责任公司；（17）国泰君安投资管理股份有限公司。

13.2.4　国有商业银行

在中国的金融中介体系中，中国工商银行、中国农业银行、中国银行、中国建设银行、交通银行、邮储银行是六大国有商业银行，处于主体地位。国有商业银行在我国整个金融领域中占有很大比重，处于世界排名前列，具体体现在：（1）人员数量；（2）机构网点数量；（3）资产规模；（4）市场占有份额。自2003年以来，六大行已先后进行了股份制改革。

根据《中华人民共和国商业银行法》，国有商业银行的业务经营范围包括：（1）吸收公众存款；（2）发放短期、中期和长期贷款；（3）办理国内外结算；（4）办理票据贴现；（5）发行金融债券；（6）代理发行、兑付、承销政府债券；（7）买卖政府债券；（8）从事同业拆借；（9）买卖、代理买卖外汇；（10）提供信用证服务及担保；（11）代理收付款项及代理保险业务；（12）提供保管箱服务；（13）经中国人民银行批准的其他业务。

13.2.5 股份制商业银行与城商行

1986 年，包括中信银行、光大银行、华夏银行、广东发展银行、平安银行、招商银行、浦东发展银行、兴业银行、民生银行、恒丰银行、浙商银行和渤海银行等在内的 12 家股份制商业银行得以重建。

随着对外开放程度不断深入，中国允许外资参与国内银行。1996 年底，亚洲开发银行以 2000 万元投资光大银行；2002 年 9 月，美国新桥投资集团作为国外战略投资者进入深圳发展银行，深圳发展银行成为我国第一家通过外资收购股份的上市银行。

1998 年，以城市命名的商业银行开始在北京出现。历史演变可追溯到城市信用社基础上建立的城市合作银行。城市合作银行合并形成现有的城市商业银行。截至 2015 年底，我国目前共有 133 家城市商业银行。

13.2.6 农村信用合作社和城市信用合作社

20 世纪 50 年代中期，农村信用合作社（农信社）普遍建立在全国广大农村地区。农信社的财产、合法权益和依法开展的业务活动受国家法律保护。筹集农村闲散资金，为农业、农民和农村经济发展提供金融服务是农信社的主要任务。根据国家法律和金融政策规定，组织和调节农村基金、支持农业生产和农村发展，限制和打击高利贷是农信社的主要目标。

20 世纪 70 年代末，随着中国经济体制改革的逐步开展，一些地区出现了少量城市信用社（城信社），第一个城信社于 1979 年在河南驻马店成立。城信社的主要业务范围包括：（1）办理城市集体企业、个体工商户及小型国营企业的存款、贷款、结算业务；（2）办理城市个人储蓄存款业务；（3）代理经中国人民银行批准的证券业务；（4）代办保险及其他代收业务；（5）办理经中国人民银行批准的其他金融业务。

13.2.7 投资银行与证券公司

在中国，不存在以"投资银行"命名的投资银行。1995 年 8 月，中国建设银行与美国投资银行摩根士丹利公司等五家金融机构合资在北京组建了中国第一家中外合资投资银行中国国际金融有限公司（中金公司）。此外，为剥离不良债权而成立的华融（CHAMC）、长城（GWAMC）、信达（CINDAAMC）和东方（COAMC）四家金融资产管理公司也准许经营投资银行业务。

证券公司（券商）是经国务院证券监督管理机构审查批准，从事证券经营业务的有限责任公司或者股份有限公司。业务范围包括：（1）证券经纪；（2）证券投资咨询；（3）财务顾问；（4）证券承销与保荐；（5）证券自营；（6）证券资产管理；（7）其他证券业务。综合类证券公司可从事承销、经纪、自营三大业务，而经纪类证券公司只能从事证券经纪类业务。

13.2.8　保险公司

1988年以前，中国人民保险公司是我国唯一一家保险公司。随着改革开放的春风吹过神州大地，中国太平洋保险公司（太平洋保险）、中国平安保险公司（平安保险）等多家保险公司先后进入保险市场。原中国人民保险公司则分别组成现在的中国人民保险公司（中国人保）、中国人寿保险公司（中国人寿）和中国再保险公司（中再）。中国保险市场有着巨大发展潜力，许多外国保险公司来华设立分公司及代表处，并与国内保险公司组建合资保险公司。截至2014年末，全国保险机构比上年新增6家，达到180家。

13.2.9　基金公司

20世纪80年代后期，我国的投资基金开始产生。1997年《证券投资基金管理暂行办法》出台之后，我国才产生较为规范的证券投资基金。1998年开始，封闭式基金陆续发行上市。千禧之年，中国证监会发布《开放式投资基金试点办法》，标志着我国开放式基金正式发行。根据证券投资基金业协会公布的数据，截至2016年6月底，我国3114只证券投资基金中共有2909只开放式基金，管理的资产净值达到76739.93亿元，占全部基金总净值的96.53%；205只封闭式基金，管理的资产净值为2757.22亿元。

13.2.10　四大金融资产管理公司

金融资产管理公司，是指经国务院决定设立的收购国有银行不良贷款，管理和处置因收购国有银行不良贷款形成的资产的国有独资非银行金融机构。金融资产管理公司收购不良贷款的资金来源包括划转中国人民银行发放给国有独资商业银行的部分再贷款和发行金融债券。

亚洲金融危机后，为解决银行体系巨额不良资产问题，1999年国务院借鉴国际经验的基础上相继成立东方、信达、华融、长城四大资产管理公司，并规定存续期为10年。负责收购、管理、处置相对应的中行、建行、国开行、工行、农行所剥离的不良资产。成立之初，除信达的人员较为整齐之外，其余三家均临时从对应的国有银行抽调。资产管理公司（AMC）获准向对口国有商业银行发行了8200亿元金融债券，固定利率为2.25%，用资金收购了四大行1.4万亿元不良资产。

13.2.11　金融租赁公司

金融租赁，又称融资租赁，起源于西方国家，我国在改革开放初期引进了该形式。经中国银行业监督管理部门批准，以经营融资租赁业务为主的非银行金融机构被称为金融租赁公司。通常，金融租赁公司通过与银行、其他金融机构以及一些行业主管部门合资创建。中国租赁联盟和天津滨海融资租赁研究院发布数据显示，截至 2015 年底，全国共计有 4508 家融资租赁企业，其中金融租赁企业 47 家，内资租赁企业 190 家，外资租赁企业 4271 家，全国融资租赁企业注册资金达到 12780 亿元人民币，同比增长 129%，其中外资租赁企业注册资金为 12780 亿元人民币，是 2014 年底的 1.66 倍。

13.2.12 财务公司

以加强企业集团资金集中管理和提高资金使用效率为目的，为其成员单位提供财务管理服务的非银行金融机构被称为财务公司。我国的财务公司是由企业集团组建的，1987 年 5 月我国第一家企业集团财务公司建立。财务公司的业务范围限定在集团内部，只为集团内部成员提供金融服务。中国银保监会发布的数据显示，截至 2015 年底，财务公司已达 224 家，表内外资产规模为 6.5 万亿元，同比增长 21.13%，全行业发放贷款余额 15698.48 亿元，比年初增加 2701.45 亿元，增幅达 20.79%。

13.2.13 信托公司

在经济体制改革后，我国的信托投资公司开始创办起来。1979 年成立的中国国际信托投资公司，现已发展为金融、投资、贸易、服务相结合的全国性信托投资公司。"信托"的基本含义是：接受他人委托代为管理、经营和处理经济事务。2002 年中国人民银行发布《信托投资公司管理办法》。中国信托业协会发布的《中国信托业 2015 年度社会责任报告》显示，截至 2015 年底，我国共有信托公司 68 家，信托资产规模为 16.3 万亿元，同比增长 16.6%，信托业自此跨入"16 万亿元"时代。

13.2.14 在华外资金融机构

目前，在我国设立的外资金融机构主要分为以下两类：(1) 外资金融机构在华代表处。这是外资银行进入中国必经之路。(2) 外国金融机构在华设立的业务部门和法人机构。它们的经营活动受中国有关外国金融机构管理办法的监管。

中国银保监会、证监会公开数据显示，银行业方面，截至 2016 年底，外资银行已在我国建立法人机构 39 个、总行直属分行 121 个和代表处 166 个，业务部门达 1031 个，分布在 70 个城市。证券业方面，截至 2016 年底，中外合资基金管理公司已有 44 家。保险业方面，截至 2016 年底，有 16 个国家和地区的境外保险公司在我国设立了 57 家外资保险公司。

13.3 国际金融机构体系

13.3.1 国际金融机构的发展

第二次世界大战后,布雷顿森林国际货币体系建立,并建立了几个全球国际金融机构,包括:国际货币基金组织(IMF)、世界银行(WB)、国际开发协会(IDA)和国际金融公司(IFC)。自1957年以来,欧洲、亚洲、非洲、拉丁美洲、中东等地区的国家(地区)建立了区域性的国际金融机构,例如,美洲开发银行、亚洲开发银行、亚洲基础设施投资银行、非洲开发银行和阿拉伯货币基金组织,等等。

13.3.2 国际清算银行

国际清算银行(BIS)成立于1930年,是为了处理第一次世界大战后德国赔款的支付问题和德国国际清算问题而成立的首个国际合作组织,由英国、法国、意大利等60家中央银行所有,这些国家的GDP共占世界GDP的95%左右。作为在货币和金融稳定领域工作的一部分,国际清算银行会定期发布相关分析以及支持政策制定、学术研究和公共辩论的国际银行和金融统计数据。国际清算银行的银行业务仅对中央银行和国际组织开放。

13.3.3 国际货币基金组织

成立于1945年的国际货币基金组织(IMF)是一个由189个成员组成的组织,致力于促进全球货币合作,确保金融稳定,促进国际贸易,促进高就业和可持续经济增长,并减少全世界的贫困。在国际货币基金组织建立之初,共有39个参与成员。

中国是国际货币基金组织的创始成员之一。2015年11月30日,国际货币基金组织主席拉加德宣布将人民币纳入IMF特别提款权(SDR)货币篮子,决议于2016年10月1日生效。SDR篮子的最新权重为美元41.73%、欧元30.93%、人民币10.92%、日元8.33%、英镑8.09%。

13.3.4 世界银行

世界银行(WB)成立于1945年,与国际货币基金组织同时成立。世界银行目前有 189 个成员，在 170 多个国家、130 多个地方设有办事处。

作为世界上面向发展中国家的最大的资金和知识来源，世界银行集团所属五家机构致力于减少贫困，推动共同繁荣，促进可持续发展，包括：（1）国际复兴开发银行（IBRD）；（2）国际开发协会（IDA）；（3）国际金融公司（IFC）；（4）多边投资担保机构（MIGA）；（5）国际投资争端解决中心（ICSID）。世界银行由 IBRD 和 IDA 构成，为发展中国家政府提供资金、政策咨询和技术援助；IDA 的重点是援助世界最贫困国家，IBRD 则侧重于援助中等收入国家和资信良好的较贫困国家。

13.3.5 亚洲开发银行

亚洲开发银行（ADB）成立于 20 世纪 60 年代初，是一个亚洲性质的金融机构，促进了世界上最贫穷地区之一的经济增长与合作。在 20 世纪 60 年代，亚洲开发银行将其大部分援助集中在粮食生产和农村发展上。虽然经济复苏的速度和力度令许多人感到意外，但富国和穷国之间日益扩大的差距使亚洲开发银行重点关注促进该地区包容性增长的必要性。

虽然亚洲开发银行的工作使亚洲和太平洋地区的贫困人口减少了一半以上，但该地区仍然是 12 亿人口的家园，他们每天生活费用为 3.10 美元或更低，该地区的体重不足儿童几乎占世界体重不足儿童的 3/4。大约有 6 亿人无法获得电力，17 亿人仍然缺乏良好的卫生条件。新的可持续发展目标作为重要的指南，亚洲开发银行仍然需要做大量的工作。

13.3.6 亚洲基础设施投资银行

亚洲基础设施投资银行（亚投行，AIIB）是首个由中国倡议设立的多边金融机构，其使命是改善亚洲及其他地区的社会和经济成果。总部位于北京，于 2016 年 1 月开始运营，现已发展至 87 个来自世界各地的认可会员。

亚投行为以下项目的可持续发展提供融资：（1）能源和电力；（2）交通和电信；（3）农村基础设施和农业发展；（4）供水和卫生；（5）环境保护；（6）城市发展和物流。通过关注可持续基础设施、跨境连接和私人资本筹集，改善亚洲及其他地区的经济和社会发展。根据亚投行的协议条款（AOA），银行将"向任何成员、任何机构、在成员领土内经营的任何实体提供或促进融资，以及参与亚洲地区经济发展的国际或区域机构或实体"。此外，AOA 允许世界银行以各种方式提供融资，其中包括贷款、投资企业的股权资本，无论是作为主要债务人还是次要债务人，全部或部分保证经济发展贷款。此外，亚投行可以为任何实体或企业发行的证券承销或参与包销，以达到与其一致的目的。

总　结

本章首先介绍了金融中介与金融机构的概念，其次介绍了中国的金融机构体系，详细阐述了各金融机构的职能。最后介绍了国际金融机构体系的组成和各金融机构的作用。

关键概念

金融中介、金融机构、商业银行、投资银行、信用合作社、证券公司、保险公司、基金公司、金融租赁公司、财务公司、信托公司

习　题

1. 金融机构有哪些分类？
2. 中国金融机构体系的构成是怎样的？
3. 国际金融机构体系的构成是怎样的？

第 14 章 货 币

本章学习目标

1. 正确理解货币，掌握货币的本质及货币的各种形式。
2. 掌握货币的四种职能，并区分各种职能。
3. 掌握货币制度的发展和相应特点。
4. 学会划分货币层次。
5. 理解货币政策的种类和目标，了解货币政策相关工具。

14.1 货币的本质与职能问题

14.1.1 货币的本质

一是古典学派的观点：货币金属论。古典学派认为货币自身必须有价值，货币是一种商品。货币的金属价值决定货币的实际价值，只有金银才是货币。古希腊哲学家亚里士多德对货币持以下两种观点：（1）货币是价值的共同的尺度、能用以衡量一切财产的价值；（2）货币对人的自我实现不可或缺，在《伦理学》一书提到货币是需求的一种代表。显然，受时代发展环境影响，亚里士多德的货币观点带有明显二重性色彩。几千年后，重商主义和亚当·斯密进一步推动了货币金属论的发展。

二是货币名目论：是从货币的流通手段和支付手段出发，否定货币具有商品性和价值性，主张货币只是一个符号。早期重商主义者奉行"限入奖出"政策，造成国内货币泛滥、产品枯竭、物价上涨。面对这种情况，人们纷纷指责重商主义。英、法等国家产生的货币名目从根本上否定重商主义的货币财富观，货币无价值是货币名目论的核心观点。

三是货币职能论：货币作为交易媒介、计量标准、价值储藏手段、延期支付工具而存在。

14.1.2 货币的职能

货币的主要职能，从广义上讲包括价值尺度、流通手段、价值储藏手段、支付手段。其中，价值尺度是基本职能，储藏手段和支付手段则是货币的派生职能。

第一，价值尺度：货币表现其他商品是否具有价值、价值量大小的职能。这是货币最基本、最重要的职能。

第二，流通手段：作为交易媒介，货币可以降低交易成本并提高交易效率。某种商品必须符合以下要求才能有效发挥货币的功能：一是为方便确定其价值商品需易于标准化；二是被普遍接受；三是为便于"找零"必须易于分割；四是易于携带且不易变质。如同工具和语言一样，货币的形式随时代演进而不断发展，这反映了人类创造力发展的足迹。

第三，价值储藏手段：人们实现了收入取得的时间和消费支出的时间相分离。

第四，支付手段：延期支付是支付手段的表现形式。该职能减少了流通货币量、提高了市场交易效率，进而推动信用关系的发展。

14.1.3 货币的形式

商品货币和电子货币是货币的主要形式。

商品货币同时具备货币与商品双重特点，被分为实物货币和金属货币，执行货币职能时是货币，不执行货币职能时是商品。原始实物货币由于具有体积大、质量不一、难分割、易磨损等缺点，逐渐被金属货币所取代。贵金属具有易分割、体积小、价值大的特点，充当货币的商品最终集中到金银的身上。此外，金银作为生产资料是有限的。

电子货币是在互联网上或通过其他电子通信方式进行支付的手段。电子货币没有物理形态，对传统货币具有较强的替代效应，但电子货币的出现并不会让货币消失。电子货币本质上来说也是一种信用货币。从执行职能角度来说，电子货币扮演着货币价值尺度职能。

14.2 货币制度

货币制度包括：一是规定本位货币材料和货币单位；二是规定本位币以及辅币的发行和流通形式；三是规定发行准备；四是规定货币的对外关系。从具体内容来分，货币制度主要有金属本位制和信用货币制两种制度。

（1）金属本位制，即将贵金属作为本位货币使用，主要有以下几种形式：

银本位制：本位货币为白银，银币有无限法律偿付能力，可自由铸造和自由输出输入。

金银复本位制：金币、银币都是法定的本位货币，可自由铸造、自由输出和自由兑换。

平行本位制：金币、银币按各自所含金属实际价值流通，由市场上的金银实际比价自由确定两种货币的比价。

双本位制：国家通过法律规定金币和银币之间的法定比价，金银市场的价格波动将不影响金币和银币的交换比率。

跛行本位制：金币和银币都是本位货币，国家限制银币的铸造和支付额度；只有金币才能自由铸造，两者之间有法定比价。银币事实上是作为辅币存在。

金本位制：以黄金作为本位币，实行金币流通。黄金的流通不受限制，金币可以自由兑换、自由输出输入、铸造和融化。

金块本位制：又称为生金本位制，是金本位制的一种。金币停止流通，银行券或纸币代替金币流通或有限制地兑换成金块的金本位制度。

（2）信用货币制度，即本位货币为不兑现的纸币的货币制度。主要有以下特点：第一，本位货币为不兑现的纸币，纸币具有无限法律偿付权利；第二，纸币不能兑换任何贵金属；第三，占主导地位的结算方式是非现金，完成交易结算的主要方式是支票和转移支付；第四，政府机构对货币量可进行人为调节。

14.3 现代货币层次的划分

在商品及劳务买卖及债务支付中，货币充当的是交易媒介和支付手段的职能，所以从定性职能的角度划分货币供应量。1994 年 10 月，结合我国实际情况，中国人民银行颁布《中国人民银行货币供应量统计和公布暂行办法》，将中国的货币划分为 M0、M1、M2、M3。各层次的货币内容如下：

M0 = 流通中的现金；

M1 = M0 + 单位活期存款；

M2 = M1 + 个人储蓄存款 + 单位定期存款；

M3 = M2 + 商业票据 + 大额可转让定期存单。

在我国，M1 表示狭义货币供应量，M2 表示广义货币供应量，M3 表示金融创新产生的货币供给量。目前只公布 M0、M1 和 M2 的值，M3 不对外公布。

14.4 货币需求

人们宁愿放弃流动性较差的金融资产也要持有不生息货币，这种需求被称为货币需求。凯恩斯认为，货币能够满足商品生产与交换的需求和持有货币财富的需求。由于货币具有很强的方便性、灵活性、流动性，人们对货币产生需求。人们对货币的偏好被称为货币的流动性偏好，靠持有货币满足这种偏好。

微观经济学认为，出于交易性动机、预防性动机和投机性动机，居民、企业持有一定数量的货币。相应地，货币需求也分为交易性货币需求、预防性货币需求和投机性货币需求等方面。

第一，交易性货币需求。即微观个体为交易而形成的货币需求。为顺利进行交易活动就必须持有一定的货币量，该需求主要受收入水平和利率水平影响。

第二，预防性货币需求。即人们为应付意外事故而产生的货币需求。它与利息率成反比。

第三，投机性货币需求。不确定环境下，为避免资本损失而形成的货币需求被称为投机性货币需求，分为名义货币需求和实际货币需求。凯恩斯模型中货币是为了交易目的和保值目的。货币的"投机需求"并非是为了投机的资产，而是为了降低损失风险而以货币形式保值的资产。货币的"投机需求"有机会成本。

第四，安全需求。除上述三种货币需求外，为应对不可预知的交易，非银行金融机构产生的需要被称为安全需求，安全需求的实际范围与收入成正比。"安全需求"在模型中一般被简化归入了"交易需求"，一般不独立设置。

14.5 货币政策

政府主要通过选择不同的财政政策和货币政策来实现国家宏观经济目标。

政府通过调整财政支出、税收和借债水平调整经济增长，这种方式被称为财政政策。此外，中央银行通过调节货币供应量，进而影响利率高低及经济信贷供应关系来间接影响总需求，这种方式被称为货币政策。

货币政策是调节总需求的有效方式，主要包括：法定准备金率、公开市场业务和贴现政策的调整（包括扩张性货币政策和紧缩性货币政策）。

为刺激总需求，扩张性货币政策通过降低利率降低企业和个人取得贷款门槛，进而提高货币供应增长速度。相反，为降低总需求水平，紧缩性货币政策通过提高利率增加信贷压力，进而削减货币供应的增长率。由此可见，在经济萧条、生产力低下时期，适合扩张性货币政策；紧缩性货币政策则更适合通货膨胀较为严重的时候。

14.5.1 货币政策的目标

货币政策的目标主要有以下四个方面：

（1）稳定物价。即控制通货膨胀水平，短期内一般物价水平不发生急剧的波动。国民生产总值（GNP）平均指数、消费者物价指数、批发物价指数是用来衡量物价稳定情况的三大指标。

（2）充分就业。充分就业是指有能力并愿意参加工作的人都可以找到适合的工作。充分就业是针对所有资源的利用程度而言。失业率表示劳动力这种资源的浪费，失业率越高，越不利于社会经济增长。为实现经济增长目标，各国都希望把失业率控制在较低水平。

(3) 经济增长。通常采用人均实际 GDP 的年增长率来衡量经济增长能力。政府希望 GDP 又好又快增长，所以一般会设计计划期的实际 GDP 增长幅度。

(4) 平衡收支。平衡收支分为自主性交易和调节性交易两种类型。贸易、援助、赠与等出于经济目的、政治考虑及道义动机而自动进行的经济交易被称为自主性交易。而国际金融机构的短期资金融通、动用本国黄金储备以弥补差额而进行的交易被称为调节性交易。采取相应措施纠正国际收支差额被称为平衡国际收支。

14.5.2 货币政策相关工具

货币政策工具是一个国家或地区的中央银行为实现一定货币政策目标所运用的策略手段，其分为一般性的、选择性的和补充性的。

(1) 一般性政策，主要是条件货币总量，包括法定存款准备金率、再贴现政策、公开市场业务。第一，存款性金融机构，即一般意义上的银行，按规定存放在中央银行的存款与存款总量的比率被称为法定存款准备金率。这类机构的信用扩张能力与中央银行投放的基础货币有一定乘数关系，而该乘数的大小与法定存款准备金率呈反比关系。在通货膨胀较为严重的时期，中央银行可以通过提高法定存款准备金率来降低货币乘数，从而限制银行的信用扩张能力，反馈到实体宏观经济层面，起到收缩货币供应量和信贷量的效果。第二，为取得中央银行的信用支持，存款货币银行持客户贴现的商业票据向中央银行请求贴现，这被称为再贴现政策。再贴现工具的力度相对缓和，与法定存款准备金率调控相比，弹性更大。第三，中央银行公开买卖债券等的业务活动被称为公开市场业务，其目的在于调控基础货币，进而影响货币供应量和市场利率。与法定存款准备金率和再贴现工具相比，公开市场业务是比较灵活的金融调控工具。

(2) 选择性货币政策工具主要有消费信用控制、证券市场信用控制、优惠利率、预缴进口保证金等。中央银行控制不动产以外的各种耐用消费品的销售融资被称为消费者信用控制，包括规定分期购的首付最低金额、最长还款期限等。为限制过度投机，中央银行限制有关证券交易的各种贷款被称为证券市场信用控制，如规定调整证券保证金。

(3) 补充性货币政策，中央银行以行政命令或其他方式，直接控制金融机构的信用活动，包括利率限制、信用配额、流动比率等。1980 年以前美国的 Q 条例，就是通过限制存贷款区间利率达到直接管控信用的目的。

总　结

本章首先指出了对货币的通常理解以及货币的本质。此外还对货币职能、货币形式、货币制度、货币层次等内容进行了详细阐述。最后还对货币的需求以及货币政策进行了介绍。

关键概念

货币、商品货币、金本位制、货币制度、交易性货币、预防性货币、投机性货币、货币政策、法定存款准备金、再贴现政策、公开市场业务

习 题

1. 货币的本质是什么?
2. 货币制度是如何变化和发展的?
3. 货币政策的目标有哪些?各目标之间是否会出现冲突?
4. 常用的货币政策三大工具是什么?

第15章　利　率

本章学习目标

1. 掌握利率概念及其分类。
2. 掌握单利、复利的计算方法。
3. 理解利率期限结构。

15.1　利息的实质

受利息影响，人们产生了一种错觉：货币好像可以自行增值。费雪认为产生利息的原因是社会公众对物品的时间偏好和投资机会：有的人偏好目前存在的商品，有的人偏好未来产生的商品。从收入的角度考虑，现有商品的价值比将来的商品价值要高，所以在交换过程中偏好未来商品的人就需要出让一部分价值给偏好现货的人，这种价值补贴被称为利息。与此同时，也有人通过支付利息的方式用较多的未来收入换取较少的现在收入。除此以外，为使投资收益最大化，按不同的投资机会，投资者会做收入流量最大、时间结构最好的投资安排，投资和融资分别作为资本的供给端和需求端在动态博弈中回归到利润率与利率相等的水平，社会公众的时间偏好端则由公众的时间偏好决定，社会的利率水平由资本供给与资本需求决定。综上所述，商品的时间偏好和投资机会的选择决定了利率水平高低。

15.2　利率及其种类

利率又称为利息率，在西方经济学中也被称为到期回报率、报酬率，它反映了利息额与本金额之间的比率关系。用一般的银行贷款来举例的话，本金即是放贷的货币金额，本金（贷款金额）与利息收益和利息率的关系如下：

$$C = P \times r$$

其中，C 为收益，P 为本金，r 为利率。当我们知道 P 和 r 时，很容易求得 C。当我们知道 C 和 r 时，也很容易求得 P。

利率以各种具体形式存在于我们的现实生活中。例如，1 个月期的贷款利率、1 年期的银行存款利率、6 个月期的短期公债利率等。随着金融活动的发展日趋多元化，利率的类型也不断增多。一般来说，我们在经济学著作中提到的利率和利率理论是把各种类型利率作为一个整体来看待的。

在多种利率并存的条件下，我们把可以影响其他利率变动的利率称为基准利率。在中国，基准利率被定义为央行对商业银行等金融机构的存、贷利率；在美国，主要通过联邦储备系统确定"联邦基金利率"；在欧洲，中央银行主要通过回购拆借利率来引导市场。

风险大小影响风险溢价的大小。我们用无风险利率来表示利率中用于补偿机会成本的部分，相对于风险溢价，无风险利率就成为"基准利率"。实际上，绝对的无风险利率是不存在的。一般地，我们把相对风险最小的利率称为无风险利率，例如，我们经常把由主权国家政府发行的国债利率称为无风险利率。

此外，利率还分为实际利率和名义利率。

我们将不考虑物价水平即货币购买力情况下的利率称为实际利率。例如，假定某年物价水平不变，张三给李四发放一年期的 100000 元现金贷款，其中年利息额 5000 元，那么实际利率为

$$\frac{5000}{100000} \times 100\% = 5\%$$

假设某年通货膨胀率为 3%。为避免通货膨胀给本金带来的冲击，我们假定仍需要获得 5% 的利息。为保证收回的本利和与通货膨胀前的本利和是等值的，经粗略计算，张三必须把贷款利率提高到 8%，这就是名义利率。综上所述，我们把考虑了物价水平变动情况的利率称为名义利率，可以用以下公式表示：

$$r = i + p$$

其中，名义利率用 r 表示、实际利率用 i 表示、物价水平变动率用 p 表示（p 值可能为正也可能为负）。可以用精确的计算公式来表示：

$$(1+r) = (1+i) \times (1+p)$$

即实际利率为

$$i = \frac{1+r}{1+p} - 1$$

15.3 利率与收益率

作为研究利率的理论问题，通常我们认为收益率就是利率。而在实际生活中，

由于诸多原因使两者存在一定区别。

例如，为比较不同期限项目的投资收益率，通常需要将期限不足一年的利率换算为年率。西方国家中，要把月率折算为年率，通常的做法是用月率乘以12——这一计算的结果被称为"利率"，这样的计算方式是很不准确的。我们通常引入复利来表示年利率和月利率之间的关系：

$$Y = (1 + r_m)^{12} - 1$$

其中，年利率用 Y 表示，月利率用 r_m 表示。为区别于通常对年度的利率称谓，用这种方法计算出的 Y 被称为年度的收益率。

15.4 货币的时间价值

货币的时间价值可以被认为是经过一段时间的投资和再投资所增加的价值，一般用单位时间的回报对投资本金的百分率来表示。货币有时间价值的原因在于：如果承诺给付一定数量的货币，人们认为越早收到价值越高。一是因为收到货币后可用于投资无风险或风险更小的资产；二是未来具有不确定性。

利率和货币时间价值是需要我们加以区分的一对概念：可贷资金的价格被称为"利率"，它是资金出借人在贷出资金时所要求的回报率。由于风险存在于任何贷款当中，此外贷款期间如果发生通货膨胀会导致贷款人的实际报酬降低，因此贷款人所要求的"利率"是由纯利率、风险回报和通货膨胀补贴三部分构成的。而货币的时间价值是一种在不考虑风险和通货膨胀的情况下的社会平均利润率，是一种"纯利息"。在通货膨胀不存在或通货膨胀很低时，货币的时间价值可以用国债利率来表示。

15.5 单利与复利

计算利息的基本方法主要有单利和复利两种。

首先我们来看单利。单利是只对本金收取利息而以前各期利息在下一周期内不计利息的计算方式，可以用下式表示：

$$C = P \times r \times n$$
$$S = P \times (1 + r \times n)$$

其中，C、P、r、n、S 分别表示利息、本金、利率、借贷期限和本利和。

然后我们来看复利。复利是将上期利息算入本金共同计算利息的一种计算方法。我们可以用下式来表示：

$$S = P \times (1 + r)$$
$$C = S - P$$

不难发现，我国银行的利率告示牌上都是单利，但依然隐含着"复利"思想。

以我国一年期定期储蓄利率为例,需要保证利用告示牌公示的定期利率所计算出来的利息大于按活期月利率用复利方法所计算出来的利息。从单利的角度来讲,定期储蓄的年限越长,利率越高。实际上,任何年份、任何期限结构的定期利率都是本着这样的原则设计的。不然人们会选择流动性更强的活期储蓄,不会选择期限长的定期储蓄。

利息作为收益的一般形态,对于任何数量的货币,其未来某一时间点的"金额"都可通过利率折算出来。这里的"金额"就是前面所提到的本金和利息之和,简称本利和,也被我们称为"终值"。而现在时间的"金额",被称为"现值"。

15.6 利率期限结构

任何一种利率都对应着各自的期限结构,例如,由于存款利率、国债利率分别都对应着不同的期限,所以有着存款利率的期限结构、国债利率的期限结构。在市场经济环境下,利率是不断变动的,所以我们一般用年、月、日来表示不同利率的期限结构。

一般来说,一个经济体的利率期限结构用基准利率的期限结构来表示,其中国债收益率是社会最理想的基准利率。所以国债市场中不同期限的收益率组合,就成为该经济体利率期限结构的代表。

对金融活动来说,利率期限结构的意义十分重大。例如,某企业希望发行六年期公司债,首先需要参考同期市场上六年期国债收益率以确定发行价格和票面利率;然后在国债收益率基础上进一步考虑风险,并增加对应百分点,形成该公司债的收益率;最后根据企业债收益率的大小,确定发行价格和票面利率。

总 结

本章首先从利息的本质出发,介绍什么是利率以及利率的类型。其次还对单利、复利以及终值、现值的计算方法进行了阐述。最后对利率的期限结构进行了简单的介绍。

关键概念

利息、利率、无风险利率、基准利率、实际利率、名义利率、单利、复利、终值、现值、利率期限结构

习 题

1. 利率有哪些种类?
2. 了解我国金融机构计息的方式。在什么情况下用单利?什么情况下用复利?
3. 什么是利率的期限结构?

第 16 章　会计与财务基础

> **本章学习目标**
>
> 1. 掌握会计与财务的内容和特点。
> 2. 了解会计核算的一般原则和方法。
> 3. 掌握会计六要素和会计恒等式。
> 4. 理解借贷记账法。

16.1　会计的内容与特点

中华文化博大精深，在古代会计分为两部分：加总计算为"会"，零星计算为"计"。到了现代会计，会计可以连续、完整、系统和综合地核算和监督经济活动，提供经济主体活动的各类经济信息，对外服务各方的投资决策、对内强化管理以提高经济效益。由此可见，会计是现代社会经济管理活动不可缺少的部分。

以货币为计量单位，会计核算对生产经营活动或预算执行进行连续、系统、全面、综合的记录和计算，并按一定周期编制财务会计报告。当然，不同行业有不同的会计核算内容。一般地，以营利为目的、自负盈亏的企业单位而言，企业会计核算的主要内容是经营资金运动。特别地，对行政、事业单位而言，预算拨款和预算支出等行政事业单位预算资金的运动则是会计核算的主要内容。

会计有下列特点：（1）货币是会计的主要计量尺度，所以会计具有综合性。（2）会计核算具有完整性、连续性和系统性三个特点：第一，完整性，凡是属于会计对象的所有经济活动必须记录，不得有任何遗漏；第二，连续性，按照发生的时间顺序，对各项经济活动进行不间断记录和核算；第三，系统性，分类核算各种经济活动，为取得系统的会计信息，还要加工整理会计资料。（3）会计核算以凭证为依据，并严格遵循会计规范。

会计的基本职能是核算和监督。随着经济不断发展，会计的职能不断地扩展，从反映和监督职能，发展为分析经济情况、预测经济前景和参与经济决策等职能。向什么人提供会计信息、提供什么样的会计信息是我们首先需要明确的问题。为满足会计信息使用者的需求，应提供能够反映企业的财务状况、经营成果和现金流量的会计信息。对会计信息的一般使用者而言，提供财务报告，即包含反映企业经营活动情况的会计报表；而对税务机关等会计信息的特殊使用者而言，则要提供特殊报告，例如，按税法规定编制特殊报表及报告。

16.2　会计核算的一般原则和方法

会计核算的基本前提又称为会计假设，是指面对会计核算中的不确定性，为进行更加客观、准确的会计核算而事先做出的合情合理的推理、判断或假定。

16.2.1　会计假设

会计假设主要有四个方面，即会计主体、持续经营、会计分期和货币计量。

一是会计主体。能够独立承担法律责任的主体被称为会计主体，自然人和法人都有可能是会计主体。判断是否为会计主体的依据是能否进行独立会计核算。通常来说，法律主体，或者一般意义上的法人，一定是会计主体，而会计主体不一定是法律主体。有独立法律人格的法人单位被称为法律主体，例如，股份有限公司，既是一个法人（法律主体）也是一个独立的会计主体。但如果这家股份有限公司在另一个地方成立一家下属的分公司，按法律规定这家分公司不具备法律主体资格，也就是说它不是一个法人，分公司所属的股份有限公司将承担分公司行为所产生的法律后果。但这家分公司可能作为一个独立的会计主体而存在，需要按照《中华人民共和国公司法》《中华人民共和国会计法》以及公司章程的具体规定设置、编制会计账簿并定期提交财务会计报告等文件。

二是持续经营。持续经营假设将会计原则建立在非清算基础之上，使会计核算上资产的分类、计价，收入、费用的确认等问题得到有效解决。一旦企业破产，持续经营假设便不复存在。

三是会计分期。该假设使会计信息的时间长度得到了界定，使会计主体可以分期结算账目、编制财务会计报告。由此产生了本期和非本期的概念、权责发生制和收付实现制的会计基础、收入和费用相配比等会计原则。

四是货币计量。该假设使会计的计量手段得到规定，货币可以反映企业的生产经营活动及成果。

16.2.2　会计核算的一般原则

会计核算的指导思想被称为会计核算的一般原则，可以归纳为三大类共十三条

原则:

第一类: 衡量会计质量的一般原则。

一是客观性原则。为如实反映企业经济业务、财务状况和经营成果,应以实际发生的经济业务作为会计核算的依据。真实性、可靠性和可验证性是客观性原则的主要内容,是对会计核算工作和会计信息的基本质量要求。对国家宏观经济、投资决策和企业管理而言,真实的会计信息具有重要意义。

二是相关性原则。向有关各方提供有利于决策的信息是会计的主要目标,会计信息应符合国家宏观经济管理、外界了解企业经营情况、内部加强经营管理的需求。

三是及时性原则。从时间上看,为保证会计信息与所反映的对象保持一致,会计核算应当及时进行。为了向决策者提供有效信息,会计期内发生的经济活动事项应及时在该期内登记入账、按时结账并编制会计报表。

四是清晰性原则。为了更好地反映企业经济活动的全部过程和经营状况,会计记录应清晰准确,以便于信息使用者准确完整地把握信息内容,其要求包括但不限于账户对应关系明确、文字摘要清楚、数字金额准确、手续齐备、程序合理等。

五是一致性原则。从纵向发展来说,为更好地比较同一企业不同会计期间的会计信息、直观了解企业在不同期间的经营成果,会计处理方法不得随意变更。当国家的有关政策规定或企业的经营活动发生重大变化时,可根据实际情况调整会计处理方法,但要在财务报表批注中说明变更的情况、原因及其对企业财务状况和经营成果的影响。

六是可比性原则。从横向发展来说,为了与同行业中其他企业进行比较、了解所处行业地位以及企业目前存在的优势和不足、制定发展战略,会计指标使用的口径应该具有一致性和可类比性。

第二类: 确认和计量的一般原则。

一是权责发生制和收付实现制原则。如果按收入是否归属该期间的成果、费用是否由该期间负担的方式来确定是否计入会计期间,这被称为权责发生制。如果按款项是否实际收到或者付出来作为确定本期的收入和费用标准,则叫作收付实现制。权责发生制适合于企业,而收付实现制更适合行政、事业单位。

二是配比原则。这一原则是以会计分期为前提的。主要有因果配比和时间配比两个方面的含义,即将收入与对应的成本相配比、一定时期的收入与同时期的费用相配比。

三是划分支出原则。会计核算对收益性支出和资本性支出的划分要具有合理性,因为这有助于正确地确认损益和资产的价值,从而保持会计信息的客观性;收益性支出所带来的经济收益只与本会计年度有关,而资本性支出所带来的经济收益同时与几个会计年度有关。

四是实际成本原则。企业的各类资产应当按购入时所花费的实际成本作为入账、计价和摊销费用的基础,除有特殊规定外,不得调整其账面价值,故又称为历史成本原则。

第三类: 起修正作用的一般原则。

一是重要性原则。根据特定经济业务对经济决策影响的大小,考虑经济业务本身的性质和规模,选择合适的会计方法和程序。一般从质和量两个方面来分析评价某些项目的重要性:从质上讲,重要项目是指事项对决策产生影响的项目;从量上讲,重要项目是指数量达到一定规模、对决策产生影响的项目。

二是谨慎性原则。在不确定条件下做出判断需要保持必要的谨慎,合理估计可能发生的损失和费用、经营存在的风险;既不抬高资产或收益也不压低负债或费用,将潜在风险发生概率降至最低。

三是实质重于形式原则。会计核算应基于交易或事项的经济实质进行,只考虑它们的法律形式有悖于实质重于形式的原则。

16.2.3　会计核算的方法

会计核算方法是最基本、最主要的方法。会计确认、计量、记录和报告既是会计核算的四个环节,也是组织会计核算的基本方法,具体包括:(1)设置会计科目及账户;(2)复式记账;(3)填制与审核会计凭证;(4)登记账簿;(5)成本计算;(6)财产清查;(7)编制财务会计报表。

16.3　会计要素与会计恒等式

16.3.1　会计要素

会计要素是会计对象的具体化。依据《企业会计准则》,会计要素主要包括资产、负债、所有者权益(股东权益)、收入、费用(成本)和利润。其中,资产、负债和所有者权益被称为资产负债表要素,侧重于反映企业的财务状况;收入、费用和利润被称为利润表要素,侧重于反映企业的经营成果。

一是资产。简单而言,就是企业过去拥有或控制的预期会给企业带来经济利益的资源。一般地,库存现金、银行存款、短期应收款项等变现或耗损周期在一年以内的资产被称为流动资产;长期股权投资、固定资产、无形资产等变现或耗损周期在一年以上的资源被称为非流动资产。

二是负债。简单而言,就是企业过去形成的、预期会导致经济利益流出企业的现时义务。短期借款、应付及预收款项、预提费用等偿还周期不超过一年的债务被称为流动负债;长期借款、应付债券、长期应付款等偿还周期超过一年的债务被称为非流动负债。

三是所有者权益。简单而言,就是企业资产减去负债后的部分,是企业所有者对企业资产的剩余索取权。公司的所有者权益又称为股东权益。资产是企业资本的存在形式,而负债和所有者权益则构成了企业资本的来源。

四是收入。简而言之,收入是企业活动带来的结果,是指日常活动中企业形成的、使所有者权益变多的、与所有者投入资本无关的经济利益的总流入。当且仅当经济利益很可能流入、企业资产增加或者负债减少且这种的流入额能够可靠计量时才被确认为收入。需要注意的是，非日常活动形成的"收入"被称为利得。

五是费用。费用是指日常活动中企业形成的、使所有者权益变少的、与向所有者分配利润无关的经济利益的总流出。当且仅当经济利益很可能流出、企业资产减少或者负债增加且这种流出额能够可靠计量时才能被确认为费用。需要注意的是，非日常活动形成的"费用"被称为损失。

六是利润。在一定会计期间，企业的经营成果被称为利润，包括收入减去费用后的净额、直接计入当期利润的利得和损失等。如果利润为正，则表明企业实现了利润，企业的所有者权益将增加；反之，则表明企业的所有者权益将减少。

从数值上看，收入和利得之和减去费用和损失之和后的净额就是利润。用公式表示为：

$$收入 - 费用 + 利得 - 损失 = 利润$$

16.3.2 会计恒等式

用数学方程表示六个会计要素之间内在的数量关系，这种方法被称为会计恒等式，也被称为会计方程式、会计平衡公式。首先我们来看两大基本会计等式。

企业要从事生产经营活动，一方面，必须拥有一定数量的资产，这些资产以各种不同的形态分布于企业生产经营活动的各个阶段，成为企业生产经营活动的基础。另一方面，这些资产要么来源于债权人，从而形成企业的负债；要么来源于投资者，形成企业的所有者权益。由此可见，资产与负债和所有者权益是同一价值运动的两个方面，一个是来龙，一个是去脉。一定数额的资产必然对应着相同数额的负债和所有者权益，而一定金额的负债和所有者权益也必然对应着一定金额的资产。

我们用下式反映资产负债表要素之间的数量关系：

$$资产 = 负债 + 所有者权益$$

该会计等式是第一会计等式，也称为静态会计等式、存量会计等式。它是建立账户、复式簿记和准备资产负债表的理论基础，并在会计方面发挥着关键作用。

企业的目标是从生产和业务活动中获得收入并实现盈利。企业在获得收入的同时必须承担相应费用。比较一定时期的收入与费用，收入 – 费用 > 0 则表示有利润产生；反之，收入 – 费用 < 0 则表示有亏损产生。

我们用下式反映利润表要素之间的数量关系：

$$收入 - 费用 = 利润$$

该会计等式是第二会计等式，也称为动态会计等式、增量会计等式，反映了某一时期的企业收入、费用和利润的恒定关系，它表明企业在某一会计期间取得的经营成果，是编制利润表的理论依据。

结合两大基本会计等式，会计恒等式一般可分为以下几种：

第一，静态等式。

由静态会计要素组合而成，反映企业在某一特定日期财务状况。其公式为：

$$资产 = 权益 = 债权人权益 + 所有者权益$$
$$资产 = 负债 + 所有者权益$$

第二，动态等式。

由动态会计要素组合而成，反映企业在一定会计期间经营成果。其公式为：

$$收入 - 费用 = 利润$$

第三，综合等式。

综合以上会计等式，得到：

$$期末资产 = (期末负债 + 期初所有者权益) + (收入 - 费用)$$
$$= (期末负债 + 期初所有者权益) + 利润$$

16.4 账户与复式记账

16.4.1 会计科目与会计账户

会计科目是对会计要素的具体内容进行分类核算的项目，即对各项资产负债和所有者权益分类后所赋予的名称。

会计账户是根据管理者需求和会计信息使用者的具体要求对会计要素进行科学分类的一种形式，并赋予每一个类别以名称及相应的结构的一种手段。

联系：会计科目和会计账户互为条件，没有会计科目，账户便失去了设置的依据；没有账户，会计科目就无法发挥作用。

区别：会计科目仅仅是对经济内容进行分类的项目名称，仅能说明反映的经济内容是什么，而不存在结构；账户能把经济业务的情况及结构记录下来。

16.4.2 复式记账法与单式记账法

经济业务发生后，如何将其记录在账户中的方法被称为记账方法，包括记账原理、记账符号、记账规则、计量单位等内容。

对发生的每一项经济业务只在一个账户中进行记录的记账方法被称为单式记账法。其主要优点是简单，而缺点在于无法全面地反映资金的来龙去脉、不便于检查账户记录的正确性。

对发生的每一项经济业务，都以相等的金额，在两个或两个以上相互关联的账户中进行登记的记账方法被称为复式记账法。其优点在于：第一，能全面反映资金的来龙去脉；第二，能据此进行试算平衡，以检查账户记录是否正确。

复式记账法的理论依据是第一会计等式，即：

$$资产 = 负债 + 所有者权益$$

复式记账法主要分为借贷记账法、增减记账法和收付记账法。1993 年 7 月，我国《企业会计准则》规定：企业应采用借贷记账法。

为反映记账的增减方向、账户之间的对应关系以及账户余额的性质，借贷记账法是将"借"和"贷"作为记账符号。注意："借"和"贷"是会计的专门术语，与这两个汉字的字义及其最初的会计含义无关，切记不可望文生义。

我们曾提到动态的会计恒等式：

$$资产 + 费用 = 负债 + 所有者权益 + 收入$$

左边项即资产和费用的增加记在"借方"，反之则相反；右边项即负债、所有者权益和收入的增加记在"贷方"，反之则相反。

"借"和"贷"作为记账符号，都具有增加和减少的双重含义。

"借"和"贷"何时为增加、何时为减少，必须结合账户的具体性质才能准确说明。

（1）资产类账户是"借"增"贷"减；
（2）所有者权益类账户和收入类账户是"借"减"贷"增。

根据会计等式"资产 + 费用 = 负债 + 所有者权益 + 收入"可知："借"和"贷"这两个记账符号对会计等式两方的会计要素规定了增减相反的含义。我们可以用"有借必有贷，借贷必相等"来概括借贷记账法的记账规则。有借必有贷：对已发生的经济活动，既要记录一个（或几个）账户的借方，又必然要记录另一个（或几个）账户的贷方。借贷必相等：账户借方记录的金额必然等于账户贷方的金额。

复式记账法有以下作用：

第一，为系统地核算和记录经济活动的过程和结果，复式记账法将所有经济业务全面记入有关账户中，更完整地反映了经济业务的全貌，提供经营管理所需要的数据和信息。

第二，在两个不同的账户之间形成了一种数字上的平衡关系，可以通过试算平衡的方法来检查账户记录的正确性。

第三，更好地体现资金运动的内在规律、反映资金增减变动的来龙去脉及经营成果。

总　结

本章首先对会计的内容和特点进行了简要介绍，随后对会计的基本假设与一般原则、会计方法等问题进行了详细阐述。接下来对会计六要素和会计恒等式做出了详细的阐述，最后对会计记账方法进行了说明。

关键概念

资产、负债、所有者权益、收入、费用、利润、会计恒等式、会计科目、会计账户、复式记账、借贷记账法

习　题

1. 会计的职能有哪些？
2. 会计的六大要素是什么？
3. 什么是会计基本等式？
4. 静态等式、动态等式、综合等式分别是什么？
5. 借贷记账法的原理、账户结构是什么？

第三篇

投资学基础

第 17 章　金融资产与证券的发行和交易

本章学习目标

1. 了解投资过程。
2. 理解证券的发行与交易。

17.1　金融资产

简单来讲，社会上人们需要消费的无非就两种商品：有形的物质产品和无形的服务产品。一个国家的富裕程度，很大程度上取决于有形的物质产品的生产数量。如果不考虑分配问题的话，一般物质产品生产得越多，分配给人们消费的就越多，人们的生活水平也就更高。物质产品生产多少取决于社会经济的生产能力的高低，而这种生产能力与社会上现存的实物资产多少有关系。社会上现存的与实物资产相对应的就是金融资产。金融资产本身不能产生收益，归根到底收益的来源是与之相对应的实物资产。

金融资产通常可以分为三类：固定收益型证券、权益型证券和衍生金融证券。

简单来讲，固定收益型证券是一种金融合约，证券买卖双方签订协议，规定证券卖方按期支付给买方固定的利息，并且到期偿还本金。这种合约具有债务性质，并不改变该证券的底层资产所有权，所以可以看成是具有债务性质的证券。固定收益型金融资产，一种典型例子是短期资本市场上的债券，如美国国库券和银行存单，投资者往往能在极短的时间内以较低的成本变现，所以流动性高风险小。而相反，某些固定收益型证券是指一些长期证券，如美国 10 年期国债，如果不在二级市场卖出，这种证券就必须长期持有，这些债券风险低的收益相对较低，而有的风险很高所以给的收益也较高。

权益型证券代表了证券持有者对公司的所有权。由于持有权益型证券就是公司的所有人，而所有人就必须承担投资带来的风险和收益。所以持有者没有被承诺任何特定收益，但是他们可以获得公司分配的股利。如果公司破产清算，他们能够按照相应的比例拥有对公司实物除去债权那一部分资产的所有权。

例如，四川麻将里有一种玩法，就是除了牌桌上玩麻将的玩家，旁观的玩家可以"买马"，如果买到的那匹马赢得这局麻将，那么"买马"的旁观玩家同样可以按一定比例获得输家的收益。可以这样理解，这里的牌桌上的玩家就是传统金融工具，而"买马"的玩家就是金融衍生品。传统的金融工具主要是指货币、债券、股票等。而金融衍生产品是在传统金融工具的基础上衍化和派生的，以保证金交易为特征的金融合同，如期货合约、期权合约、远期合同和互换合同等。

金融衍生产品的价值依赖于标的资产价值变动。如果这种合约想要大规模在交易所交易，就必须规定清楚它的底层资产的交易价格、交易时间、资产质量、交割方式等，以便于大规模标准化交易。如果合约双方没有大规模交易的需求，只是临时的、偶然的合约，那么合约双方就可以根据双方的需求来签订合约内容，而没有必要费时费力去按照交易所的规定签订合约，这样就非常灵活，便于各种不同衍生品的交易。一般传统期货合约都是在交易所交易的，所以他们签订的协议上必须清楚写明交易价格、交易时间、资产质量、交割方式等。具体来讲，外贸中很多大宗商品为了避免汇率变化带来损失，都要进行一个套期保值操作。而套期保值操作往往需要签订期货合约，例如，某一家公司在未来3个月预期有1万吨的大豆要出口，那么它就可以先在交易所购买3个月后交割的1万吨的大豆期货合约，合约先规定好大豆种类、数量、质量，到期后公司只需要交割实物，并且按照合约规定收到现金，而无须担忧汇率的波动。如果外贸公司并没有在交易所找到相关标的期货合约，那么它也可以自己寻求交易对手，双方自行约定买卖合同。因此，由于期货交易是在交易所进行，可以低成本转手，所以期货交易流动性较高；而远期交易是一对一签订合同，没有交易所那么多的玩家参与，所以要想转手套现，成本较高，所以远期交易流动性较低。

互换合同是交易双方在现在签订合同，约定在未来某个时间段内交换资产以及资产带来的收益的合约。一般互换合同分为利率互换合同和货币互换合同。如果买卖双方交换的是同种货币，则可判断为利率掉期；如果交换的不是同种货币，则为货币互换合约。期权合同与期货和远期合同都不一样，期货和远期合同到期必须有实物或者金融资产的交割，而期权这种合同赋予了购买者选择行权或不行权的权利，因此并不一定会有实物或者资产的交割。

17.2 金融市场

社会中的物质财富是实物资产，实物资产会带来收益。本质上，金融资产的收益来源是实物资产，金融资产只是代表了人们对于实物资产的索取权。金融资产要进行交易，就有一定的供求关系和交易机制，我们把这种供求关系和交易机制的总和称为金融市场。在完全市场经济条件下，金融市场决定资本配置。按照投资资产的期限长短，金融市场通常被分为短期的货币市场和长期的资本市场。货币市场中交易的证券期限短、流动性高、风险小。货币市场工具有时被称为现金等价物，或简称为现金，因为期限短，在短时间内能够以低成本改变资产类型，所以风险小。反之，资本市场中的证券期限较长、流动性低、风险大。资本市场上证券种类远远多于货币市场的证券种类。由于这类市场中交易的资产期限很长，如果不在二级市场中卖出就必须长期持有，因此最终接盘人是在远期实现的，而期限越长不确定性就越大，所以风险比较大。资本市场又可以细分为四个部分：长期债券市场、权益市场、期权期货市场和衍生工具市场。

货币市场上的证券特征是期限较短，变现能力强。这类债券一般交易面值很大，个人投资者无力购买，但是个人投资者很容易购买到货币市场基金。一般这些共同基金汇集个人投资者的资金，并以他们的名义购买各类的货币市场证券。常见的货币市场工具包括：短期国库券、大额可转让存单、商业票据、银行承兑汇票、欧洲美元、回购协议和逆回购、联邦基金、经纪人拆借及伦敦银行同业间拆借利率等。

债券市场工具是指存续的期间超过1年的基础证券。由于期限长，所以风险比短期货币市场工具的风险大。其市场内部的风险，也会由于类型不同而收益不同，从而风险有大有小。分类包括：中期国债和长期国债、通胀保值债券、联邦机构债券、国际债券、市政债券、公司债券、抵押贷款和抵押担保证券。权益证券则包括普通股、优先股及美国存托凭证等。

金融市场有四个主要作用：资金融通、跨期配置、风险规避、信号传达。金融市场的主要功能是让资金富余流向资金紧缺，达到资金的有效配置。当下人们可以把富余资金投资到金融市场，未来人们需要消费的时候再从金融市场变现，这就使人们的资源在不同的时期流动。各种证券的风险是不一样的，一般来讲收益越高的证券风险就越高，消费者可以根据自身的风险偏好在金融市场上选择合适的投资方式。金融市场的供需双方博弈，为风险提供了价格。风险的价格反映了市场的变化，是经济活动的"晴雨表"，这就为监管部门检测宏观经济的波动提供了有效信号。除了这四个主要作用，金融市场的发展也可以和金融工具的创新相互促进。投资者可以在金融市场找寻不同期限和不同风险的金融工具，从而避免投资集中度过高的问题，帮助实现风险分散和风险转移。另外，由于金融市场能迅速为风险定价，汇集了大量投资者所需要的信息金融。市场还可以降低交易的搜寻成本和信息成本。

17.3 投资过程

根据马科维茨开创的现代投资组合理论，一个典型的投资决策的过程分为两步：一是如何配置大类资产，也就是决策资产在风险资产和无风险资产之间的配置；二是如何配置风险资产，也就是根据各类不同资产的风险和收益做出决策，构建风险资产的配置。

实际投资中，投资者可以投资的资产可以分为债券、股票、外汇、金融衍生品等。一般来讲，政治稳定国家因为有政府作为后盾，国债基本可以看作是无风险资产。比如美国国债，如果政府财力出现问题，最后它还会新发货币来偿付债息。而政治不稳定国家的国债，往往风险比较大，特别是长期国债。有些证券，虽然不是无风险的，但是波动性也比较小，其对应的预期收益也相对较低；有的证券，由于有较高的风险溢价，波动性也较高，需要投资人具有强大的风险承受能力，例如，外汇、黄金等大宗商品、金融衍生品等。

根据现代投资组合理论，一个典型的投资者的投资决策过程是：先决定投资在无风险国债上的资产比例与风险资产中的比例，再决定可选择的风险资产中各类风险收益的资产配置比例。

17.4 证券的发行

当公司发展过程中需要筹措资金时，它有几种选择。它可能会向银行借款，银行借款的好处是利息较低，但是并不是每一家公司都能从银行借款。所以它可能会选择在金融市场上发行证券，由投资银行推销给大众投资者，这个市场就叫作一级市场。有幸在一级市场买到该公司证券的投资者，可能会把他所买到的证券再出售给其他投资者，那这就是二级市场。就发行新股来说，通常有两种发行方式：一是首次公开发行（initial public offerings，IPO）；二是增资扩股。

通常情况下，投资银行在股票和债券的公开发行中扮演了承销商（underwriters）的角色。负责推销证券的投资银行通常不止一家，而是以一家为主承销商，形成一个由多家投资银行构成的承销团（国外叫作承销辛迪加）来分担股票发行的责任。

投资银行会向公司介绍证券发行的程序和条件。在美国，典型的证券发行程序是这样的：首先公司要说明发行事宜和公司前景，就必须先向美国证券交易委员会提交初步注册说明（即初步募股说明书），初步募股说明书承诺公司会在得到销售批准后才销售证券。得到美国证券交易委员会批准的说明书终稿被称为募股说明书（prospectus）。得到批准后，公司就会公布证券的发行价格了。

证券发行公司通常不直接面对公众销售其发行的证券，而是要通过投资银行承销。投资银行作为中介，按照约定的方式把证券销售给一级市场的投资者。根据阚治东所著的《荣辱二十年：我的股市人生》的资料，国内的早期投行业务，几乎都被银行业垄断。直到1989年，上海真空电子器件公司要增发新股。当时四大行的信托投资公司以及新成立的三家证券公司都争做真空电子的主承销商，并且这几家都实力雄厚，很有竞争力。真空电子左右为难，不想得罪上海的大客户。最后，时任人民银行上海分行行长龚浩成一锤定音，让申银证券做了主承销商，其他几家组成承销团参与。

首次发行并非一定采用公开发行，也可以采用私募（private placement）的方式发行。若采用私募方式，投资银行直接向少数机构投资者或富裕投资者销售证券

(国有合格投资者制度)。私募的成本远远低于公开发行的成本,这是因为证券交易委员会通过公司采用私募方式时,无须像公开发行那样花费大量的财力准备募股说明书。另外,由于私募不是针对普通大众,因此不适于大量发行,而且通过私募方式发行的证券不能在证券交易所等二级市场交易,这大大降低了证券的流动性,因此,投资者支付的价格也相对较低。

17.5 证券如何交易

设想作为一般等价物的货币没有出现之前,商品交易只能是以物易物。产品过剩的采猎者和产品短缺的采猎者之间的交易会非常不方便,因为家庭消费多出一头羊的采猎者,可能现在的需求是一把石斧,而需求一头羊的采猎者,现在多出的是一袋野果;而需求一袋野果的采猎者,过剩的可能是两条鱼,一直到最后需求两条鱼的采猎者,需求才是一头羊。所以假如他要把一头羊换成一把石斧,他就要先把羊换成野果,再把野果换成鱼,最后才能够把鱼换成羊。如果需求链条更长,他所需要进行的过程就越复杂。一般等价物的出现解决了这个问题,他只需要把过剩的商品换成一般等价物就可以,在需要消费的时刻,又可以立刻把一般等价物换成消费品。金融市场的出现是同样的道理,如果没有金融市场的出现,金融产品的投资者和筹资者就会花费大量的时间和精力去搜寻、去识别他们所需要交换的产品。而金融市场的出现,解决了这个问题。

按照市场的组织程度,一般可以把市场分为四类:直接搜寻市场、经纪人市场、交易商市场和拍卖市场。

直接搜寻市场是组织性最差的市场,市场上的买方和卖方需要直接相互搜寻。这类市场交易的特点是不常发生、价格低廉且商品非标准化。专于此类市场的公司很难获利。非金融市场中的直接搜寻市场,一个比较好理解的例子是旧时走街串巷的挑货郎,他们所面临的市场就是直接搜寻市场。他们肩挑货物,挨家挨户叫卖他们的商品,这类交易往往是不常发生的,并且价格比较低廉,买卖价格也是在买卖者的讨价还价中波动。

经纪人市场组织性仅优于直接搜寻市场。在交易活跃的市场中,经纪人发现为买方和卖方提供搜寻服务是有利可图的。房地产市场就是一个典型的例子,考虑到寻找房源和可能买主的规模经济效应,市场参与者值得花钱聘请经纪人来负责搜寻工作。特定市场上的经纪人逐渐积累了对该市场中的交易资产进行估值的专业知识。一级市场是一类重要的经纪人投资市场。在一级市场上,新发行的证券被提供给公众,把证券销售给公众的投资银行扮演了经纪人的角色,它们直接为证券发行公司寻找投资者。另一类经纪人市场是专为大宗交易建立的,主要用于大宗股票的买卖。该市场中股票的交易数额巨大(从技术上讲,超过10000股即为大宗交易,但通常数额更大),以至于经纪人或经纪公司直接搜寻其他大型交易商,而非销售给规模相对较小的投资者。

当某类特定证券或某类特定资产的交易日益繁荣时,经纪人市场已不能满足需要。交易量是如此之大，以至于能够用自己的账户买入这类资产，再适时从存货中卖出这类资产，从中赚取买卖价差，形成巨额利润。于是交易商市场就诞生了。交易商市场为了自己的利润，就必然会大量在市场上买进卖出，维持市场活跃，因此市场的其他参与者在判断市场转向或者想要套现时，就可以直接把资产卖给投资银行，而不用自己去搜寻买家，从而为交易者节省了搜寻成本。如果交易商市场价差太大，会让投资者选择在其他市场交易。但是交易商市场又必须要维持一个较高利润，因此就必须维持足够大的交易量。

当交易的范围继续扩大，所有的投资者和筹资者都聚集在同一场所（可以是物理场所也可以是虚拟场所），买卖双方集合竞价，于是拍卖市场就诞生了。拍卖市场是组织性最强的市场，所有的参与者都聚集到一起，他们便可以在价格上达成一致，从而节省了买卖价差，而无须在交易商中寻找最优的交易价格。

总　结

本章首先介绍了金融资产和金融市场，再接着介绍了投资的过程，证券如何发行，证券如何交易，让读者对投资的运作有一个基本的了解。

关键概念

金融衍生产品、投资过程、证券发行、证券交易、首次公开发行

习　题

1. 一般的投资过程是怎样的？
2. 证券的发行方法有哪些？
3. 投资银行在证券发行中承担什么角色？

第 18 章　风险与收益

本章学习目标

1. 了解金融风险与风险厌恶。
2. 了解如何进行风险和收益的定量测度。
3. 理解马科维茨资产组合理论。

18.1　金融风险

18.1.1　金融风险与风险厌恶

金融是为实体经济服务的，所有金融证券的收益来源，追根到底是来自实体资产带来的收益分成。而实际经济活动中，存在着各种变量，也就存在着各种风险。有许多风险是投资者可以控制的，而有许多风险是投资者不能控制的。金融风险就是指实体资产收益带来的这种如未来收益、资产或债务价值的波动性。与我们平时认知的风险不同，金融风险包括盈利的不确定性和损失的不确定性两种情形，但人们在现实生活中更关注的是损失的可能性。

投资者可以通过分散化的投资把风险分散在各种不同的证券上，根据马科维茨的资产组合选择理论，当选择的证券足够多，那么投资的风险就只有系统性风险，而没有证券风险。因为投资足够的分散之后，每一种资产的风险都只在整个资产组合中占据很小的比例。

由于进化的原因，人都是风险厌恶的。在原始社会生产力十分低下的条件下，原始人作为食物采集者，必须要经常迁徙才能保证食物充足。一个地区的食物采集完，就必须换一个地方。但是原始人没有一张地图，并不知道哪里有食物来源而哪里没有,他们只能够碰运气。如果运气好,他们碰到食物来源充足的地方,就能够过得很好。而相反,如果运气不好,他们就面临着被饿死的风险。在运气好和运气不好之间权衡,尽管概率上可能是相等的,但是运气不好带来的损失的负效应要远远超过运气好带来的福利。所以在进化的过程中,人形成了风险厌恶的偏好。一般来讲,在金融市场,投资者也有这个属性,投资者都是风险厌恶的。风险厌恶型的投资者将考虑无风险资产与有正的风险溢价的投资品。投资组合的吸引力随着期望收益的增加或风险的减少而增加。

18.1.2 超额收益和风险溢价

指数基金应该投资多少钱?首先,你必须知道承担股票投资风险可以得到的期望收益是多高。我们把收益表示成股票指数基金的预期持有期收益率和无风险收益率的差值,无风险收益率是当你将钱投入无风险资产比如说短期国库券、货币市场基金或者银行时所获得的利率。我们将这种差值的期望称为普通股的风险溢价。在任何一个特定的阶段,风险资产的实际收益率与实际无风险收益率的差值称为超额收益。因此,风险溢价是超额收益的期望值。

投资者投资股票的意愿取决于其风险厌恶水平。金融分析师通常假设投资者是风险厌恶的,当风险溢价为零时,人们不愿意对股票市场做任何投资。理论上说,必须有正的风险溢价来促使风险厌恶的投资者继续持有现有的股票而不是将他们的钱转移到其他无风险的资产中去。

18.1.3 夏普比率

我们假定投资者关注的是购买的投资组合的收益率和风险。相对于国库券获得的预期超额收益也就是一个风险溢价,而相应的波动率就是这个相对应的风险。由于投资者在购买一种证券的时候,实际上是相当于买入了风险。我们假定投资者都是风险厌恶的,这符合人性。那么谁会买入他厌恶的东西呢?答案是,只要你给他一定的补偿,那么他或许会买入自己厌恶的东西。那么如何为他厌恶的东西也就是风险定价呢?

收益(风险溢价)和风险(通过标准差 SD 来衡量)之间的权衡意味着,人们需要利用投资的风险溢价和标准差来度量投资组合的吸引力。夏普比率就提供了一个计算方法来度量风险溢价和标准差:

$$夏普比率 = \frac{风险溢价}{超额收益率的标准差}$$

夏普比率衡量的是每一个单位的标准差带来的风险溢价是多少。也就是说,要让投资者投资这个证券,那么对每一单位的风险给予的补偿是多少,这就是夏普比率的实际意义。

18.2 利率与相关收益

利率是指在一定期限内（1个月、1年、20年甚或更长）因持有一定量某种计价单位（美元、欧元甚至购买力）而承诺的回报率。因此，当我们说到利率水平时，必须明确说明它的记账单位和期限。

在实际情况中，我们还必须把违约风险考虑进去，来均衡计算我们的实际利率。为了简单起见，假设我们所投资的无风险证券不存在违约风险，我们便可以把以上承诺的利率看作该计价单位此特定期限的无风险利率。由于各个币种的性质不一样，汇率的涨跌幅度可能会不同，因此无风险利率就必须明确对应哪一个币种。而为了明确我们持有期长短所带来的利率，还必须明确利率的时间期限。我们通常按照1年为单位作为利率的时间期限，本书所讲的利率一般都是年利率。举例来说，用美元计价时的无风险利率在使用购买力计量时就会因为通货膨胀的不确定性而存在风险。

18.2.1 有效年利率和年化百分比利率

持有期为一年的投资收益率，叫作有效年利率（EAR）。对于一年期的投资来说，有效年利率等于总收益率。总收入 × (1 + EAR) 是每1美元投资的最终价值。对于期限少于1年的投资，我们把每一阶段的收益按复利计算到1年。例如，对于6个月的国债，$T = 1/2$，半年期的无风险收益率为2.71%，那么：$1 + EAR = 1.0271^2 = 1.0549$，因此 $EAR = 5.49\%$。

短期投资（通常情况下，$T < 1$）的收益率是通过简单利率而不是复利计算的，这被称为年化百分比利率。例如，当涉及月收益率时，年化百分比利率是通过12个月的月利相加来计算的。通常说来，如果把一年分为几个相等期间，且每一期间的利率为 $r_f(T)$，那么 $APR = n \times r_f(T)$。反之，通过年化百分比利率得到每个期间的实际利率为 $r_f(T) = T \times APR$。

18.2.2 连续复利

计算利息的频率越高，年化百分比利率和有效年利率就会越高，但是会有一个极限。由于复利的威力，计算利息的频率越高，利滚利所带来的利润就越多，有效年利率就越大。但是这个数字不可能无穷大下去。在数学上，有效年利率会有一个极限，这个极限可以达到多大？换句话说，当 T 不断变小的时候，$[1 + T \times APR]^{1/T}$ 的极限多少，这里有：$1 + EAR = e^r$，其中 e 为自然常数。

18.2.3 持有期收益率

假设你是一个投资者，考虑投资于某种股票，在年初的时候以 100 元/股的价格买进来，中间收到了现金股利，年末的时候再以一定的价格卖出。那么你在持有期实现的投资收益率由股票年末价格和这一年的现金股利决定。

假定你买进的股票的期末价格为 110 元，这一年的现金股利为 4 元。实现的收益率，也叫作持有期收益率（HPR）。在这种情况下，持有期为一年可以表示如下：

$$HPR = \frac{期末每份价格 - 期初价格 + 现金股利}{期初价格}$$

本例中：

$$HPR = \frac{110 - 100 + 4}{100} = 0.14 = 14\%$$

假设股利在持有期期末支付，那么股利就经历了一个完整的持有期，这个持有期中的资金占用就是全部的期初价格。所以当然是用期末的现金股利除以期初价格。但是货币都是由时间价值决定的，在期中支付股利和期末支付股利的效果是不一样的。如果在期中支付股利，那么这部分股利可以用来再投资，那么这部分股利到持有期期末还会带来一定的收益。按照我们的公式，如果股利支付提前，那么持有期收益率便忽略了股利支付点到期末这段时间的再投资收益。来自股利的收益百分比被称为股息收益率，所以股息收益率加上资本利得收益率等于持有期收益率。

18.3 马科维茨资产组合理论

1952 年马科维茨（Harry M. Markowitz）发表了一篇具有里程碑意义的论文，该论文中马科维茨首次把风险定义为期望收益率的波动率，首次将数理统计的方法应用到投资组合选择的研究中，标志着现代投资组合理论的诞生。正如凯恩斯对人的假设充满动物性一样，马科维茨对人的假设也充满动物性：一个是不满足性，另一个就是厌恶风险。

马科维茨首先定义了什么是资本配置，即风险资产组合与无风险资产组合的投资分配比例。短期国债被看作无风险资产，投资者可以通过持有短期国债来锁定短期名义收益。实际上不管多短的时间都是有通货膨胀的，与长期通货膨胀和长期金融市场的不确定性相比，短期的通胀和风险是可以忽略不计的。实际操作中，货币市场基金也被看作无风险资产。就多数而言，大部分货币市场基金持有三种类型的证券——短期国库券、银行可转化存单和商业票据。

在资产组合的配置中，由于组合的收益是组成这个组合的成分的资产的线性组合，而由于资产之间的相关性，也就是一种资产的波动和另一种资产之间的波动具有相关性，只要这种相关性不为100%，那么通过分散化投资就能降低组合的风险。马科维茨资产组合理论主要思想就在于此。不能被分散的风险被称为系统风险，能够被分散掉的风险被称为非系统风险。马科维茨的投资组合理论的主要贡献是，解释了证券组合两个方面的本质：一是解释了证券组合的风险不仅由自身风险决定，而且由与之相关的证券的风险决定；二是解释了资产的价格是风险的价格，风险越高一般价格也越高，更高的价格是对风险厌恶所做的补偿。

马科维茨的风险定价思想和模型具有开创意义，奠定了现代金融学、投资学乃至财务管理学的理论基础。可以这样说，马科维茨在金融学领域的开创地位，不亚于凯恩斯在宏观经济学领域的开创地位。但是他的理论并非十全十美。这个理论的数学模型较为复杂，需要估计大量的参数（协方差和方差）。在证券数量较少的时候，这个理论有实际操作的可能性。而证券数量到达上千个的时候，需要估计的参数就是上百万个，这在实际操作上几乎不可能。

总　结

本章首先介绍了金融风险，然后介绍了利率与相关收益的计算，最后介绍了马科维茨的资产组合理论。

关键概念

金融风险、风险厌恶、夏普比率、有效年利率、年化百分比利率、持有期收益率、马科维茨的资产组合理论

习　题

1. 金融风险的内涵是什么？
2. 夏普比率的实际意义是什么？
3. 马科维茨的资产组合理论核心思想是什么？

第 19 章 证券投资的基本理论

> **本章学习目标**
>
> 1. 了解证券投资的基本理论。
> 2. 理解 CAPM 模型、套利定价理论、行为金融学等理论的原理和相关结论。
> 3. 了解不同假说或理论对于金融世界的不同假设和解读。

19.1 资本资产定价模型

马科维茨建立的资产组合理论可以使我们在有效边界上选择最佳的投资组合，但是在如何测度每一种证券的具体风险上，以及对于每一个单位的风险，投资者要求的回报是多少并没有明确说明。

因此 20 世纪 60 年代，在马科维茨基础上，马科维茨的学生威廉·夏普等提出著名的"资本资产定价模型"（capital asset pricing model，CAPM），回答了资本市场均衡的证券价格如何形成，以及均衡价格是多少。夏普提出的 CAPM 模型，极大地减少了计算数量。例如，1500 只股票中选择资产组合只需要计算 4501 个参数，而以前需要计算 100 万个参数。

马科维茨资产组合理论把方差作为资产的风险度量指标，而马科维茨的学生考虑一个问题：如何才能把参数估计的难度降低。于是他着手构建了 CAPM 模型。CAPM 模型把证券的收益率与全市场证券组合的收益率的协方差作为资产风险的度量指标，也就是我们常说的 β 系数。他进一步把资产风险分为"系统"和"非系统"风险两部分，总风险就是系统性风险和非系统性风险的简单线性相加。证券的个数，只在非系统性风险这一项里出现，并且证券个数越多，非系统性风险越小。当证券个数趋近于无穷多个的时候，非系统性风险就可以接近于 0，那么这个时候总体风险就只剩下系统性风险。所以投资的分散化，并不能降低组合的系统性风险，而最多只能把非系统性风险降为 0。

CAPM 理论主要包括两个部分：资本市场线（CML）和证券市场线（SML）。

首先让我们来讨论分离定理。投资者可以将一个风险投资和一个无风险投资构成组合，由于无风险组合的方差是 0，所以这个组合的均值－方差组合是一条直线。风险资产的均值－方差组合是一条曲线，则这两条线之间会形成一个切点。对所有的投资者来说，无论他们的风险厌恶程度如何，他们都会将切点组合与无风险资产组合混合起来作为自己的最优组合，这就是分离定理。分离定理是由于所有的投资者都趋向于降低非系统性风险，而降低非系统性风险的办法就是按比例持有所有的市场证券。所以他们的切点组合是相同的。另外，无风险组合对于所有的投资者肯定也是一样的，因为风险为 0。所以，无风险资产和切点组合之间的直线，就分离了所有的投资者的无差异曲线与有效前沿，所以把它叫作分离定理。投资者之间的差异仅仅体现在风险组合和无风险资产的投资比例上。实际上，市场组合与无风险资产的连线，就是资本市场线，它反映了市场上所有的投资者在风险资产和无风险资产之间的所有组合。由资本市场线，可以导出证券市场线。证券市场线，表示的是资产的期望收益与 β 系数的关系。由证券市场线，可以得出 CAPM 模型的结论：一个组合的均衡收益，应该等于无风险资产的收益加上市场组合的风险溢价乘以该组合的 β 系数。用公式表示为

$$R = r_f + \beta(r_M - r_f)$$

其中，R 表示组合的收益率，r_f 表示无风险资产的收益率，r_M 表示市场组合的收益率，β 表示市场组合和我们构建的组合之间的协方差。

19.2 套利定价理论

斯蒂芬·罗斯认为：在市场达到均衡时，市场不存在无风险套利机会，此时，资产的预期收益与风险存在正比例关系。

19.2.1 基本假设

假设一：市场是完全信息的、充分竞争的、无摩擦的。
假设二：因素模型（或者说风险因子可以线性表示），能描述证券收益（共同因素：通胀率、失业率利率等；特定事件因素：总裁辞职、股利增加等）。
假设三：市场上有足够的证券来分散风险，保证特质风险可以充分地分散化。
假设四：完善的证券市场不允许任何套利机会存在，只要存在无风险套利机会时，投资者就会不遗余力地构建套利组合以追求自身的利润最大化。

如果市场上存在着相同性质的资产定价不一致的情况，那么投资者就可以同时买入和卖空，即可赚取无风险利润。比如说，现在可以从 A 银行贷款，利率是 5%。而另一家 B 银行贷款的报价为 6%。那么可以先从 A 银行以 5% 的利率贷款，转手以 6% 的利率放款给 B 银行。对于投资者而言，投资者认为 B 银行肯定是会归

还投资者的本息的，也就是没有违约风险。投资者的净投资为 0，但是投资者能赚取 1% 的净利润。所以投资者在这个市场的行为，就是无风险套利的。

现在的金融理论，一般都是在均衡情况下的理论。在均衡市场价格的情况下没有套利机会，如果实际证券价格中存在套利机会，则市场上大量的投机套利行为会形成一个很强的压力使价格恢复到均衡状态。证券市场必须满足"无套利条件"。

19.2.2 套利与均衡

正是这些套利者的行为使资产价格运动的过程向均衡状态变动。当不需要进行净投资就可以赚取无风险利润时，就存在套利机会。考虑上面银行贷款的例子，市场中其实有大量的这样的"套利者"可以在 A 银行和 B 银行之间套利，那么这些"套利者"会形成竞争关系，从而会抬高从 A 银行贷款的利率，并且压低放款给 B 银行的利率，直到贷款利率和放款利率完全相等，市场上再也没有套利机会，市场就达到均衡了。套利定价理论认为违背这一原则是市场非理性的明显表现。而实际情况中，均衡是偶然的，非均衡是常态的。

投资者愿意持有的头寸，代表着他的风险暴露程度。头寸越多，风险暴露就越大。而投资者能够承受的风险程度实际上和他拥有的财富多少相关。一个很简单的例子，阿里的普通职员的风险承受能力和马云的风险承受能力是大不一样的，这是因为他们的财富水平大不一样。一个无风险套利投资组合最重要的性质是，不管风险厌恶程度和财富水平如何，投资者都愿意持有一个无限的头寸。考虑上面的银行贷款的例子，既然不需要净投资，那这种套利行为就和投资者的净财富没有多大关系了。所以投资者可以无限复制该套利组合，直到市场达到均衡点。在有效市场中，可以获利的套利机会可能很快消失。

只要市场上还有套利机会，人的无穷野心会促使套利者愿意尽可能多持有头寸，因此按照这一假设，市场上不需要很多的套利者，市场价格也能很快恢复到均衡价格。

19.3 行为金融学

19.3.1 有效市场假说

1965 年尤金·法玛在《商业学刊》上发表了《股票市场价格行为》一文，提出了著名的有效市场假说（efficient market hypothesis，EMH）。1970 年法玛关于 EMH 的一篇经典论文《有效资本市场：理论和实证研究回顾》不仅对过去有关 EMH 的研究作了系统的总结，还提出了研究 EMH 的一个完整的理论框架。

该假说认为，市场价格的形成来自投资者的预期。投资者预期的形成，来自投资者所能获得关于该证券的相关信息。如果在一个信息交流畅通的市场上，一个新信息的出现能够迅速被所有投资者所知晓，随后投资者关于这个新信息就会形成一个预期，从而在金融市场上买卖这个证券，从而再达到一个新的均衡点。这个均衡点就是反映所有相关信息的均衡点。投资者根据该组信息所进行的交易不存在非正常报酬，而只能赚取风险调整的平均市场报酬率。

市场价格变动的马尔科夫性，是由于市场上的新信息导致的。每一个新信息的出现，都会导致这一时刻证券价格的变动。现在的市场价格是这个证券存续期内形成的，而在每一个细分的存续期，价格的变动都反映了当时的新息，因此现在的证券价格就反映了所有已经得知的新息。

有效市场假说主要包括三个问题：什么样的市场才是有效的；怎样划分市场有效性程度；各种市场有效程度的相应特征是什么。归根到底，所谓市场有效性问题是指市场价格是否充分反映市场信息的问题。

有效市场假说的假设条件包括：第一，完全竞争市场；第二，理性投资者（追求财富最大化）主导市场；第三，信息发布渠道畅通，投资者能完全地处理信息；第四，交易无费用，市场不存在摩擦；第五，资金可以在资本市场中自由流动，套利无限制进行，从而消除错误定价。

根据法玛的定义，有效市场中证券的价格充分反映了全部可以提供的信息。而且他把"可提供的信息"分为三类：一是历史信息，通常指股票过去的价格、成交量、公司特性等；二是公开信息，如红利宣告等；三是内部信息，指的是非公开的信息。因此有效市场分成三个层次：弱式有效市场、半强式有效市场和强式有效市场。

弱式有效市场假说认为，在弱式有效的情况下，市场价格已充分反映出所有过去历史的证券价格信息，包括股票的成交价、成交量、卖空金额，融资金额等。如果弱式有效市场假说成立，则股票价格的技术分析失去作用，基本分析还可能帮助投资者获得超额利润。

半强式有效市场假说认为价格已充分反映出所有已公开的有关公司营运前景的信息。这些信息有成交价、成交量、盈利资料、盈利预测值、公司管理状况及其他公开披露的财务信息等。假如投资者能迅速获得这些信息，股价应迅速做出反应；如果半强式有效假说成立，则在市场中利用技术分析和基本分析都失去作用，内幕消息可能获得超额利润。

强式有效市场假说认为价格已充分地反映了所有关于公司营运的信息，这些信息包括已公开的或内部未公开的信息；在强式有效市场中，没有任何方法能帮助投资者获得超额利润，即使有内幕消息者也一样。

19.3.2 行为金融学

实际金融市场中有许多非理性的行为，这超出了传统金融理论中理性行为人的假设。所以行为金融学派诞生了。行为金融通过分析投资者各种心理特征，来研究投资者的决策行为及其对资产定价影响，力图揭示金融市场的非理性行为和决策规律。

有效市场假说假定，当人们是理性时，市场是有效的；当有些投资者是非理性时，交易的随机产生，使其对市场不会造成系统的价格偏差；而非理性交易者以非基本价值的价格进行交易时，他们的财富将逐渐减少，最后在市场中不会有生存的空间。

行为金融学对此做了两个方面的修正：人们的行为偏差其实是系统性的；套利实际上是有限的。行为金融理论认为人的投资决策是由投资者当时的心理活动决定的，人性的各种局限影响着投资者的投资决策活动，从而从心理学角度分析投资者是很有必要的。投资者在进行投资决策时经常表现出过分自信、损失回避、避免后悔等心理。进入金融市场的个人投资者，往往都是非常自信才进入的。而这种自信，也会体现在它们的投资风格上，所以证券投资者往往都有过度理性的倾向。投资者对于自己所掌握的信息，往往过度自信，而对于别人的观点，往往不重视。由于损失厌恶的心理，投资者惧怕损失。损失带来的负面效应是收益带来的正面效应的 2.5 倍。投资者还有委托他人投资以减少因自身决策失误而后悔，以及仿效多数投资者的投资行为进行投资等心理。因而他们的实际决策过程并非是如现代金融理论所描述的最优决策过程，进而导致证券市场上证券价格的变化偏离建立在最优决策模型等现代金融理论假设基础上的有效市场假说。

非理性行为可以分为两大类：一是市场上有大量信息，而这些未经加工的初始信息并不能为投资者分析证券价格所用，不能够推断未来的证券价格的概率分布，所以导致了他们的非理性。二是即使给定未来收益的概率分布，投资者做出的决策通常是前后矛盾或次优的结果，也就是行为的不一致性。

值得注意的是，行为金融学的开创者理查德·塞勒因为在行为金融学方面的贡献，获得 2017 年诺贝尔经济学奖，标志着行为金融学这一研究领域获得主流经济学界的认可。

总　结

本章主要介绍了投资学领域的几种重要的模型。包括基于均值方差模型的 CAPM 模型、套利定价模型、行为金融学等。

关键概念

CAPM、套利定价、有效市场假说、行为金融学

习　题

1. 资本资产定价模型解释了什么？
2. 有效市场假说指的是什么？
3. 行为金融学解释了哪些实际的现象？

第 20 章 股票估值理论

> **本章学习目标**
>
> 1. 了解如何对股票进行估值。
> 2. 了解不同估值模型的基本原理和区别。

20.1 估值的意义

资产的灵魂是价值,估值是包括投资在内的一切价值管理的基础。价值管理的应用范围很广,从贷款、理财产品的管理,到证券投资、PE/VC 投资,到对担保对象的估值、实业企业已有资产和新增投资的管理,再到企业并购和资产并购等,如何用科学方法对这些资产进行估值,就是金融从业人员所要面临的一个技术问题。金融资产的价值来自未来的现金流。要正确估计资产的价值,就需要正确理解这个资产价值的来源是什么。估值具有不确定性,包括来自有关的资产的不确定性及估值模型本身的不确定性。

证券投资分析的基本思想是,现在市场上的某些证券的价格低于其内在价值,随着时间推移,其价格会逐渐回归到内在价值上。所以证券投资分析就是要找出这种价值被低估的证券,从而在未来获得一定收益。在大多数投资者眼中,市场对股票的定价并不总是准确无误,故而存在众多买入卖出的套利机会。但在运用估价模型估价之前,我们必须首先牢记证券分析是一门艺术而非一门科学:在过去不是一种精确的过程,将来也不可能是。

20.2 资产负债表模型

账面价值(book value)是指资产负债表上列示的公司净值。对公司进行估值的一种方法是使用公司的账面价值。既可以是列示在资产负债表中的价值，也可以是调整后反映当前资产的重置成本或清算价值。账面价值衡量的是资产和负债的历史成本，而市场价值衡量的是资产和负债的当前价值。股票的账面价值不等于股票的市场价值，当前价值通常不等于历史价值。更重要的是，许多资产根本不包括在资产负债表中。

此外，清算价值是指公司破产后，出售资产、清偿债务以后的剩余资金，它将用来分配给股东。如果股价低于股票清算价值，公司就面临被收购的危险。

重置成本是一种机会成本。如果企业重新取得与其所拥有的某项资产相同或与其功能相当的资产需要支付的现金或现金等价物。理论上说，公司的价值应为重置成本。市场竞争会让公司的市值在重置成本上下波动。

20.3　股利折现模型

股利折现模型认为，如果股票在未来所有时期都发放股利，那么如果投资者永续持有这只股票，未来能够得到的所有价值之和，就是这只股票的价值。而货币是有时间价值的，未来的股利价值换算成现值就必须乘以一个合适的折现率。换句话说，股票价格应等于预计未来无限期内所有股利的现值之和。一项资产的价值由其未来现金流的现值决定，股票提供两种形式的现金流：持有期间的股利和出售股票得到的资本利得。那么，股票的价值等于下一期股利（D_1）和股价（P_1）现值的加总，或所有未来股利现值的加总。股利折现模型的一般形式如下：

$$P_0 = \sum_{t=1}^{n} \frac{DPS_t}{(1+r)^t} + \frac{P_n}{(1+r)^n}$$

其中，P_0 代表当前股票价格，DPS_t 代表第 t 期的每股现金红利，n 代表预测期数，r 代表与红利匹配的折现率，P_n 代表持有期股票卖出的价格。

20.4　自由现金流贴现模型

公司自由现金流（free cash flow of firm，FCFF）是指公司支付了所有营运费用、进行了必需的固定资产与营运资产投资后，可向所有投资者分派的税后现金流量。

$$FCFF = （税后净利润 + 利息费用 + 非现金支出）\\ - 营运资本追加 - 资本性支出增加$$

FCFF 是公司所有权利要求者，包括普通股股东、优先股股东和债权人的现金流总和。用加权平均资本成本对公司自由现金流贴现来估计公司价值，然后扣除已有的债务价值来得到权益价值，这个价值就是对公司的估值。

20.5 市盈率法

市盈率又被称为价格收益乘数,是最常用来评估股价水平是否合理的指标之一,由股价除以年度每股盈余(EPS)得出(以公司市值除以年度股东应占税后利润亦可得出相同结果)。

市盈率法是应用度、知名度最广的股票估价技术,相对于其他几种估值方法,市盈率法是一种相对估值法。市盈率是公司成长性的指示器,反映投资者对公司未来增长的预期和对公司风险的估计,是市场对公司成长前景的态度反映。市盈率计算公式如下:

$$市盈率 = \frac{每股市场价格}{每股税后利润} = \frac{P}{E}$$

那么:

$$P = 市盈率 \times E$$

例:某公司拟上市发行股票,经市场调查,发现当前上市交易同类公司的股票的市盈率平均水平为20倍,已知本公司当前的盈余为每股0.5元,则计算本公司股票价值为

$$P = 20 \times 0.5 = 10（元）$$

总　结

本章主要介绍了几种重要的估值模型,包括资产负债表模型、股利折现模型、自由现金流贴现模型和市盈率法。不同的估值模型基于不同的模型假设,需要注意它们的适用范围以及估计数据的敏感性。

关键概念

资产负债表模型、股利折现模型、自由现金流贴现模型、市盈率法

习　题

1. 资产负债表模型怎样估值?
2. 股利折现模型怎样估值?
3. 自由现金流贴现模型怎样估值?
4. 市盈率法怎样估值?
5. 估值的结果是唯一的吗?

第 21 章　债券投资分析

> **本章学习目标**
>
> 1. 了解债券定价、收益率指标的基本内容。
> 2. 了解债券组合的积极管理和消极管理。

21.1　债券的构成要素

根据马科维茨的资产组合定价理论,任何证券的价格都是由其所承受的风险水平决定的,债券也不例外。因此,债券估值或定价,一定要研究影响债券收益率的风险因素,观察各个风险因素对债券收益率的影响和决定关系。

债券定价和债券风险分析的主要目的是为债券的资产选择进而为债券的投资组合风险管理提供依据的。债券的构成要素包括:票面价格、偿还期限、票面利率。票面价格就是债券面值,简称面值,是指债券发行时所设定的票面金额,代表发行人借入并承诺未来某一特定日期偿付的金额。债券价格包括发行价格和买卖价格,又称转让价格。偿还期限是个时间段,起点是债券的发行日期,终点是债券票面上标明的偿还日期,也称到期日。根据偿还期限的不同,债券可以分为:长期债券、短期债券、中期债券。票面利率指债券每年支付的利息与债券面值的比例,通常用年利率的百分数表示。

21.2　债券的定价

债券的价值等于债券未来所带来的现金流的现值之和。债券的未来现金流主要有两个来源:利息和偿付面值。而对于零息债券,则没有偿付利息,未来现金流就只有面值。利率越高,债权人所获收入的现值越低。因而,债券价格随着市场利率的上升而下降。这是债券定价中一个极其重要的普遍规律。债券价格曲线具有凸性。期限越长,债券价格对市场利率的变动就越敏感。

当债券的预期收益率 r 和债券的到期收益率 y 上升时,债券的内在价值和市场价格都将下降。当其他条件完全一致时,债券的到期时间越长,债券价格的波动幅度越大。但是当到期时间变化时,债券的边际价格变动率递减。

21.3 债券的收益率指标

总的来说,债券投资所获收益主要包含三个方面:债息收入(coupon income)、债息再投资收入(interest on interest)、资本利得(capital gains or losses)。这三方面对应着以下收益率指标:息票率(coupon rate)、当期收益率(current yield)、持有期收益率(HPR)和到期收益率(YTM)。

债券的息票率就是票面利率,一般注明在债券券面上。计算方法如下:

$$息票率 = \frac{每年债息}{面值} \times 100\%$$

投资者购买的债券价格,并不一定等于债券面值。因为投资者不一定在发行日购买债券(即通过一级市场购买债券),而有可能以市场价格在二级市场上购买债券,所以买到的价格是二级市场的价格。因此息票率难以反映投资者的真实业绩。而当期收益率能很好地反映投资者的真实业绩,当期收益率的公式如下:

$$当期收益率 = \frac{当期利息}{购买价格}$$

持有期收益率(holding period)是指投资者买入债券到出售债券之间经过的期间。持有期可分为历史持有期与预期持有期。

$$持有期收益率 = \frac{期末价格 - 期初价格 + 期间利息}{期初价格 \times 税率} \times 100\%$$

债券的当期收益率(债券的年利息除以债券价格)仅度量债券所提供的现金收入(它是债券价格的某一百分比),而不考虑任何预期资本损益。我们希望有一种指标,既可以解释当前收入,又可以说明债券在整个存续期内的价格涨跌,到期收益率是总收益率的标准度量。到期收益率是债券的支付现值与其价格相等的利率。

债券的利率与它的期限有关,债券的利率与期限的关系叫作利率的期限结构,是指债券的隐含波动率不变的情况下,理论上的无附息债券的收益率曲线。

收益率曲线的变化本质上体现了债券的到期收益率与剩余期限之间的关系,即债券的短期利率和长期利率表现的差异性。

21.4 债券的组合管理

债券的组合管理策略主要分为三种：一是消极投资策略；二是积极投资策略；三是债券互换策略。

消极投资策略认为当前的债券市场价格已经是一个公平价格，在当前的市场条件下保持策略中性是最好的选择，而不试图利用内部信息或者观察力跑赢市场。消极债券管理者认为债券定价是合理的，并试图控制所持有固定收益资产组合的风险。消极管理策略通常有两种：一是指数策略；二是免疫策略。指数策略试图模拟各种债券加权平均指数的业绩，来让自己收益跟随指数收益；免疫策略试图隔离或免除资产组合的利率风险。这两种策略在接受市场价格是合理的这一点上是相似的，但在处理风险敞口方面，则非常不同。指数策略资产组合由于本身就是按照债券市场的组合比例来复制构建自己的组合，所以组合的风险收益和债券市场组合的风险收益是一致的。免疫策略寻求建立一种几乎是零风险的资产组合，利率变动对公司价值没有任何影响。

积极投资策略就是主动预测利率，以及预测整个宏观市场未来的利率变化，从而来构建自己相应的资产组合。这种情况下，基金管理者的预测能力或者对市场的预判能力就显得尤为重要，利用某种形式的内部市场分析来识别部分特定市场或者错误估值的特定券种。积极债券管理有两种潜在价值来源：一是利率预测，即试图估计固定收益市场的利率动向；二是利用固定收益市场内相关的价格失衡情况来确定潜在价值。

债券互换策略实际上是互换衍生品合同的一种，将预期收益率更低的债券转换成预期收益率更高的债券。替代互换（substitution swap）是指将债券组合中的债券转换为市场上的同质但收益率更高的债券。利率预期互换策略（rate anticipation swap）是指债券投资者根据对市场利率变动的判断，来调整手中所持有债券的久期，以获得更高的收益或避免更大的损失。

总　　结

本章主要介绍了债券的构成要素、债券的定价、债券的收益率等。同时对于债券组合的管理进行了简单的介绍，包括积极的债券管理和消极的债券管理。

关键概念

票面价格、偿还期限、票面利率、当期收益率、持有期收益率、债券的组合管理策略

习 题

1. 如何对债券进行定价?
2. 如何计算持有期收益率?
3. 简述债券组合的管理。

第 22 章　投资组合管理

本章学习目标

1. 了解什么是投资组合管理。
2. 了解如何评估投资组合管理的业绩。

22.1　概　　述

投资组合管理是对投资进行计划、分析、调整和控制，从而将投资资金分配给若干不同的证券资产，形成合理的资产组合，以期实现资产收益最大化和风险最小化的经济行为。简单来讲，在建立头寸之前，管理者需要分析各种证券的收益-方差，以及协方差矩阵，从而构建出自己的投资组合。当市场环境发生变动的时候，证券的收益-方差也会发生变化，所以这时候管理者要根据这种变化来改变自己的投资组合，一直让自己的头寸保持在最优的状态。

投资组合管理实质上是对投资者所有资金的管理。管理的目的是在收益一定的情况下实现风险最小化，或者说在风险一定的情况下实现收益最大化。对投资组合进行有效配置，并使其对环境具有良好的适应性。管理活动包括计划、分析、决策、调整和评估等内容。投资组合管理存在多种不同的风格。

任何投资都是有风险的，并且各类投资的风险是完全不相关的情况是极少数。另外，投资理论假设投资者一般是风险厌恶型的，投资者更偏好确定的收益，大多数投资者具有厌恶风险和追求投资收益最大化的双重属性。

无论什么投资组合，资产管理者总是想要控制风险，把风险控制在投资人能够接受的范围之内。而更进一步，在控制风险的前提下，又要尽可能扩大收益。既要风险小，又要收益大，这是一个矛盾的选择。如何在风险的边际内尽量扩大收益，这才是资产管理者真正要考虑的问题。实际操作中，如果证券组合管理有效，那的确是能带来更高收益和更低风险的。随着资本市场的不断发展，证券组合管理也对于投资者有越来越重要的意义。

22.2　投资组合管理的方式和类型

22.2.1　证券投资组合的方式

证券投资组合的分类通常有三种不同划分组合方式：按投资工具划分、按投资期限划分和按投资的区域划分。

资产管理者通常在市场上面临着不同的投资工具，他们可以对这些工具进行选择搭配使用，从而达到自己的目的。通常来讲，金融市场包含的投资工具包括债券、股票和衍生品合同等。选择不同的投资工具进行投资组合实质是在不同的收益与风险之间进行权衡与搭配。投资期限组合指证券资产的长短期限的搭配，长期的资产投资通常风险更大收益更大，短期的资产投资通常风险更小收益更小，通过搭配合适的长短期资产，就能够达到选择合适的收益和风险的目的。同一个地区的经济相关性较高，如果把投资放在同一个地区，往往会有更高的系统性风险，于是投资者就有动机寻求更大范围的投资机会。投资的区域组合指通过向不同地区、不同国家的金融资产进行投资，来达到分散投资风险、获得稳定收益的目的。

22.2.2　证券投资组合的类型

证券投资组合的类型，按照投资目的划分，可以分为避税型投资组合、收入型投资组合、增长型投资组合以及收入-增长型投资组合。

在当今的税收体制下，收入较高的富人往往面临更高的边际税率，所以这部分富人往往有更强的动机寻求避税。大多数西方国家的税制是以所得税为主体的，而且所得税实行累进制，即高收入者要缴纳高比例的所得税，最高比例可达50%以上。另外，政府为了提高自身筹资能力，大多数国家都规定公债免税，而投资购买股权证券因为投资收益是归属于投资人所有，并且没有为公益做出贡献，所以需要缴纳所得税。

有一些投资者的风险偏好程度比较低，例如，靠养老金生活的大龄投资者、需要负担家庭消费和教育消费占据收入很大一部分的中青年投资者以及有定期支出费用的机构投资者，他们不要求投资带来的收益更大，因为他们更惧怕风险，所以他们会偏好于稳健的成长型投资组合。

而另外有一些投资者的风险偏好程度比较高，他们有更强的风险承受能力，往往要求投资组合有更高的回报，风险高一些也是可以承受的。此类投资组合主要考虑资产的潜在升值能力，如果组合管理人认为某一项证券有更高的升值空间，他往往就会选择配置这一证券，普通股票是这类投资组合的重要工具。

收入-增长型投资组合实际上是收入型和增长型组合的混合投资组合，因为现实投资通常既要满足当前时期投资者支出的需要，又要实现投资的增值，因而需要将不同组合综合起来加以运用。

按照投资管理的风格，可以分为积极型投资组合、消极型投资组合以及混合型投资组合。

积极型投资组合认为市场是无效的，其他投资者都是盲目的非理性投资者。积极投资者认为，积极运用各种分析方法来选择证券品种和投资时机，可获取超额收益。积极型投资组合追求的是超过市场平均回报的超额收益。

与积极型投资组合完全相反，消极型投资组合以市场有效理论为依据，认为市场是有效的，所有的积极管理只会徒增管理成本而不能带来任何额外收益，市场上的所有投资者都只能得到一个平均利润。

混合型投资组合将积极型投资策略和消极型投资策略综合加以使用。按照投资组合的顺序划分，可分为：自上而下的投资组合与自下而上的投资组合。自上而下的投资组合，投资管理者由评价宏观经济环境开始，再进行行业分析和公司分析。自下而上的投资组合，投资管理者以直接选择有吸引力的个股为重点，而不过分关心股市大势、行业特征、市场细分等。投资管理者主要依据单个公司的内部特征来选择股票的类型。

22.2.3 投资组合业绩的评估

投资组合的业绩评估方法有两种：单因素组合业绩评估法和风险因素调整后的收益率评估法。

单因素组合业绩评估法以 CAPM 为基础，通过投资组合收益及其风险与市场组合的收益及其风险的比较分析来测度投资组合业绩的高低。

投资收益率的计算公式如下：

$$投资收益率 = \frac{组合的期末价值 - 组合的起初价值 + 期间股息红利}{组合的期初价值}$$

上述公式只是一个持有期收益率的形式，没有考虑资金的时间价值，也没有考虑投资者资金的流入和取出。为了考虑这些因素，需要将不同时间的现金流贴现为现值，然后计算出能够使现金流入现值与现金流出现值相等的收益率（内部收益率），即资金加权收益率。

当资金的流入或流出发生在期中时，需要计算时间加权的收益率。这种方法需要使用在每次现金流入或流出之前的组合的市值，并据此计算不同时期的收益率，然后再求整个计算期的收益率。

总 结

本章介绍了投资组合管理的方式和类型，以及如何进行投资组合管理的业绩评估。

关键概念

投资组合管理、避税型投资组合、收入型投资组合、增长型投资组合、收入-增长型投资组合、投资组合业绩的评估

习题

1. 什么是投资组合管理？
2. 证券投资组合按投资目标分为哪些类型？
3. 如何进行投资组合业绩的评估？

第四篇

公司理财

| 第 23 章 | 投资决策

> **本章学习目标**
>
> 1. 掌握净现值原理，会计算某项投资的净现值。
> 2. 会使用净现值来给公司估值。
> 3. 掌握投资决策的方法。

23.1 净现值法

净现值法使用净现值作为评价投资方案优劣的指标，净现值是指投资方案所产生的现金净流量以资金成本为贴现率折现之后与原始投资额现值的差额。

23.1.1 单期投资的情形

例如，郑先生正在考虑出售自己的手表。昨天，有人提出以 10000 元购买。他正准备接受这一报价，又有人报价 11424 元，但是一年以后付款。郑先生应该选择哪个报价呢？

我们试想一下，假设接受第一个报价，然后把 10000 元以 12% 的利率存入银行。这样，一年后，他可以得到：$10000 + 0.12 \times 10000 = 11200$（元）。

将两个报价做对比后，很明显 11200 元小于 11424 元，因此我们可以告诉他应该选择第二个。在这一分析过程中，我们用到了终值或复利值的概念来描述一笔资金在一个时期或多个时期以后的价值。在本案例中 10000 元的终值（或复利值）就是 11200 元。

对于现值的概念，我们则采用另一种方法来讨论，通过下面的问题，我们可以理解现值（present value，PV）的概念：

郑先生现在应将多少钱存入银行才可以在一年后得到 11424 元？我们可以这样计算：

$$PV = \frac{11424}{1.12} = 10200 （元）$$

现值是指未来某一时点上的一定量现金按折现率折合到现在的价值。

23.1.2 多期投资的情形

现在我们将之推广到多期的情况下。

有一个人准备贷款 1 元，那么在第一年末，借款人将欠贷款人本金 1 元再加上利率为 9% 情况下的利息 0.09 元，一共是 1.09 元。将时间拨到第一年末，贷款人有两种选择，一是拿走这 1 元和利息，跟这个市场说再见。或者他可以接着把本金和利息借出去，也就产生了"复利"。

如果直接拿走 1 元和利息，他得到 1.09 元。如果想要产生"复利"，他在第二年末可以拿到 1.1881 元。等到第三年末，这笔资金就将变成 $1.1881 \times 1.09 = 1.2950$（元）。实际上，第 T 年后，1 元钱的复利终值为 $(1+0.09)^T$。

终值是指现在一定量的资金在未来某一时点上的价值。

更一般地，如果 C_0 表示期初投资的金额，r 表示利率，T 表示资金投资所持续的时间，那么终值（FV）的一般计算公式可以写为

$$FV = C_0 \times (1+r)^T$$

我们来站在现在的角度，看一下未来的 1 元放到现在来看值多少钱？这里的 1 元是一年后的 1 元，于是我们可以写出以下计算式：$PV \times 1.09 = 1$（元），解上式中的 PV，我们可以得到：$PV = 0.92$ 元，这就是折现。0.92(1/1.09) 这个值被称为现值系数。这是用来计算未来现金流现值的系数。

在多期的情况下，求解 PV 的公式可写为

$$PV = \frac{C_T}{(1+r)^T}$$

式中，C_T 是在 T 期的现金流，r 是适用的利息率。

23.2 回收期法

回收期是指投资引起的现金流入累积到与投资额相等所需要的时间。回收期越短，投资方案越有利。回收期的决策过程很简单，本质上是一个比较大小的问题，具体的做法是选择一个具体的回收期，所有回收期等于或小于回收期的项目均可以接受，超过回收期的则不能接受。但是回收期法也存在着很明显的问题。由于只看回收期限，并无法描述现金流量的时间序列，忽略了所有在回收期以后的现金流

量。因此，我们可以认为回收期法在做决策的时候可能是"短视"的。另外，在计算过程中贴现率没有参照标准。

23.3　内部收益率法

内部收益率法是根据投资方案本身内部收益率来评价方案优劣的一种方法，所谓的内部收益率是指投资方案净现值为零的贴现率。

贴现率小于内部收益率时，净现值为正；贴现率大于内部收益率时，净现值为负。只要计算出内部收益率，我们就可以对项目进行评价。现实情况不会这么简单。内部收益率能够得到广泛应用是因为明确而简单的特点，能够通过一个数字提供评价一个项目的最主要的信息。

总　结

本章介绍了现值和终值的概念，介绍现值和终值的计算方法。对公司的估值需要评估其未来的现金流量，将其折现可得出其目前的价值。公司在决定是否投资一个项目的时候，遵守的是净现值大于0的原则，我们将其总结为净现值法，净现值＝现值－成本。投资决策的法则还包括回收期法、内部收益率法等。

关键概念

现值、终值、净现值、回收期法、内部收益率法

习　题

1. 当延长时间后，终值会发生什么变化？现值会发生什么变化？
2. 假设有2名演员，每人各自签一份5年500万元的合同。一种情况是500万元分5次等份支付。另一种情况是500万元分5次、支付金额为每年10%递增。哪一种情况实际赚得更多？
3. 回收期法有何优点和缺点？
4. 内部收益率法有何优点和缺点？

第 24 章　股利政策

本章学习目标

1. 了解公司股利的种类和发放程序。
2. 掌握股利政策无关论。
3. 了解股票回购的知识。
4. 了解税收对股利政策的影响。

24.1　股利的种类和发放程序

股利一般是指从利润中分配给股东的现金。最常见的形式是现金股利，一种股利形式是以股票形式发放的股利，也就是股票股利。除现金股利外，另外一种发放现金的方法是股票回购。正如公司可能会运用现金支付股利一样，公司也可能会用现金购回本公司的股票。这些股票将被公司所持有，并被作为库存股记账。

股利的发放程序举例说明如下：

股利宣布日：董事会将股东大会通过本年度利润分配方案的情况以及股利支付情况予以公告的日期。

股权登记日：有权领取本期股利的股东资格登记截止日期。股权登记日登记的股东才有资格领取本期股利。

除息日：由于中国的 T+1 结算制度，除息日 = 股权登记日 +1 个交易日。

股利支付日：公司确定向股东正式发放股利的日期。

24.2　股利无关论

股利无关论（也称 MM 理论）认为，在一定假设条件限定下，股利政策不会对公司的价值或股票价格产生影响。

24.2.1 现行股利政策：股利等于现金流量

对股利折现即可算出公司的价值。因此，公司的价值可以表示为

$$V_0 = Div_0 + \frac{Div_1}{1 + R_s}$$

式中，Div_0 和 Div_1 是支付的现金股利；R_s 是折现率。由于首期股利是立即支付，因而无须折现。

24.2.2 备选股利政策：首期股利大于现金流量

另外一种分配方案是 T 公司立即按每股 11 元、总额 11000 元发放股利。由于现金流量只有 10000 元，短缺的 1000 元必须通过其他途径来筹集。最简单的方法是在 0 期发行 1000 元的股票或债券。假设采取发行股票方式，并且新股东期望在 1 期能获得足够的现金流量使其在 0 期的投资的收益率达到 10%。新股东在 1 期要求得到 1100 元的现金流量，这样留给老股东的只剩 8900 元。老股东获得的股利如表 24 - 1 所示。

表 24 - 1	老股东所获股利	单位：元
项目	0 期	1 期
老股东的股利总额	11000	8900
每股股利	11	8.9

这样，每股股利的现值为 19.09 元。我们注意到两种方法计算的股利价值是相等的，也就是说，股利政策的变化不会影响股票的价值。

24.2.3 自制股利政策

假设个人投资者甲希望在 0 期和 1 期都能取得每股 10 元的股利。那么当他得知公司管理层将采纳备选股利政策（在两个时间点的股利分别为 11 元和 8.9 元）时，他是否很失望呢？未必如此，因为他可以将在 0 期收到的暂时不需要的 1 元进行再投资，然后在 1 期将获得 1.1 元。这样，他在 0 期能获得其期望的 10 元（11 元 - 1 元）的现金流量，在 1 期同样能获得 10 元。

与此相反，假设投资者乙希望在 0 期取得 11 元现金流量，在 1 期取得 8.9 元现金流量，但是公司管理层决定在 0 期和 1 期均发放 10 元股利。此时，他可以在 0 期卖出股票从而得到所期望的现金流量，即在 0 期卖出价值 1 元的股票，这样在

0 期的现金流量变为 11 元（10 元 + 1 元），由于 0 期卖出了 1 元的股票，这将使 1 期的股利减少 1 元，从而使 1 期的净现金流为 8.9 元。以上解释了投资者是如何进行自制股利的。

24.3　股票回购

公司可能会用现金去回购自己的股票而代替发放现金股利，通常采用以下三种方法之一进行：第一，公司按当前市场价格购买自己的股票，无须披露其购买身份；第二，要约回购，向所有股东宣布将以某一价格回购一定数量的股票。例如，假设公司流通在外的股票数为 100 万股，每股股价 50 元，公司发出要约将以每股 60 元的价格回购 30 万股。公司将回购价格定为高于 50 元是为了吸引股东卖出他们的股票。在极端情况下，所有流通在外的股票都接受要约，此时公司将按 10∶3 的比例回购股票。第三，目标回购，向特定股东回购一定数量的股票。例如，甲公司在 4 月份以 38 元的价格购买了乙公司约 10% 的流通在外的股票，同时向证监会报告准备最终收购乙公司。5 月份，乙公司以 48 元的价格回购了甲公司持有的公司股票，该价格高于同期市场价格，但这一要约不面向其他的股东。

假设公司拥有 300000 元（每股 3 元）的剩余现金，目前正准备将这笔资金立即作为额外股利发放给股东。公司预计发放股利后，年度利润总额为 450000 元，即每股收益 4.5 元（外发股票数量为 100000 股）。同类公司的市盈率为 6 倍，因此，该公司发放股利后，其股票的市场价格为 27 元（4.5 元 × 6 倍）。有关数据参见表 24-2。由于每股股利为 3 元，发放股利前，公司股票的市场价格应为 30 元。

表 24-2　　　　　　　　　　　股利与回购

	项目	总额（元）	每股（元）
额外股利 （外发股票 100000 股）	计划股利	300000	3
	发放股利后年度利润预测值	450000	4.5
	发放股利后的股票市场价值	2700000	27
回购 （外发股票 90000 股）	回购后年度利润预测值	450000	5
	回购后的股票市场价值	2700000	30

另外，公司也可利用剩余现金回购自己的股票。假设回购价为 30 元，公司回购 10000 股，这样仍然发行在外的股票为 90000 股。由于外发股票数量减少，每股收益将升至 5 元（450000 元/90000 股）。市盈率仍为 6 倍，无论是发放股利还是回购股票，公司面临的经营风险和财务风险都相同，因此，回购后股票市场价格将达到 30 元（5 元 × 6 倍）。有关数据参见表 24-2。

如果不考虑佣金、税收和其他不完全因素，股东对是发放股利还是回购股票并不在意。在公司发放股利的情况下，每位股东将拥有每股价值 27 元的股票和 3 元的股利，总价值为 30 元。这一结果与公司回购股票情况下股东出售股票收到的价款和持有的剩余股票的价值之和完全相等。本例说明了在完美市场里，公司无所谓是发放股利还是回购股票。这一结论与 MM 提出的负债融资与股权融资无关、股利与资本利得无关的理论非常相似。

24.4 个人所得税、股利与股票回购

本节分析税收对股利和股票回购的影响。为使讨论简化，我们将公司分成两种类型：没有充足现金支付股利的公司和拥有充足现金支付股利的公司。

24.4.1 没有充足现金支付股利的公司

首先，没有充足现金并且公司持有人只有一人的公司将是最简单的公司。如果这种公司决定发放 100 元的股利，则必须筹集资金。为此，它可选择发行股票或债券。为简化起见，我们假设公司持有人发行股票给自己，自己提供现金给公司。如果没有税收，当发行股票时，100 元现金流入企业，然后立即作为股利被支付出去。这样，发放股利后公司持有人既没有受益也没有受损。

接下来，我们假设股利要按 15% 的个人所得税率纳税。发行股票时，企业仍然能收到 100 元现金，但是，100 元股利却不能全部流回给公司持有人。相反，由于股利要征税，公司持有人仅能得到 85 元税后净股利，因而公司持有人损失了 15 元。

股票的直接发行成本会加剧这一影响。发行新股筹集资金时必须向投资银行支付费用。因而，企业发行新股筹集的净现金流入量小于总发行资本。由于降低股利可以减少新股的发行规模，因此有人赞同低股利政策。

24.4.2 拥有充足现金支付股利的公司

对于拥有大量现金的公司来说，上述的规则不太适用。为了证明这一点，假设一家公司在投资了所有净现值大于零的项目和预留了最低限度的现金余额后仍有 100 万元现金。公司面临以下几种股利方案的选择。

公司可以选择加大资本预算项目的投资。由于公司已经投资了所有净现值大于零的项目，如果再投资，则只能投资于净现值小于零的项目，这明显与公司理财目标不符。尽管我们不赞同这一策略，但学者们研究发现很多公司都选择投资净现值小于零的项目而不是发放股利，这损害了股东的利益。由于管理层的声誉、工资和津贴往往与公司规模大小有关，因此他们宁愿将现金留在公司，这虽然对管理层自身有利，但损害了股东利益。

公司还可以选择收购其他公司。能获取盈利资产，但是会花费巨额成本。当公司拥有剩余现金时，股利支付率取决于公司所得税率和个人所得税率的高低。如果

个人所得税率高于公司所得税率，公司会倾向于降低股利支付率；如果个人所得税率低于公司所得税率，公司则倾向于将剩余现金作为股利支付给股东。

公司到底投资购买金融资产还是发放股利，其决策相当复杂。这取决于公司所得税率、投资者的边际税率以及税收优惠政策。

24.5 偏好高股利的原因

本节将讨论在股利需要缴纳个人所得税的情况下，为什么公司仍然要向其股东发放高额股利。

24.5.1 喜爱现期收入

这个概念类似于时间是有价值的。莫迪利安尼和米勒指出这种投资者喜爱现期收入的观点与他们的 MM 模型无关。喜爱高额现期现金流量但却持有低股利股票的投资者可以很容易地卖掉股票，从而取得其所需要的资金。因此，在无交易成本的市场里，现期股利高的股利政策并不有益于股东。但是，现实世界中现期股利是与交易成本有关的，因为出售低股利股票将发生佣金和其他交易费用，而投资高股利股票则能避免这些费用。

24.5.2 代理成本

债权人希望股东尽可能多地将现金留在公司里，这样当公司面临财务困境时，公司有足够的现金来偿还债权人。与此相反，股东喜欢将剩余的现金作为股利发放给自己。作为股东代表的经营者，发放股利仅仅是为了不让现金留给债权人。债权人为了保护自己，常常在贷款协议中规定，只有当公司的利润、现金流量和营运资本超过预先约定的水平时才能发放股利。

作为股东代表的经营者，通过股票回购可以像发放股利一样容易地不把现金留给债权人。作为股东代表的董事会，通过股票回购可以像发放股利一样容易地减少经营者挥霍的现金。因此，代理成本不是只支持股利而不支持股票回购，而是说，根据代理成本理论，公司要么提高股利，要么进行股票回购，但不应保留现金。

24.5.3 股利的信息内涵和股利信号

虽然关于股利还有很多问题是研究者们所不知道的，但有一点我们确信：当公司宣布提高股利时，公司的股票价格通常会上涨；而当公司宣布降低股利时，公司的股票价格往往会下跌。这就是股利的信息内涵，问题是我们如何解释这些结果。关于股利的观点有以下三种：一是如果未来盈利（或现金流量）保持不变，由于投资者可以自制股利，公司股票价格与股利政策是无关的。二是由于税收的影响，当未来盈利（或现金流量）保持不变时，公司股票价格与现期股利负相关。三是由于偏爱当前收入和其他相关因素的作用，即使未来盈利（或现金流量）保持不变，公司股票价格与现期股利仍是正相关的。

从上文中我们分析认为，股利是可以传递公司未来经营信号的。市场通过股利增加来推断公司的利润和现金流量将增长，从而导致股价上涨。相反，市场通过股利减少来推断公司的利润和现金流量将下降，从而导致股价下跌。这就提出了一个有趣的问题：即使管理层知道现金流量不会增长，他们能否通过提高股利让市场认为现金流量将会增长？这一策略看起来不太诚实，学者们认为管理层经常试图采取这种策略。学者们从一个全权益公司的下列公式开始论证：现金流量 = 资本支出 + 股利。如果公司既不发行股票也不回购股票，上式成立。也就是说，公司产生的现金流量肯定会用在公司业务上，如果没有发放股利，就肯定用于某些支出，不管是资本支出项目还是购买国库券，都属于支出。

假设目前正处于年度中间，投资者试图对全年的现金流量进行预测。这些投资者可以利用上式来估计现金流量。例如，公司宣布本期股利将是 5000 万元，市场认为公司的资本支出是 8000 万元，则市场估计现金流量为 13000 万元（5000 万元 + 8000 万元）。

现在我们假设公司宣布的股利是 7000 万元，市场可能会认为现金流量仍将维持 13000 万元，资本支出则降为 6000 万元（13000 万元 − 7000 万元）。此时，市场预期有价值的资本支出减少了，股利增加可能会引起股价下跌。另外一种可能是，市场可能会预期资本支出仍将维持 8000 万元，现金流量则提高为 15000 万元（7000 万元 + 8000 万元），此时，市场预期现金流量增加了，股利增加可能会引起股价上涨。通常，学者们认为第二种假设更现实一些。因此，股利增加后股价会上涨。

现在我们来讨论管理层欺骗公众的动机。如果管理层已经持有了公司的股票，那么管理层当然希望公司的股价上涨。而管理层手中的权力允许管理层发放股利导致股价上涨。

如果这一策略具有足够的吸引力，有什么因素能够阻止管理层无限地提高股利吗？有的，因为提高股利也是有成本的。那就是，公司将放弃一些盈利项目。但是市场早晚会消化这一信息，股票价格将下跌到股利没有增加时候的水平之下。因此，如果计划出售一半股票，继续持有另一半股票，股利的增加对立即出售的股票是有利的，但对以后将出售的剩余部分股票则是不利的。所以，当其他条件不变时，股利支付水平的决策取决于管理层出售个人股票的时间。

这是股利信号的一个简单例子，管理层按照自身利益最大化原则来制定股利政策。管理层或许不打算立即出售其持有的股票，但他们知道很多普通投资者打算这样做。因此，出于股东利益考虑，管理层时时都要权衡当前与未来的股票价格。这就是股利信号的实质。信号理论是否意味着管理层更愿意提高股利而不是回购股票？可能不会。很多学术模型都认为股利和股票回购是一对完美的替代品，管理层将考虑削减资本支出（甚至净现值为正的项目）来提高股利或回购股票。

总　结

因为股东可以有效地抵销公司的股利政策，所以在完美的资本市场，股利政策是无关的。在完美资本市场，股东对股利和股票回购无所谓偏好。因为股利是要征税的，所以公司不应该通过发行股票来发放股利。在有个人所得税的世界中，用股票回购代替发放股利更好。股利增加，股票市场的反应为股价上升；股利减少，股价下跌。这说明发放股利具有信息内涵。

关键概念

股利的种类、股票回购、股利政策无关论

习　题

1. 股票回购对公司负债比率有何影响？它是剩余现金的另一用途吗？
2. 某公司在12月8日（星期二）宣布，将在第二年1月18日（星期一）发放给在1月4日（星期一）登记在册的股东1元/股的股利。请问除息日是哪一天？

第 25 章　期权、期货与公司理财

本章学习目标

1. 掌握期权的概念和定价因素。
2. 了解认股权证的概念和期权的区别。
3. 了解可转换债券的含义。
4. 掌握期货和套期保值的含义。

25.1　期权与公司理财

25.1.1　期权

期权是一种权利，在未来某一天可以依照合同以约定好的价格购买资产，当然享受权利就要付出对价，我们来关注一下期权的主要要素。利用期权合约购进或售出标的资产的行为称为执行期权。持有人购进或售出标的资产的固定价格称为敲定价格或执行价格。期权到期的那一天称为到期日，在到期日之后，期权失效。期权可以分为美式期权和欧式期权。美式期权可以在到期日或到期日之前的任何时间执行，欧式期权则只能在到期日执行。

25.1.2　看涨期权

最普通的一类期权是看涨期权。看涨期权赋予持有人在一个特定时期以某一固定价格购进一种资产的权利。对资产的种类并无限制，但在交易所交易的最常见期权是股票和债券的期权。

普通股股票的看涨期权合约在到期日的价值是多少呢？答案取决于标的股票在到期日的价值。假设股价在到期日是130元，期权的执行价格是100元。到期日的时候，期权合约的收益为30元（130元-100元）。如果股价高于行权价，则称看涨期权处于实值状态，相反地，当股价低于行权价时，则是虚值状态。

25.1.3 看跌期权

看涨期权赋予持有人以固定价格购买股票的权利，看跌期权赋予持有人以固定的执行价格出售股票的权利。

由于看跌期权赋予持有人售出股份的权利，所以确定看跌期权价值正好与看涨期权相反。我们假设看跌期权的执行价格是50元，并且到期日股价是40元。看跌期权的持有者有权以超过到期日股票市价的价格卖出股票，显然有利可图。即他能以40元的市场价格购买股票并随即可以以50元的执行价售出，获得10元利润。因此，该看跌期权在到期日的收益也是10元。

25.1.4 售出期权

假如看涨期权持有人提出要求，则售出（或签订）普通股股票看涨期权的投资者将履约售出股份。

若在到期日普通股的价格高于执行价格，持有人将执行看涨期权，而期权出售者必须按执行价格将股份卖给持有人。出售者将损失股票价格与执行价格的差价。如果股价高于行权价时，看涨期权的出售者就要蒙受损失，而他仅仅能在股价低于行权价时，才能避免损失。为什么看涨期权的出售者愿意接受这种不妙的处境呢？答案是他们对未来股票价格走势持有异质预期。期权购买者要向其支付一笔钱，即在期权交易发生日，期权卖者从买者处得到买者为得到此期权所支付的价格。总之，我们想象一个只有两个人的交易，其中买方在到期日获利，那么另一方，也就是期权的出售者，就一定会亏损，相反地，如果买方无法获利，那么期权的出售者将会获利，获利的金额是之前约定好的期权的价格。

25.1.5 期权定价

在上一节我们探讨了期权在到期日的价值。现在我们来确定期权在执行日之前的价值。我们首先考虑看涨期权的价值上限和下限。

考虑一种在到期日前为实值的美式期权。例如，假设股票价格是60元而执行价格为50元。在这种情况下，期权不能以低于10元的价格售出。为了看清这一点，考虑期权以9元的价格售出时的一个简单策略，如表25-1所示。

表25-1　　　　　　　　　　　期权策略

日期	交易
T_1	购进看涨期权 -9 元
T_2	执行看涨期权，即以执行价格购进标的股票 -50 元
T_3	以现行市价售出股票 +60 元
套期利润	+1 元

这个交易中被描述的利润类型是套利利润。套利利润来自无风险且无成本的交易，它不可能在功能健全的正常金融市场上有规律地出现。因此对这些期权的过度需求将很快迫使期权价格上升到至少 10 元（60 元 -50 元）。

当然，期权价格可能在售出时高于 10 元。由于股价在到期日前有可能升到 60 元以上，因此投资者有理由支付高于 10 元的价格。例如，假定这份看涨期权实际以 12 元的价格卖出。在本案例中我们所说的该期权内在价值为 10 元意味着该期权至少值这些钱。而剩下的 2 元（12 元 -10 元）有时被称为时间溢价，它是投资者为股票价格在行权前价格上涨的可能性所愿意支付的额外部分。

期权价格也有上限吗？结论是肯定的，这个上限就是标的股票的价格。即购进普通股股票的期权价值不可能高于普通股股票本身的价值。看涨期权可以用于通过支付执行价格购进普通股股票。假如股票本来可以按较低的价格直接购买，那么采用这种方式购进股票就是愚蠢的。

执行价格的上升将降低看涨期权的价值。例如，假设价格为 60 元的股票有两个看涨期权。第一个看涨期权的执行价格是 50 元，第二个期权的执行价格是 40 元。你愿意选哪一个呢？很明显，你会选择后者，因为其实值程度为 20 元（60 元 -40 元）。

美式期权的价值必定不低于期限较短的其他同类期权的价值。考虑两种美式期权：期限分别为 9 个月和 6 个月。9 个月期的期权价值更高。

在其他条件相同时，股票价格越高，看涨期权的价值也越高。例如，如果股票价值 80 元，执行价格是 100 元的看涨期权价值不高，如果股价飙升到 120 元，则看涨期权就会更有价值了。

利率看涨期权的价格也是利率水平的函数。看涨期权的购买者仅在他们执行期权时才支付执行价格，假如他们真要执行的话。

25.2　认股权证

25.2.1　认股权证的介绍

认股权证是一种允许其持有人（即投资者）有权利但无义务在指定的时期

内以确定的价格直接向发行公司购买普通股的证券。每一份认股权证将会详细说明权证持有人可以购买的股票份数、"协议价格"（也称"执行价格"）以及"到期日"。

从以上对认股权证的介绍中可以清楚地看出，认股权证与看涨期权非常相似。在交易所中上市的认股权证和看涨期权，两者之间在合约特征上的差异也并不显著。认股权证有相对较长的到期期限。甚至有些认股权证是永久性的，即它们根本没有到期日。

认股权证也被称为"准权益股票"，这是由于它们通常与定向发行的公司债券一起发行。在大多数情况下，认股权证在其发行时是附在债券之上的。债券合同中的贷款协议都会注明认股权证能否与债券分离交易，也就是说，认股权证能否与债券单独出售和流通。一般情况下，认股权证可以在发行后立即与债券分开而单独进行出售和流通。

25.2.2　认股权证与看涨期权的差异

从认股权证持有者的角度看来，认股权证与以普通股为标的物的看涨期权非常相似。认股权证赋予其持有者以按确定的价格购买普通股的权利。这一点与看涨期权一致。认股权证通常也有到期日，尽管在大多情况下其到期期限比看涨期权长。然而，若从公司的角度看，认股权证却与以普通股为标的物的看涨期权有着很大的不同。

两者之间最重要的区别在于看涨期权由个人发行，而认股权证则由公司发行。当认股权证被执行时，其初始发行公司必须按认股权证所规定的股份数目增发新股份。随着每一次认股权证被执行，其对外发行的股份数目也相应增加。

25.3　可转换债券

25.3.1　可转换债券的介绍

可转换债券允许其持有人可以在债券到期日之前的任一时间（包括到期日）里将可转换债券转换为一定数量的股票。优先股通常可以被转换为普通股。除了拥有无限的到期时间外，可转换优先股与可转债是完全相同的。

我们需要掌握转换比率、转换价格和转换溢价。转换价格和转换溢价本身暗含了一个假设，即债券是以面值出售的。如果债券是以其他价格出售的，这两个术语则是无意义的。与之相反的是，无论债券价格是多少，转换比率总能有一个合理的内涵和解释。

25.3.2 可转换债券的价值评估

可转换债券的价值可以分为以下三个部分：纯粹债券价值、转换价值和期权价值。下面分别讨论这三个组成部分。

纯粹债券价值是指可转换债券如不具备可转换的特征，仅当作债券持有的情况下，在市场上能销售的价值。它取决于利率的一般水平和违约风险程度。假如甲公司发行的纯粹债券的信用评级为A，且在2009年11月1日的A级债券是以6个月4%的收益率进行定价。甲公司可转换债券的纯粹债券价值可以通过对其半年期息票价值33.75元和本金1000元按照4%的折现率进行折现而求得。

转换价值是指如果可转换债券能以当前市价立即转换为普通股，这些可转换债券所能取得的价值。转换价值典型的计算方法是：将每份债券所能转换的普通股股票份数乘以普通股的当前价格。

2009年11月1日，每份甲公司可转换债券能够换取23.53份该公司的普通股。公司普通股的目前股价是22.625元。所以，可转换债券的转换价值为532.37元（23.53份×22.625元）。可转换债券不能以低于转换价值的价格卖出，否则就会出现无风险套利，而无风险套利的结果又会导致可转换债券价格重回均衡，因此，可转换债券拥有两个价值底线：纯粹债券价格和转换价值。

可转换债券的持有者不必立即转换。相反，持有者可以通过等待并在将来利用纯粹债券价值与转换价值二者孰高来选择对自己有利的策略。这份通过等待而得到的选择权（期权）也有价值，也就是期权价值。它导致了可转换债券的价值高于纯粹债券价值和转换价值。

当公司普通股价值比较低的时候，可转换债券的价值主要显著地受到其基础价值（如纯粹债券价值）的影响。然而，当公司普通股价值比较高的时候，可转换债券的价值主要由转换价值决定。

25.4 期货和套期保值

金融衍生品是一种常见的金融工具，公司通常会利用其来减少风险，这种行为被称为套期保值，本节将对此进行简要介绍。

25.4.1 远期合约

我们从远期合约开始对套期保值的讨论。可能你一生都在和远期合约打交道却浑然不知。设想你在2月1日走进商店要购买畅销书《公司理财》。收银员告诉你该书目前已经售罄，但他记下你的电话号码，说他将为你再发订单。他告诉你书的价钱是20元。假如你在2月1日同意接到通知时支付20元购买该书，你就是和收银员签订了一个远期合约，即你同意在书店通知你时付款提书。由于你同意在以后的某日买书,故你在2月1日购买了一个远期合约。按商业用语,在你提书时你是在接受交割,而该书则被称为可交割工具。

代表书店与你打交道的收银员是在出售一个远期合约(换个说法,我们说他签出了一份远期合约)。书店同意书到即按预先确定的20元价格收款将书交给你。将书交给你的行为称为进行交割。注意,协议发生在2月1日,价格和销售条件是在那时确定的。在这种情况下。销售将发生在该书到货之时。在其他情况下,则是给出确切的销售日。然而,在2月1日并无现金转手;现金转手只在书到之时发生。

虽然在开始阅读本章之前远期合约也许对你异乎寻常,但你会看到其实它们相当普通。你个人生活中的许多安排可能就涉及远期合约。应当将远期合约和现货交易(即购买时立即进行货币交换的交易)做比较。假如书店的书架上有那本书,你对该书的购买就会是现货交易。

25.4.2 期货合约

金融交易中常见的另一种产品是远期合约的一个变种。这类交易合约通常被称为期货合约。

期货合约和远期合约多少有点不同。期货合约是在交易所内交易,而远期合约一般是在交易所外交易。购买者可以通过出售期货头寸获利,而销售者则可通过购买期货头寸获利。这种程序与期权市场上的"轧平"过程相似。然而,期权合约的购买者还可以不执行合约来放弃它,而期货合约的购买者假如随后不将其合约出售,就必须进行交割。期货合约的价格是当日结算的。显然期货合约包含许多现金流。然而,在所有的费用结清之后,对于购买者来说,净价格(交割价格)必定等于其当初的购买价格。

25.4.3 套期保值

既然我们已明确了期货合约如何交易,现在我们来谈谈套期保值。套期保值有多头套期保值和空头套期保值两种类型。

假如北方的一位农民在6月预期在9月底能够收获50000蒲式耳小麦。他有两种选择。他可以以其预期收获签订期货合约。在6月1日,9月小麦合约在期货交易所以每蒲式耳3.75元的价格交易。他签订了10份9月期货合约。

他注意到在指定交割地点的交易成本是每蒲式耳0.3元。因而,他的每蒲式耳的净价是3.45元(3.75元-0.3元)。

他也可以不签订期货合约。他可以在没有期货合约的情况下收获小麦。由于无人知晓9月份小麦的现金价格是多少,这时的风险是相当大的。假如价格上涨,他将获利;反之,假如价格下跌,他将遭受损失。

我们称第二种策略为非套期状况,因为该策略不打算利用期货市场来减少风险。与之相反,第一种策略包含着套期保值。即是说,期货市场头寸将抵消实际商品头寸的风险。虽然套期保值也许看起来相当实用，但应该说并非所有人都做套期保值。至少可能基于两个理由而拒绝套期保值。

首先，投资者可能根本就不懂套期保值。我们发现，并非每个从事商业的人都理解套期交易的概念。许多经理告诉过我们，他们不想利用期货市场为他们的存货套期保值，因为风险太大。但是，我们不同意这种观点。在这些市场出现大的价格波动时，套期保值实际上会减少持有存货的个体所承担的风险。

其次，投资者可能持有特殊见解或得到一些特定信息，认定商品价格即将上涨，假如投资者预期9月小麦的现货价格将大大超过3.75元，投资者将价格锁定为3.75美元就是不明智的。

第一种策略的套期保值被称为空头套期保值，因为通过签出期货合约来减少风险。空头套期保值在商业中很普通。无论某人是预期收到存货还是正持有存货，都会发生这种交易。例如，一位大豆粉和大豆油的加工商可能持有大量的已付款的未加工大豆。然而，大豆粉和大豆油所能得到的价格是未知的，因为无人知晓当大豆粉和大豆油加工出来时市场价格会是多少。该加工商可以签订大豆粉和大豆油的期货合约来锁定销售价格。抵押银行家可能在将抵押契据成批售给金融机构之前，慢慢聚集抵押契据。在抵押契据库存期间，利率的变动影响着抵押契据的价格。抵押银行家可能出售国债的期货合约，以抵消这种利率风险。

让我们来看一个例子。乙公司在4月1日同意将来向政府出售石油化工产品。交割日与价格都已确定，由于石油是生产过程的基本原料，乙公司必须拥有大量的石油。公司可按以下两种方式之一得到石油：一是按公司的需要购买石油；二是购买期货合约。

如果按公司的需要购买石油，这就是非套期状况，因为公司在4月1日不知道未来应按什么价格为那些石油付款。石油是价格相当易变的商品，所以公司将承担极大的风险。承担这种风险的主要原因是：对政府的销售价格已经被固定下来。因此，公司无法将增加的成本转嫁给客户。

如果购买期货合约，公司可以购买期限月数与其必须库存的天数对应的合约。该期货合约使乙公司锁定购买价格。由于每月都持有原油期货合约，选择一个正确的期货合约并不困难。其他许多商品的期货合约每年仅有5个，常常必须在生产月份的前一个月购买合约。

如前所述，由于无法将成本的任何增加转嫁给客户，乙公司对石油价格波动风险的套期保值有兴趣。假如从4月1日到9月1日石油的价格上涨了，乙公司自然会发现其投入变得相当昂贵。然而在竞争市场上其收入也可能增加。

第二种策略的套期保值被称为多头套期保值，因为公司购进期货合约以降低风险。换言之，公司在期货市场选取多头。一般地，当公司承担固定销售价格时，它将实行多头套期保值。一类情形包括与客户的书面合约，就如乙公司与美国政府的合约那样。另外的情形是，公司可能发现它不能容易地将成本转嫁给客户，或它不想将这些成本转嫁出去。

总　结

最为人熟知的期权是看跌期权和看涨期权。这些期权赋予持有人以给定价格出售或购买普通股股票的权利。美式期权可以在到期日之前的任何时间或在到期日执行。欧式期权只能在到期日执行。认股权证赋予其持有人在确定的期间内以确定的协议价格购买一定数量普通股的权利。典型的认股权证往往与私募债券附在一起发行，两者可以分开且单独交易。可转换债券是纯粹债券和看涨期权的结合，其持有者可以将债券转换成普通股。远期合约是双方在某个未来日期销售货品以换取现金的协议。期货合约与远期合约相似，但期货是当日结算的。

关键概念

看涨期权、看跌期权、认股权证、可转换债券、期货、套期保值

习　题

1. 美式期权和欧式期权的区别是什么？
2. 假设某股票目前价格30元每股，如果看涨期权和看跌期权行权价均为30元，你认为哪种期权卖得更贵，为什么？
3. 认股权证和看涨期权最主要的区别是什么？
4. 如果股票市场的波动性增加，相应的可转换债券的价格怎样变化？
5. 石油公司为了对冲石油价格下跌带来的风险，该如何操作？

第 26 章　短期财务管理

> **本章学习目标**
>
> 1. 理解经营周期和现金周期的概念，并会计算。
> 2. 掌握短期财务管理的要素。
> 3. 了解持有现金的目的和成本。
> 4. 了解信用政策并掌握销售条款的意义。
> 5. 掌握经济订货批量模型。

我们已经阐释了许多长期财务的决策，例如投资决策、股利政策等。在本章中，我们将开始探讨短期财务。短期财务主要关注的是会对公司流动资产和流动负债产生影响的决策分析。

净营运资本一词常常与短期财务决策的制定相联系。正如我们在前面的章节中所介绍的，净营运资本是流动资产与流动负债的差额。通常，短期财务管理被称为营运资本管理。这两词所指代的意思是相同的。

对于短期财务，并不存在放之四海皆准的定义。短期财务与长期财务间最重要的差异在于现金流的发生时间。短期财务决策主要是指在一年内发生的现金流的流入与流出。例如，公司订购原材料、支付现金以及销售产品并在一年内收到现金，都涉及短期财务决策。与之相反，当公司购买一台特殊设备，并且该设备将在未来，假设是五年内降低经营成本，这才涉及长期财务决策。

短期财务包含哪些类型的问题呢？这里列出其中一部分：（1）为了应付可能的付账需求，手中（或在银行中）持有多少现金是合理的？（2）在短期内公司应该借入多少资金？（3）公司应该向顾客授予多少信用？

26.1 经营周期与现金周期

短期财务涉及公司的短期经营活动。一个典型制造性公司的短期经营活动包括以下一系列事件和决策（见表26-1）。

表26-1　典型制造性公司的短期经营活动

事件	决策
1. 购买原材料	1. 订购多少存货
2. 支付购货款	2. 借款还是减少现金余额
3. 生产产品	3. 选择什么样的生产技术
4. 销售产品	4. 对客户提供现金条款还是信用条款
5. 收款	5. 如何收款

我们可以从简单的案例开始。某一天，设为第0天，我们信贷购入价值1000元的存货。我们于30天后支付货款，而又过了30天后，有买方以1400元的价钱购入这批价值1000元的存货。而买方还要过45天才会支付货款。

在例子中，有许多事情是值得注意的。首先，在整个周期中，从我们购入存货到收到现金，总共花费了105天（30天+30天+45天）的时间，这被称为经营周期。

第二件需要注意的事就是现金流和其他事件并不是同时发生的。比如，我们在存货购入的30天后才支付货款，而这30天被称为应付账款周期。接着，我们在第30天支付现金后，我们只有到第105天时才收回货款。因此，我们不得不设法在75天中融得1000元。此期间被称为现金周期。

现金周期因此就是在我们从销售中回收现金的天数，从我们实际支付存货购入款项的那天算起。需注意到的一点是，基于我们的定义，现金周期就是经营周期与应付账款周期间的相差值：

现金周期 = 经营周期 - 应付账款周期

因此，上例中，现金周期为75天（105天-30天）。

26.2 短期财务政策的要素

公司采用的短期财务政策至少由两个要素构成：

公司在流动资产上的投资规模。这通常是通过与公司总营业收入水平相比较来衡量的。稳健型和适应型短期财务政策将保持流动资产与销售额的高比率。激进型短期财务政策将维持流动资产与销售额的低比率。

流动资产的融资结构。这可以用短期负债与长期负债的比例来衡量。激进型短期财务政策意味着短期负债相对于长期负债的比例高，稳健型融资政策意味着较少量的短期负债和较多量的长期负债。

稳健型短期财务政策包括：持有大量的现金余额和短期证券；大规模的存货投资；放宽信用条件，从而持有高水平的应收账款。激进型短期财务政策包括：保持低水平的现金余额，不投资于短期证券；小规模的存货投资；不允许赊销，没有应收账款。

确定短期资产投资的最优水平要求识别不同短期财务政策的不同成本水平。其目的就是平衡激进型政策与稳健型政策各自的成本，以达到最佳的平衡。

置存成本一般来说有两类：第一类是持有流动资产的机会成本，因为与其他资产相比，流动资产的收益率低。第二类是维持该资产经济价值而花费的成本，比如存货的仓储成本就属于该类成本。若流动资产投资水平低，就会发生短缺成本。如果一家公司现金枯竭，它就会被迫出售短期证券。若现金枯竭又无法轻易地出售短期证券，它就可能需要借款或拖欠付款。这种状态一般被称为现金短缺。如果一家公司没有存货（存货短缺）或不能向客户提供信用，它将失去客户。

26.3 现金管理

26.3.1 持有现金的理由

持有现金的理由包括投机动机、预防动机、交易动机等。

投机动机是指持有现金从而可以利用一些机会获利，比如低价购入可能升值的商品、根据预期利率来投资有价证券等。

对于大多数企业来说，保留借债能力以及可市场化的证券可以用于满足投机动机。因此，可能存在保持流动性的投机动机，但不一定是持有现金本身。从这个角度来思考：如果你有一张信用额度很大的信用卡，那么你可以在不持有现金的情况下把握所有难得的打折机会。

预防动机就是指为了应付意外情况而留存安全供给（表现为财务储备）的需要。这里同样有预防动机来保持流动性。但是，基于货币市场工具的价值相对来说更为确定，而类似国库券的工具是非常具有流动性的，因此在预防动机下也没有保留大量现金的实际需要。

为了满足交易动机，就需要用到现金：在手中持有现金以进行日常支付的需要。与交易相关的需要来自公司日常的支出和收账的活动。现金的使用包括支付工资和薪酬，支付交易负债、税收以及股利。

现金的回收来自产品销售、资产销售以及新增融资。现金流入（收账）以及流出（支出）并不是完全同步的，因此一定水平的现金持有量是必要的，可以起到缓冲的作用。

随着电子化的资金转移以及其他"无纸化"的支付机制高速地持续发展，现金的交易需求也消失了。但即使是这样，仍然存在对于流动性的需求，以及有效对其进行管理的需求。补偿余额是另一个持有现金的理由，最低补偿余额要求可能会设定公司所持有现金水平的下限。

26.3.2 持有现金的成本

当公司持有超过必要的最低水平的现金时，就会产生超出现金的机会成本。机会成本就是其他更好的用途带来的利息收入，如投资于市场化证券等。

既然持有现金是有机会成本的，为什么公司会持有超出公司补偿余额要求的现金呢？答案就在于现金余额可以提供交易所必需的流动性——支付账单。如果公司保持的现金余额过少，那么公司有可能会现金不足。如果真是如此，那么公司可能不得不筹集短期资金。举个例子来说，这可能包括售出市场化证券或是借款。

类似售出市场化证券以及借款等活动将产生多种成本。正如我们已经讨论过的，持有现金会产生机会成本。为了确定合适的现金余额，公司必须在持有现金的收益与这些成本之间进行权衡。我们将在接下来的章节中进行更为深入的讨论。

26.3.3 现金管理与流动性管理

在我们进行下一步的讨论前，我们应该注意到的是，区分实际的现金管理以及更为广泛的课题——流动性管理，是非常重要的。二者之间的差异可能有点令人困惑，因为现金一词在实务中有两种不同的使用方法。字面上的意义是指手中持有的真实的现金，但是财务经理常常运用该词来描述公司持有的现金与市场化的证券，而市场化证券通常被称为现金等价物或是近现金物。流动性管理与现金管理之间的差异是非常直观的，流动性管理关注公司应该在手中持有的流动性资产的最优数量。

总的来说，公司需要在持有现金的收益，也就是满足交易的需要以及其机会成本所导致的较低回报之间进行权衡。一份合理的现金管理政策就是要持有足够的现金，以满足日常所产生的需要，同时将一部分超额现金投资于市场化证券以满足预防动机，而其他超额现金应该投资于公司业务或是发放给投资者。

26.4 信用管理

26.4.1 信用和应收账款

当公司销售产品和提供服务时，它可以要求在商品送达或提供服务之日或在那之前收到现金支付，或者它也可以授信于顾客，同意其晚点支付。接下来的几个小节都为了说明公司在进行授信决策时要考虑哪些因素。授予信用其实就是对顾客的投资,这种投资将伴随着产品或服务的销售而产生。

为什么公司要授予信用呢?虽然不是所有的公司都这么做,但这种情况极为普遍。最显而易见的原因就是授予信用是刺激销售的一种方法。而与授予信用相关的成本并不少。第一,可能存在顾客完全不偿付的情况。第二,公司必须承担应收账款所带来的成本。信用政策决策因此包括在销量增加与授信成本之间权衡。

从会计的角度来看,当信用授予时,就会产生应收账款。这些应收账款包括授予其他公司的信用,称为交易信用,以及授予顾客的信用,称为顾客信用。一旦公司决定对其顾客进行授信,那么它就必须建立延展信用和账款回收的相关流程。具体来说,公司必须处理好信用政策的以下几个方面:销售条款、信用分析、收账政策。销售条款将决定公司如何销售其商品和服务。基本的决策就是公司是要获得现金,还是延展信用。如果公司决定授信给一位顾客,那么销售条款将会(可能是间接地)规定信用期限、现金折扣、折扣期限以及信用工具的种类。

在授信决策中,一家公司要决定花多少精力在区分将会偿付货款的顾客和将不偿付货款的顾客上。公司将运用一系列的机制和流程计算出顾客将不偿付货款的概率。这些统称为信用分析。授信完成后,公司还存在着收账的潜在问题,因此必须建立收账政策。

26.4.2 销售条款

销售条款由三个不同部分组成:第一是信用被授予的期限(授信期限);第二是现金折扣期限;第三是信用工具的类型。

在某个给定的行业中,销售条款通常是标准化的,但是这些条款却在行业间存在着些许差异。在许多情况下,销售条款都很过时,并且从字面上可以追溯到 20 世纪。与现代实践十分类似的交易信用的有序系统可以很容易地追溯到中世纪的欧洲,而它们其实在那之前已经存在了很长时间。

要理解销售条款,最为简单的方式就是来看下面这个例子。类似"2/10,N60"的条款相当普遍。这意味着顾客从开票日到偿付全额之间可以长达 60 天的时间,但是,如果顾客在 10 天内付款,那么将会获得 2% 的现金折扣。

假设买方订购的商品的金额为 1000 元,同时假设销售条款为"2/10,N60",那么买方就可以选择在 10 天内支付 1000 元 × (1 − 2%) = 980(元),或是在 60 天内付清全部的 1000 元。如果条款规定仅为"N30",那么顾客从开票日到付清全款 1000 元只有 30 天的时间,而且提早付清货款没有折扣。

一般来说,信用条款可以按以下方式解读:

获得发票价格的相应折扣/获得折扣的期限,需要全额支付发票价格所示金额的期限。

26.5 存货管理

如同应收账款，存货在许多公司中所占用的金额也不可小觑。对于一个典型的制造经营活动，存货所占比例通常会超过总资产的15%。而对于零售商来说，存货所占总资产的比例甚至超过了25%。从之前的讨论中，我们已经知道了公司的经营周期是由其存货周转周期和应收账款周转周期构成的，所以信用政策和存货政策非常相关。不仅如此，信用政策和存货政策都用来驱动销售，而且这二者必须相互配合以保证存货的取得与销售以及回收账款的流程顺利进行。例如，如果计划通过信用政策上的变化增加销售，那么就必须同时保证存货充足。

尽管典型公司被存货所占用的金额的规模可观，但公司的财务经理通常对于存货管理并无主要的控制权。相反，其他职能部门（如采购、生产和市场营销部门）常常享有与存货相关的决策权。存货管理已经变得越来越重要，而财务经理常常发现在决策中只有投入而无产出。因此，我们将对存货的基本概念和存货政策进行研究。

26.5.1 存货类型

对于制造商来说，存货通常被分为三类。第一类是原材料，就是公司在生产流程的起点所使用的。原材料可以简单，如炼钢厂使用的铁矿，也可以复杂，如计算机制造商的硬盘。第二种类型的存货就是在制品，顾名思义，是指未完成的产品。这在存货中所占的比例在很大程度上取决于生产的总时长，例如，对于机体制造商来说，在制品可能很多。第三类存货就是产成品，指那些已经可以装运和销售的货品。

我们需要知道：一家公司的原材料可能是另一家公司的产成品。例如，对于炼钢厂来说，铁矿石是原材料，而钢是最终产品。而对于汽车车身外壳冲压流程来说，钢是其原材料，而汽车车身外壳是其最终产品。对于汽车组装商来说，车身外壳就是原材料，而汽车整车才是产成品。

其次，需要注意的是不同类型的存货的流动性存在差异。那些具有商品属性以及相对标准化的原材料可以很容易地转换成现金。换句话说，在制品可能非常地不具流动性，同时其价值与废料价值相去无几。而一般来说，产成品的流动性取决于产品的自然属性。

26.5.2 存货成本

存货的成本包括置存成本和短缺成本，置存成本代表与持有存货相关的所有直接和机会成本。这些包括：储存成本和追踪成本；保险和税收；因报废、变质或失窃所造成的损失；所占用资金的机会成本。

这些成本的总和可能是非常巨大的，所占每年存货价值的比例约为 20%～40% 不等。

其他与存货有关的成本类型包括短缺成本。短缺成本就是与手头存货不足相关的成本，短缺成本的两个组成部分包括进货成本和与安全储备有关的成本。依赖公司的业务，进货成本或订购成本可以是与供应商下订单的成本，也可以是建立生产流程的成本。与安全储备有关的成本就是机会损失，如存货不足带来的订单损失以及商誉损失等。

在存货管理中所存在的基本权衡就在于，置存成本随着存货水平的上升而增加，而同时短缺成本和进货成本随着存货水平的上升而降低。存货管理的基本目标就是最小化这两部分成本。我们将在下个部分中考虑达到这个目标的方法。

26.5.3 存货管理方法

存货管理的目标通常被看作成本的最小化，本部分将主要介绍三种方法：ABC方法、经济订货量模型和管理衍生需求存货。

ABC 方法是一种简单的存货管理方法，其基本的理念就是将存货划分为三个（或更多）组别。隐含的思想就是在数量上所占比例小的存货可能在存货价值上所占的比例却很大。例如，这种情形就可能出现在制造业中，它们在产品生产中可能会运用一些相对昂贵的高科技部件和一些相对廉价的基础材料。

经济订货批量（EOQ）模型是明确确立最优存货水平的最广为人知的方法，主要探求的是企业在购买存货时应该采用的订购数量。

存货消耗：为了建立 EOQ 模型，假设公司的存货以某个稳定的速率消耗至 0。在那个时点，公司重新购进存货以达到最优水平。例如，假设甲公司在今天某一特定物品的存货数量为 3600 件，这种物品一年的销售量为 46800 件，也就是每周 900 件。如果甲公司每周售出 900 件该物品，那么所有的可得存货就将在四周内售罄，而甲公司将重新购进 3600 件该产品，而后重复这个过程。

置存成本：通常假定置存成本与存货水平成直接的比例关系。假设以 Q 来代表甲公司每次订购的存货数量（3600 单位），我们称此为进货数量。平均存货就是 $Q/2 = 1800$ 件。如果我们设 CC 是每年每单位的置存成本，甲公司的总置存成本将为

$$总置存成本 = 平均存货成本 \times 每单位的置存成本$$
$$= (Q/2) \times CC$$

短缺成本：现在，只关注于进货成本。从本质上说，假设公司从未真正地发生过存货短缺的情况，因此与安全储备相关的成本并不重要。

订购成本通常是固定的，换句话说，每次提交订单，固定成本就与那笔订单有关（记住这里不考虑存货本身的成本）。假设使 T 等于公司每年的总销量。如果公司每次订购 Q 件，那么它将需要订购总计 T/Q 笔订单。对于甲公司来说，每年的销售量为 46800 单位，而订购规模为 3600 件。那么甲公司因此每年提交的订单数

就为 46800/3600 = 13 笔。如果每笔订单的固定成本为 F, 那么这一年的订购成本就将为

$$总订购成本 = 每笔订单的固定成本 \times 订单的笔数$$
$$= F \times (T/Q)$$

总成本：持有存货相关的总成本就等于置存成本与订购成本的加总。

$$总成本 = 置存成本 + 订购成本$$
$$= (Q/2) \times CC + F \times (T/Q)$$

我们的目标就是找出使得成本最小的 Q 值，也就是重新购买的数量。通过数学的方法，我们可以求得总成本最小的时候 Q 的值：

$$Q^* = \sqrt{\frac{2T \times F}{CC}}$$

这个重购的数量，最小化了总存货成本，被称为经济订购数量（EOQ）。

第三类存货管理方法用于管理衍生需求的存货水平。有一些存货类型的需求是派生于或者说依赖于其他存货需求的。很好的一个例子就是汽车制造行业，其中对于最终产品的需求取决于客户需求、市场营销方案以及其他与预期销售有关的因素。而对于存货部件的需求，如轮胎、电池、顶灯以及其他部件就完全取决于计划生产的汽车数量。原材料需求计划和零库存管理是两种管理衍生需求的存货水平的方法。

原材料需求计划：生产和存货专家已经建立起计算机系统来订购和/或安排衍生需求的存货的生产日程。这些系统都统属于材料需求计划（MRP）。一旦产成品的存货水平确定，就可以确定在制品应达到多少的水平才能满足产成品的需要。

零库存管理：零库存（JIT）管理是现代管理衍生需求的存货的方法。JIT 的目标就是使这类存货最小化，从而最大化周转率。这种方法始于日本，同时它也是日本制造哲学最根本的部分。顾名思义，JIT 的基本目标就是使手中持有的存货水平仅能满足现时的产品需求。

JIT 系统的结果是要经常订购和购进存货。要使这样的系统得以运作。而不发生存货短缺，要求供应商之间密切地配合。日本制造商通常会有规模相对较小但却紧密配合的供应商团队，他们与之密切合作以达成目标。这些供应商是一家大型制造商（如丰田公司）的产业团队。JIT 供货系统是大型生产计划流程中非常重要的一部分，我们从财务方面对其的讨论到此为止。

总　　结

现金周期就是经营周期与应付账款周期间的相差值。公司采用的短期财务政策至少由两个要素构成：流动资产上的投资规模、投资结构。销售条款由三个不同部分组成：第一是信用被授予的期限，第二是现金折扣期限，第三是信用工具的类型。存货管理包括 ABC 法和 EOQ 模型法，复杂的包括 MRP 以及 JIT 存货管理。

第 26 章　短期财务管理

关键概念

经营周期、现金周期、置存成本、短缺成本、信用管理、销售条款、存货管理

习　题

1. 一家现金周期长的公司有哪些特点？
2. 一家经营周期长的公司有哪些特点？
3. 一家公司提供了"1/10，N35"的信用条件。请问当顾客放弃折扣，那么公司的实际年利率是多少？此外，阐述下列情形中的实际年利率会如何变化：

　a. 折扣率变为2%；

　b. 信用期限延长至60天；

　c. 折扣期限延长至15天。

第五篇

投资银行学

第 27 章　投资银行的业务

本章学习目标

1. 了解投资银行的产生发展以及投资银行的作用。
2. 掌握投资银行主要业务的经营管理。

投资银行的业务随着经济发展水平、经济体制、法律制度以及信息技术的创新而不断发展，现已涉及融资领域的各个层面，其业务范围十分广泛。虽然投资银行在各国的称谓不尽相同，但其业务设置大致相似。总体来看，国外投资银行业务基本可以分为三种类型：第一是证券承销与证券交易业务，第二是资产管理业务，第三是重组并购业务。其中，证券承销和证券发行业务是投资银行最为传统和基础的业务，时至今日该项业务仍然是投资银行的主营和核心业务之一；资产管理业务是随着经济不断发展，个人、公司财富积累到一定程度后，为了满足资产保值增值的需要，投资银行开始利用自身的专业人才理财优势开办的业务，目前已经成为投资银行三大支柱业务之一；重组并购业务是伴随着近二十年来企业发展模式的变化，成为大企业进行战略调整、业务扩张的重要手段，并已逐渐成为一些投资银行的核心业务。同时，随着金融市场的持续发展、金融创新工具的不断涌现，投资银行业务呈现出多样化、衍生化和国际化趋势，总体来讲可进一步划分为七种基本类型。

27.1　证券承销

投资银行的基础业务就是证券承销。投资银行承销的证券范围很广，包括本国的政府公债、企业股票债券，以及外国的法人主体发行的证券等。在美国，业界对投资银行的专业能力与实力的排名都是依据其所完成的承销额来评判的。投资银行在承销过程中一般要按照承销金额及风险大小来权衡是否要组成承销集团。如果组成承销集团的话，就要选择合适的承销方式。根据投资银行在承销过程中承担的责任和风险的从大到小，承销可以分为包销、尽力推销和余额包销三种形式。

包销意味着主承销商和它的承销集团要按照议定的发行价格从发行者手中购买发行的全部证券，然后再把这些证券出售给投资者。投资银行必须在指定的期限内，将包销证券所筹的资金全部交付给发行人。由于承销集团已经按照发行价格全部购买了发行的证券，那么这些证券在指定期限内能否按照合意价格卖出，就是承销集团所承受的风险，而这时发行人不承担风险。承销商为何愿意进行包销，是因为承销商可以在发行价格基础上有一个溢价在一级市场上出售，从而获得价差。全部包销的优点是使发行人无须承担证券销售不出去的风险，可以迅速筹集资金，因而特别适合于那些资金需求量大、社会知名度低而且缺乏证券发行经验的发行人。但是对于证券发行人来说，全部包销的成本比较大。

证券代销也称为尽力推销，是指承销商只作为发行公司的证券销售代理人，按照规定的发行条件尽力推销证券，发行结束后未售出的证券退还给发行人，承销商不承担发行风险。承销商在证券销售过程中扮演的是代理中介的角色，承销商的利润来源是向发行者收取手续费。如果投资银行对发行公司的估计不太乐观，或者一些知名度较大的发行公司为了降低发行成本，就会采用尽力推销的方式。另外，如果发行公司和承销商进行包销谈判失败，那么发行公司可能会被迫同意采用尽力推销的方式。

一些上市公司已经进行过 IPO，而在后续的经营过程中需要通过金融市场来融资，这时候往往会采取余额包销的方式。余额包销通常向现有股东按照目前所持有股份的比例提供优先认股权，若股东按优先股权认购股份后还有余额，承销商有义务全部买进这部分剩余股票，然后再转售给一级市场的购买者，如果余额股票不能售尽，那么这部分损失就由承销商自行承担。

2017 年，国内主要券商投资银行部在股债融资市场的承销额如表 27 – 1 所示。

表 27 – 1　　　　　　　2017 年股债融资市场承销额前十强券商

排名	券商名称	股权类承销总额（亿元）
1	中信证券	7717.15
2	中信建投	5505.01
3	招商证券	4068.90
4	国泰君安	3755.57
5	中金公司	3668.17
6	德邦证券	2702.24
7	海通证券	2506.03
8	光大证券	2269.36
9	华泰联合	2202.11
10	广发证券	1924.19

27.2 证券交易

投资银行的另一个传统业务就是证券交易,它的利润就来源于此。按照不同的划分方式,证券交易方式有不同的分类。按交割期限可以分为即期交易和远期交易。按交易的价格形成机制可以分为做市商交易和集合竞价交易。按证券交易付款资金的来源可以分为自有资金和杠杆交易。按证券交易场所可以分为内场交易和外场交易。以上几种方式是基本交易方式,成熟的证券市场往往不满足于这几种交易方式,而会采取多种基本交易方式组合的方式进行交易。在证券交易业务中,投资银行主要扮演三种角色,即证券经纪商(brokers)、证券自营商(dealers)和证券做市商(market makers)。

证券经纪商接受客户委托,代客户买卖证券并以此收取佣金。证券经纪商与客户是委托代理关系,其主体身份是客户的代理人,客户具有买卖证券的最终决定权,而证券经纪商是按照客户指令执行证券买进卖出操作。由于证券经纪商没有买卖的主动权,所以并不承担交易中的价格风险。证券自营商以营利为目的,运用自有资本进行证券买卖。证券自营商的买卖行为完全是基于自有资金的,所以完全承担了交易价格的风险。证券做市商的规模最大,它运用自己的账户从事证券买卖,通过不断地买卖报价维持证券价格的稳定和市场的流动,并从买卖报价的差额中获取利润。由于买卖双方的报价并不是完全一致,那么证券做市商就可以提供一个中间报价来获得价差,从而获取利润。

27.3 财务顾问

投资银行的财务顾问业务也可以说是咨询业务,是投资银行对其他法人主体提供的一系列证券市场业务的策划和咨询业务服务。由于自身的信息技术优势、人才优势,投资银行有更有利的条件为客户提供财务顾问业务,就客户的投融资、理财、重组并购等经济活动提供金融咨询、经济分析和财务方案设计。表27-2是2017年中国A股市场财务顾问的业务情况。

表27-2　　　　2017年A股市场财务顾问业务格局

排名	券商名称	交易金额(亿元)
1	华泰联合	973.04
2	中信证券	891.03
3	中信建投	589.87
4	国泰君安	463.79
5	中金公司	308.08
6	国信证券	234.85

续表

排名	券商名称	交易金额（亿元）
7	中天国富证券	191.07
8	海通证券	175.35
9	安信证券	159.17
10	广发证券	150.35

27.4　企业并购

　　企业并购并不是投资银行的传统业务，而是近一个世纪以来逐步发展起来的，现在已经成为投资银行除证券承销与经纪业务之外最重要的业务组成部分。企业并购业务是指投资银行为企业的并购提供服务收取酬金和融资利息的业务，主要包括兼并收购、实施反兼并收购措施、确定兼并收购条件、提供融资安排。企业要扩大自身业务范围，除了增加自身资产外，还可以通过兼并、合并和收购。投资银行可以通过多种方式参与企业的并购活动，诸如寻找兼并与收购的对象、向收购公司和被收购公司提供有关买卖价格咨询、帮助收购公司制订并购计划或帮助被收购公司针对恶意的收购制订反收购计划，如果企业自身资金不足可以帮忙安排融资，等等。此外，并购中往往还包括发行"垃圾债券"、公司改组和资产结构重组等活动。

27.5　项目融资

　　如果公司要开展一个新项目而缺少现金，那么可以用该项目未来的现金流量作为担保条件，向市场进行融资，未来用项目现金流进行偿还。公司的项目融资无追索权或只有有限追索权。项目融资是一种结构化的新兴融资方式，它是针对一个特定经济项目或单位策划安排一系列的融资手段，该项目的风险可以和其他项目的风险隔离开来。偿还融资款项的来源则依赖于项目或单位的现金流量和所获得的收益。通过投资银行协助其发行债券、基金、股票或拆借、抵押借贷等来获得项目投资所需的资金完成融资活动。

　　投资银行在项目融资中的主要工作是：相关项目可行性评估、融资方案设计、起草有关法律文件、进行信用评级、价格确定和证券承销等。美国金融市场发明了项目融资这种融资方式，后来其被广泛应用到欧洲，由于其便利条件现在发展中国家又大量采用这种融资方式。

27.6 资产管理

社会中有大量富人,他们的资产通常有生息需求。某些企业有富余资金需要投资。而资产管理业务就是面对企业及个人的财富积累和谋求资产增值的市场需求。在成熟的资本市场中,投资者精力有限,面对纷繁复杂的金融市场往往措手不及,所以他们愿意将自己的资产委托给专业的机构进行理财管理。既然市场上有这样的需求,那么投资银行自然不愿意丢失掉这一块蛋糕。于是投资银行以受托人的身份与委托人(投资者)签订相关资产委托管理的协议,为委托人的资产提供理财服务,依靠其专业能力为委托人控制风险,获取投资收益,从而使委托人实现资产的增值。

27.7 基金管理

顾名思义,基金就是把各种来源的资金集合起来统一管理和分配。通常分为专项基金和投资基金。专项基金就是用于专门用途的基金,例如,福利基金、社保基金、奖励基金、发展基金等。许多中小投资者的富余资金有限,如果单凭自己的力量,很难获得较高的收益。如果把许多中小投资者的资金集合起来,形成投资基金,就能够形成规模效应,由基金管理人管理、投资,从而获得较高的收益。

总 结

主要介绍了投资银行的主要基本业务。

关键概念

投资银行、承销、包销、代销、证券经纪商、证券自营商、证券做市商

习 题

1. 投资银行有哪些承销方式?
2. 投资银行有哪些基本业务?
3. 证券做市商和证券自营商有什么异同?

第28章　股票发行

> **本章学习目标**
>
> 1. 了解公司通过股票市场融资的方式。
> 2. 了解公司发行股票的主要流程。
> 3. 了解公司股权再融资的主要流程。

28.1　首次公开发行

28.1.1　IPO 简介

　　IPO（initial public offerings）即首次公开发行，它是指一家法人主体（主要指企业）第一次向公众公开发行它的股份。首次公开发行包括三层含义：融资工具是股票、融资方式是公开发行、融资次序是首次发行。我国规定有下列情况之一的为公开发行：向不特定对象推介宣传，并且投资者人数的最低限度是 200 人，以及法律、行政法规规定的其他发行行为。我国上市公司的股份是根据相应证监会出具的招股书或登记声明中约定的条款通过经纪商或做市商进行销售。

28.1.2　中国近年 IPO 的发展情况

　　从中国近几年 IPO 统计（见图 28-1、图 28-2）中可以看出，除 2013 年受 IPO 暂停影响外，近年来中国 IPO 发行家数并无明显上升趋势，但长期来看，中国近年来首发募集资金有了非常快的增长。此外，按行业来看，银行、房地产等高市值产业股权融资规模大，按地域来看，北京、广东、上海等经济发达地区股权融资规模远大于其他地区。

图 28-1 中国 IPO 发行量

资料来源：Wind。

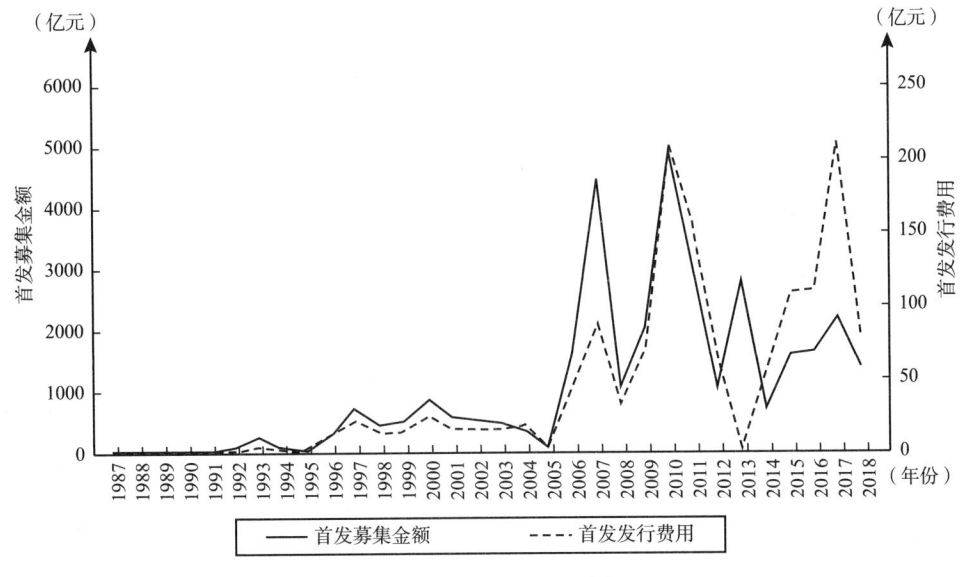

图 28-2 中国 IPO 融资额

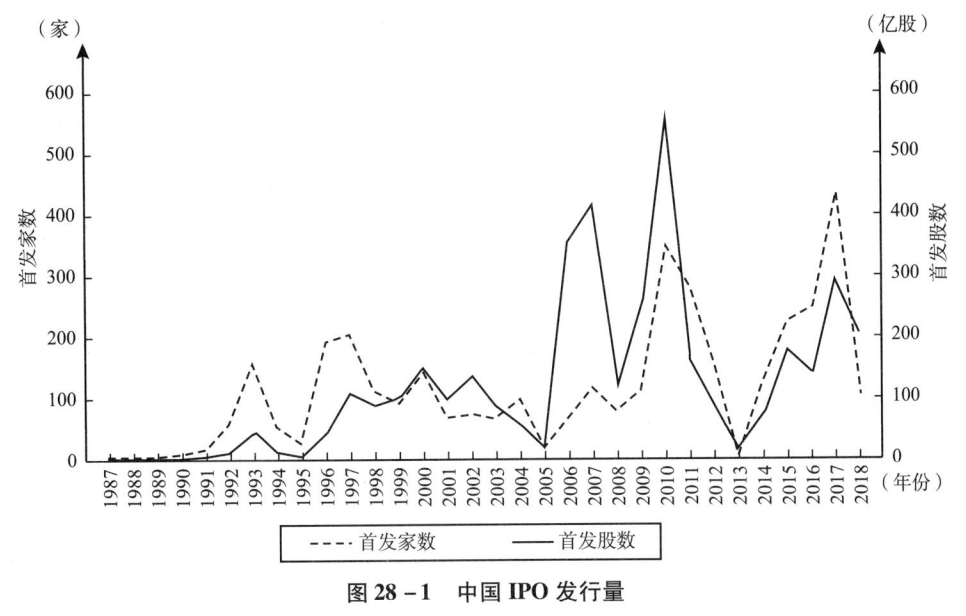

资料来源：Wind。

28.1.3 股票发行业务流程

股票发行程序包括：聘请中介机构、改制重组、上市辅导、申请文件的申报与审核和发行上市。

在改制阶段，投资银行和会计师事务所、律师事务所、资产评估机构等中介机构对公司进行尽职调查、问题诊断，并对改制重组方案进行可行性论证，会计师事务所和资产评估机构对拟改制的资产进行审计、评估，并签署发起人协议、起草公司章程等文件。

在辅导阶段，投资银行和其他中介机构的责任是对公司进行专业培训和业务指导，如果有不合规的地方，就要对照发行上市条件进行整改，准备辅导验收文件。

在申请文件的申报阶段，企业和所聘请的中介机构，按照证监会的要求制作申请文件，投资银行进行内核并负责向中国证监会尽职推荐。符合申报条件的，中国证监会在 5 个工作日内受理申请文件。

中国证监会正式受理申请文件后，对申请文件进行初审。初审后证监会给予反馈意见，投资银行组织发行企业和中介机构进行整改，发行申请经发行审核委员会审核后通过。

在询价、定价与发行阶段，企业在指定报刊上刊登招股说明书摘要及发行公告等信息，投资银行与发行公司进行路演，向投资者推介和询价，并根据询价结果协商最终发行价格，并完成最后的发行工作。

最后一个阶段是上市。发行企业向证券交易所提交上市申请，办理股份的托管与登记，挂牌上市。上市后，发行企业的后续经营都要由保荐机构按规定负责持续督导，以保证上市公司的经营合乎规范。

28.2　股权再融资

28.2.1　股权再融资简介

再融资也是一种直接融资方式，是已经上市的公司的融资方式。主要手段有配股、增发和发行可转换债券等。上市公司再融资的目的是筹措经营所需资金，同时能调整股权和债权的比例，从而可以优化资产结构，降低资本成本，提高盈利能力。按照再融资是否稀释股权，有股权融资和债务融资之分。根据发行对象的不同，又可以分为公募再融资和私募再融资。其中，股权再融资又分为配股、定向增发和公开增发。股权再融资是目前资本市场再融资的主要方式，所以本章主要讨论股权再融资。

28.2.2　股权再融资的主要方式

如果以公司老股东所持股票的比例来融资发行新股，各股东之间的相对份额并没有发生变化，这就是配股。配股主要考虑不稀释老股东的股权，所以只向老股东发售，公司不会引入新的投资者。配股操作简单，程序较少，发行成本较低，对定价低于现有二级市场价格的问题不是十分敏感。配股并不一定是在所有老股东之间发售，如果有些股东不同意参与配股，那么他的股权会被新股摊薄。

定向增发是一种非公开发行股票的方式。按照规定，定向增发只能采用私募的方式，向数量有限的特定对象推介、宣传、发售股票。定向增发的优点是发行对象是特定的，目前规定不超过 10 人。新股定价方式较为灵活，审核程序简单，操作方便。定向增发可以作为一种新的并购手段，促进优质龙头公司通过并购实现成长。可以引入战略投资者，监督公司管理人员，改善公司经营状况，提升公司的整体竞争力。当公司的股价被高估时，公司会倾向于使用定向增发。

公开增发与定向增发完全相反，是用公募方式筹集资金。按照相关规定，公开增发的对象只能是不特定对象，如果推介宣传对象是数量有限的特定对象，那么就变成定向增发了。

28.2.3 我国近年来股权再融资的发展规模

我国上市公司从 1999 年开始采用定向增发（简称"定增"）的方式来募集资金，近年来发展速度非常快。从 2006 年到今天，定增成为上市公司股权再融资的最主要方式（见图 28-3）。由于定增方便灵活的优点，它在股权再融资的主流地位也在不断巩固和增强。到 2014 年，定向增发的募集资金方式筹集到的金额占我国上市公司股权再融资筹集到的总金额的 98%。

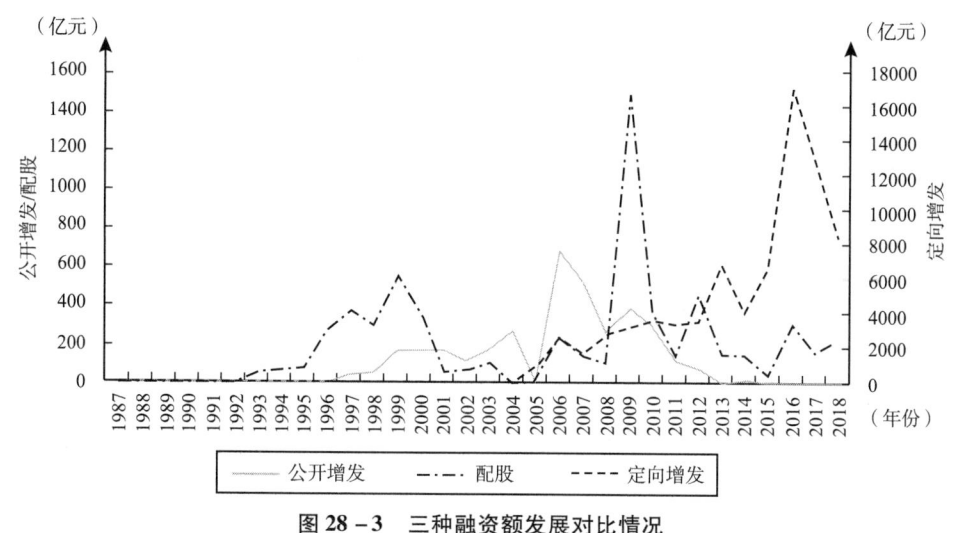

图 28-3 三种融资额发展对比情况

资料来源：Wind。

总　结

本章首先介绍了 IPO 的概念与发展情况，其次说明了 IPO 的流程。章末介绍了再融资的途径。

关键概念

IPO、上市、再融资、定向增发、配股

习 题

1. 公司为何要上市？
2. 已经上市的公司如何通过股票市场融资？
3. 一家公司上市的流程是什么？

第 29 章　债券发行

> **本章学习目标**
>
> 1. 了解债券概念及分类。
> 2. 了解债券发行的条件。

企业融资的方式，按照是否改变企业的所有权，可分为股权融资和债权融资。相较于股权融资，债权融资获得的只是资金的使用权而非所有权，而这种负债资金的使用是有成本的，一般而言随着时间经过，企业必须按期支付利息，并且于债务到期时要按期归还本金，或者于债务到期时一次性归还本息，否则就是债务违约。此外，由于债权融资不改变企业的所有权，那么企业所有者通过自有资金就撬动了更大的资产，具有财务杠杆作用，能够提高企业所有权资金的资金回报率。债权融资按渠道的不同主要分为三类，分别是：银行贷款、发行债券和民间借款。在本书中，我们探讨的主体是投资银行（券商），因此于本章节，我们单讨论透过券商发行债券的债权融资方式，即通过债券发行进行融资。

29.1　债券简介

债券本质上是一种金融合同，是具有一定信用的法人主体直接向公众筹措资金时，向投资者发行，同时承诺按一定利率支付利息并按约定条件偿还本金的债权债务凭证。更具体地讲，债券就是把借款证券化，是具有法律效力的债权债务证明书。因此，债券购买者或投资者与发行者之间就是一种债权债务关系，债券发行人即债务人，债券购买者即债权人。债券是一种有价证券，由于债券的利息通常是事先确定的，所以债券一般被视为固定收益工具。

债券的类别划分比较复杂。如果按发行主体划分，其可分为政府发行政府债券、金融企业发行金融债券、一般公司或企业发行企业债券与公司债券。政府服务有时候税收并不能覆盖其成本,所以需要发债来弥补。如果是中央政府发债,发行的就是国债,如果是非中央政府主体发行的债券,就是地方政府债。金融债券顾名思义是金融机构发行的债券。中国目前金融债券市场上,政策性银行(国开行、进出口银行)发行的金融债占主要部分,商业银行、证券公司等其他金融机构发行的金融债份额远不及前者多。由于金融机构的资金雄厚,而且往往有一定的国家隐形信用担保,所以信用度较高,因此金融债券往往利率较低,但是比国债、政府债高。企业债券概念上泛指各种企业发行的债券。但在实际中,往往其发债主体都是央企或国企,或国有独资企业或国有控股企业,民企很难发企业债。因此,政府背书给公司债无形增信加持,也具有较高信用。公司债券发行主体为公司法人,在实践中,其发行主体为上市公司,其信用保障是发债公司的资产质量、经营状况、盈利水平和持续赢利能力等。公司债券在证券登记结算公司统一登记托管,可申请在证券交易所上市交易,其信用风险一般高于企业债券。

按可否转换成公司普通股划分,可分为可转换债券和不可转换债券。可转换债券是指在特定时期内,可以按事先商定的比例转换成普通股的债券。由于它可以从债券转换成股票,因此具有债务与权益双重属性,属于一种混合性筹资方式。由于可转换债券赋予债券持有人将来成为公司股东的权利,因此其利率通常低于不可转换债券。若将来转换成功,在转换前发行企业达到了低成本筹资的目的,转换后又可节省股票的发行成本。

29.2 债券发行条件

债券发行这一法律行为,依据发行主体不同适用不同的法律规范。其相应的债券发行条件,指在法律上,发行主体需满足的一定条件。此外,需要特别注意,中国资本市场起步较晚,相关制度尚未完善,随着市场的发展与时间推进,债券发行的法律条件是会变动的。下列讨论公司债、企业债、金融债、短期融资券与中期票据,五种债券当前适用的法规与发行条件。

29.2.1 公司债券发行条件

在中国,只要是依《中华人民共和国公司法》设立的有限责任公司和股份有限公司,都可以发行公司债,皆具备公司债发行主体的资格。《公司债券发行试点办法》规定,无论是不是上市公司,只要是按照《中华人民共和国公司法》设立的公司制企业,都需要按照《公司债券发行试点办法》的规定执行债券发行的步骤,并且获得证监会的批准方能发行公司债券。

29.2.2 企业债券发行条件

从概念理解上来说,企业债与公司债相似,差别在于发行主体的企业是否是公司制。前述于债券分类中提到,企业债发债主体实际上为中央政府部门所属机构、国有独资企业或国有控股企业。而在法规上,中国证监会在《关于实施〈公司债券发行试点办法〉有关事项的通知》中规定,相关试点公司只包含沪深证券交易所上市的公司及发行境外上市外资股的境内股份有限公司。因此,对于非上市公司和非发行境外上市外资股的股份公司来说,则可以不遵循《关于实施〈公司债券发行试点办法〉有关事项的通知》。在目前阶段若要发行债券,不在试点公司范围内的仅需按照《企业债券发行管理条例》等规定发行企业债券。

29.2.3 金融债券发行条件

金融债券是金融机构所发行的债券。在欧美国家,金融机构通常是公司制,其发行的债券也属公司债,有时并不单独分类。而在中国,相关法规规定金融债券是指国内的金融机构主体在全国银行间债券市场发行的债券。据此,金融机构法人,包括政策性银行、商业银行、企业集团财务公司及其他金融机构,都可以发行金融债券。

金融债券的发行程序是,首先每个年度都要向中央银行报送金融债券发行申请,经央行批准后才能发行。政策性银行金融债券发行申请应包括发行数量、期限安排、发行方式等内容,如需调整,也应及时报央行批准。

29.2.4 短期融资券与中期票据发行条件

如果具有法人资格的非金融企业在银行间债券市场发行一年以内的债券,则是短期融资券。如果期限在1~5年之间,则是中期票据。

为了资本市场的有序进行,保护投资者的利益,央行颁布相关规定,短期融资券的申请发行企业应当具有一定的资质。除了企业本身的法人地位外,还要求有良好的现金流入,要求最近一个会计年度内有盈利,并且没有重大违法违规行为。以及《短期融资券管理办法》规定余额管理制度,即未到期融资债券余额不得超过企业净资产的四成。

而对于中期票据,交易商协会发布的《银行间债券市场非金融企业中期票据业务指引》也有类似规定,企业发行中期票据的最低标准是,未偿付余额不得超过企业净资产的四成。

总 结

本章首先介绍债券的概念和种类,其次说明了债券的发行条件。

关键概念

公司债、企业债、金融债、短期融资券、中期票据

习　题

1. 债券发行和股票发行有何区别?
2. 按发行主体分类,债券可分为哪几类?
3. 公司债的发行条件是什么?
4. 企业债的发行条件是什么?
5. 金融债的发行条件是什么?
6. 短期融资券与中期票据的发行条件是什么?

第 30 章　并购重组

本章学习目标

1. 了解并购重组的价值。
2. 了解并购过程。

企业选择何种组织形式，是基于内部环境与外部环境综合考量的结果。因此，当企业面临的外部或者内部的环境发生变化时，企业就必须调整自身结构来做出相应的应对。这种调整就被称为企业重组。具体而言，企业重组是指企业内部要素此消彼长的重新配置，也是指由于控制权的变化而导致企业要素的重新配置。

30.1　并购重组的价值创造

企业在一次并购重组过程中，价值的创造主要来自四个方面：

第一，并购后的协同效应是并购过程中价值最重要的来源，也是企业在寻求并购过程中主要追求与考虑的方面。并购重组的协同效应，指的是企业通过重组过程，形成的联合体在效率上高于单个企业的现象，即实现"1+1>2"的效果，或者通过剥离资产实现"2-1>1"的效果。

第二，获取战略机会是企业在并购过程中的另一战略考虑。一般而言，在企业试图通过并购进入新业务领域时，战略机会的取得是其主要考量的因素。

第三，梳理结构提升管理效率。企业重组的另一价值来源在于借助重组的机会整合公司管理结构，提升管理效率。例如，并购方的管理结构非标准化，通过收购在管理层面更有效率的企业来理顺自身的管理结构，提高管理效率。又例如，通过管理层收购，实现管理者利益与股东利益的相匹配，削弱"委托-代理效应"，促进公司未来价值的更好发展。

第四,注入资产缓解财务困境。对于我国企业而言,比较明显的另一种重组价值来自注入资产对于企业财务困境的缓解。一方面,在目前制度下我国上市公司的"壳资源"有一定价值,另一方面,大型公司的发展涉及当地政府的利益。因此,当上市公司遭遇财务困境的时候,一方面,公司会寻求优质资产注入,以重大资产重组甚至是借壳上市的方式吸收盈利能力好的资产,在避免被退市的同时获得壳资源的收益。另一方面,所在地地方政府出于地方发展的考虑,会出面主导企业进行资产重组,将新的资产和业务注入濒临退市的上市公司,实现变相的"补助"。通过类似的方式,业绩差的公司在重组中实现财务危机的缓解。

30.2　企业并购重组的基本流程

一次企业并购重组的过程主要包含以下几个环节:自我评价、目标筛选、尽职调查、并购定价、确定整合方案。

企业要进行并购重组,并不是盲目并购重组,必须要正确认识自身的战略以及财务状况,综合分析自身的需求与所能达到的限度。自我评价起着非常重要的作用,许多并购的经济效果不尽如人意,都是因为自我评价不到位。如果并购的目标企业不能产生利润,不能改善目前的经营现金流,那么企业的运营资金就会遇到问题,最终陷入财务旋涡。许多企业因为并购而破产,都是因为事前缺乏正确的自我评价。

目标筛选所要考察的主要内容是:目标企业的行业及产品是否在并购后对于并购方具有战略意义,目标企业的资产规模、销售量和市场份额是否适合并购方。另外还要考虑目标企业是否有反并购的可能性,也就是是否具有反并购的章程,如果目标企业发起反并购的话,目标企业成功反并购的可能性有多大。一般而言,理想的目标企业应具备以下条件:一是具有某种可以利用的资源;二是目标企业的规模大小适中;三是行业具有较高的关联度;四是目标企业的股价较低或适中。

虽然有目标筛选这个环节,但是这个时候对目标企业的了解还不够,这就会造成信息不对称的风险,在实务中尽职调查是降低并购过程中信息不对称的最主要的手段。并购尽职调查的过程通常分为以下几个方面:业务和市场调查、资产情况调查、财务方面的调查、税务方面的调查、法律事务调查。

无论是现金并购还是股票并购,并购公司的价值增值即 A 公司的并购收益均可表示为:A 公司并购收益 = 协同效应 − B 公司所获溢价。

具体来说,对于现金支付方式的并购,并购成本等于支付给被收购对象 B 公司的现金总额减去未宣告合并前 B 公司的价值 P_B,也即 B 公司在被并购过程中获得的溢价。

现金支付溢价公式:

A 公司并购成本 = B 公司所获溢价 = 支付 B 公司的现金 − P_B

对于股票支付方式的并购，A 公司并购 B 公司的成本需要视并购之后的公司股票价值而定，假设 B 公司股东取得并购后公司股票的 X 比例，则 A 公司实际的并购成本或 B 公司溢价为 $XP_A - P_B$。

确定并购方案，交易整合。整合需要面对方方面面的因素，如人事整合、利益相关者的整合等。

总　　结

本章首先介绍了并购的价值创造，随后说明了并购重组的流程。

关键概念

并购重组、价值创造、协同效应、尽职调查

习　　题

1. 为什么要并购？
2. 并购重组的流程是什么？
3. 如何理解协同效应？

第 31 章　证券经纪与交易

> **本章学习目标**
>
> 1. 了解证券经纪业务的内涵。
> 2. 了解证券经纪业务的一般流程。

31.1　证券经纪业务概述

证券经纪业务，是指证券公司通过其设立的证券营业部，接受客户委托，按照客户的要求代理客户买卖证券的业务。在证券经纪业务中，证券公司是根据客户指令来操作买进卖出，是被动地位，因此证券公司不承担价差风险，也不赚取买卖差价，只收取一定比例的佣金作为业务收入。证券经纪业务可分为柜台代理买卖和证券交易所代理买卖两种。我国的实际证券经纪业务中，主要部分是证券交易所代理买卖，而证券经纪商进行的柜台代理买卖业务比较少。因此，证券经纪业务目前主要是指证券公司按照客户的委托，代理其在证券交易所买卖证券的有关业务。

在证券经纪业务中，包含的要素有：委托人、证券经纪商、证券交易所和证券交易对象。目前，我国的证券公司在证券交易中代理客户按照客户的指令买卖证券，从事代理人角色。证券买卖业务中，由于证券交易方式比较特殊，交易的规则比较严密以及操作流程十分复杂，一般的广大投资者难以胜任。所以证券公司在中间作为桥梁发挥作用，是证券市场的中坚力量。

31.2　证券经纪关系建立

证券经纪商之于证券交易，就好比房屋中介之于房屋租赁市场。证券经纪商是证券交易的中介，是独立于买卖双方的第三者，与客户之间不存在从属或依附的关系。但如果客户想要某家经纪商为其服务，就必须先与其建立委托代理关系。

中国结算公司分别在上海和深圳有分公司。如果投资者有意向入市，则先在两家分公司之一开设证券账户。在开设了证券账户之后，投资者再与证券经纪商签订合约，成为该经纪商的客户。这一委托代理关系的建立过程包括：证券经纪商向客户讲解有关业务规则、协议内容和揭示风险。另外，投资者还要签订的文件有《风险揭示书》、《客户须知》、《证券交易委托代理协议书》和《客户交易结算资金第三方存管协议书》。相关文书工作签订之后，客户还必须在证券营业部开立证券交易资金账户并存入足够资金。

开立证券交易结算资金账户，有利于证券交易资金的结算，也有利于证券交易商控制风险。如果没有结算资金账户，一旦客户的交易发生了亏损，那么这个亏损部分很可能被投资者所逃避，而开设结算资金账户就能有效规避这一问题。

31.3 证券经纪业务的一般流程

投资银行的大部分经纪业务是在证券交易所内进行的，客户委托其代理证券交易的程序一般包括开户、委托、成交、清算、交割、结账。

客户在委托交易之前，首先需要分别开立证券账户和资金账户。投资者通过中国结算上海分公司、深圳分公司以及开户代理机构开立账户。原则上除特殊规定以外，一个自然人或法人对于同一类别证券账户，只能开一个。资金账户是投资者的专用账户，用于记录资金变动情况和余额情况。分为现金账户、投资计划账户和保证金账户，通常按银行活期利率计息。我国的资金账户制度通常是要求存管在第三方。

只有在开立证券账户和资金账户之后，客户才可进行委托交易，委托书上写明以下内容：投资者的证券账号和资金账号；委托交易的方向；委托买卖证券的名称及代码；委托买卖证券的数量；出价方式和价格幅度；委托有效期。在委托有效期内，如果交易尚未达成，客户有权变更和撤回委托。委托可按不同的标准分成不同的类型，委托指令当日有效，申报价格有最小变动单位，通常A股最小变动单位是0.01元，B股最小变动单位是0.001美元。

投资银行接受客户委托后，就要马上通知场内经纪人按照指令进行买入卖出操作。买卖成交后，场内经纪人马上向客户告知交易具体情况。竞价通常有三种结果：全部成交、部分成交和不成交。

场内交易达成之后，就要结算交易双方应收应付价款与证券，然后通过证券交易所进行交割证券与价款。目前普遍采用净额清算，即在一个清算期内，对每个结算参与人价款和证券的清算只计算其各笔应收应付的净额。

证券清算后，交易双方可以办理付款和证券交割的流程。买方付出款项，卖方交割证券。等到交易清算结束后，投资银行会按照客户要求的方式将账单及时送达，客户按经纪业务约定支付相应佣金。另外，应相关监管要求，投资银行还应按时向证券交易委员会交送相关报告。

总　结

本章介绍了证券经纪业务的内涵和一般流程。

关键概念

经纪业务、开户、委托、成交、清算、交割、结账

习　题

1. 证券经纪业务的内涵是什么?
2. 证券经纪业务的一般流程是什么?

第六篇

经济与金融专题

第 32 章　计量经济学原理

> **本章学习目标**
>
> 1. 了解计量经济学的重要性。
> 2. 理解计量经济学的过程。
> 3. 了解数据类型、回归分析、参数估计、假设检验。

32.1　什么是计量经济学

计量经济学的视角有三个要素：视经济系统为服从一定概率分布的随机数据生成过程、视经济现象（经济数据）为该随机过程的实现和视经济运行规律为随机经济系统的概率规律。

计量经济学的发展在于经济关系的估测、经济理论的检验，以及评价与实施政府及商业政策的统计方法的进步。计量经济学最常见的应用是预测重要的宏观经济变量，如利率、通货膨胀率和国内生产总值。虽然经济指标的预测可以广泛获得并广泛传播，但计量经济学方法也可以应用于与宏观经济预测无关的经济部门。例如，以研究政治竞选支出对投票结果的影响，并考虑学校支出对学生在教育方面的成就的影响。此外，计量方法还可以用来预测经济时间序列。

由于计量经济学主要考虑收集和分析非实验经济数据的固有问题，计量经济学已经与数理统计分离，并演变成一个独立的学科。非实验数据不是来自个人、企业或经济系统某些部分的受控实验。自然科学中的实验数据通常在实验环境中获得，但在社会科学中获得这些实验数据要困难得多。虽然也可以设计一些社会实验，但是需要实施各种控制实验来解决经济问题，它既不起作用，又昂贵且令人望而却步，或者它在道德上不能被人们所接受。当然，计量经济学家总是尽可能地从数学统计学家那里借用一些方法。虽然多元回归分析方法是上述两个领域的主要支柱,但其重点和解释性可能会有很大差异。此外,经济学家提出了许多新的方法来处理经济数据的复杂性,并测试经济理论预测的结果。

计量经济学最常见的应用是预测重要的宏观经济变量,例如利率、通货膨胀率和国内生产总值。因而计量经济学的结果,对于我们了解社会、分析问题、做出决定都有着指导性的作用。事实上,不恰当的分析结果,或是不正确的数据收集,都会为我们带来很大的误导作用。举一个例子,在"大跃进"时期,类似"早稻亩产36900斤/亩"不合实际的报道,就是在不正确的数据收集的基础上产生的,这样的新闻对于社会的误导作用是非常严重的。为了更好地了解社会、分析问题、做出预测以及做出决定,我们需要对计量经济学有一个初步的了解。

32.2 计量经济学的过程

实证分析是使用数据进行理论检验或关系估计的过程。如何构建经验经济分析?虽然看起来很明显,但值得强调的是,任何实证分析的第一步都是对所关注问题的详细解释。问题可能涉及测试经济理论的某个方面或测试政府政策的影响。原则上,计量经济学方法能够用于回答疑问的许多方面。

在某些情况下,特别是在测试经济理论时,有必要构建一个规范的经济模型,该模型总是由描述各种关系的数学方程组成。已经形成共识的是,经济学家建立模型来描述很多的人类行为。例如,个人在预算约束下的消费决策等,便可由一些数理模型来描述。这些模型背后的基本前提是效用最大化。在消费者决策的背景下,效用最大化能够导致一系列需求方程。这些方程式构成了对消费者需求实现定量分析的基础。

经济学家还使用基本的分析工具,如效用最大化框架来解释乍一看似乎是非经济性的行为。打个比方,一个经典的例子:贝克尔(1968)针对犯罪行为所做的经济模型。

诺贝尔经济学奖的持有者加里·贝克尔系统地表述了一个模型,该模型使用效用最大化框架来描述个人对犯罪行为的判断。虽然每项具体犯罪都有明显的经济回报,但大多数犯罪活动也有其成本。犯罪的机会成本使犯罪者无法参与合法就业等其他活动。此外,如果罪犯被捕,一旦被证实有罪,则会有被捕的犯罪相关费用以及与监禁有关的费用。从贝克尔的角度来看,做出非法活动的决定是资源配置的方式之一,并在充分考虑各种替代行为的成本和收益后确定。

根据贝克尔的假设,我们可以推导出一个方程式,该方程式描述了犯罪活动所花费的时间与各种影响因素的关系。我们可以把这个方程表示为

$$y = f(x_1, x_2, x_3, x_4, x_5, x_6, x_7)$$

其中：y = 花在犯罪活动上的小时数；
x_1 = 从事犯罪活动每小时的收入；
x_2 = 合法就业的小时工资；
x_3 = 犯罪或就业之外的收入；
x_4 = 犯罪被抓住的概率；
x_5 = 犯罪被抓后，被证明有罪的概率；
x_6 = 被证明有罪后预期的刑罚；
x_7 = 年龄。

虽然还有其他因素经常影响个人参与犯罪的决定，但上述因素可能是规范经济分析的代表。我们可以使用经济理论来预测每个变量对犯罪活动的可能影响，这是对个人犯罪行为实现计量经济学分析的根基。

在我们建立经济模型之后，我们需要将其转变为所谓的测量模型。与经济分析不同，我们必须在计量经济学分析之前澄清函数 $f(x)$ 的形式。以及如何处理无法合理观察到的变量。例如，考虑一个人在进行犯罪活动时的工资。原则上，这个犯罪时的收入是清楚界定的，但对一个特定的人来说，这个收入是很难观测到的，甚至是不可能观测到的。虽然对某给定个人，例如其被抓住的概率之类的变量也不能切实得到，但至少能找到相关的逮捕统计量，因此得出一个近似被捕获概率的变量。还有其他影响犯罪行为的因素，不要说观测，甚至连列出来都做不到，但多少都要对它们做出解释。通过设置特定的计量经济模型，解决经济模型中固有的不确定性问题：

$$crime = \beta_0 + \beta_1 \times wage + \beta_2 \times othinc + \beta_3 \times freqarr + \beta_4 \times freqconv + \beta_5 \times avgsen + \beta_6 \times age + u$$

其中：$crime$ = 参与犯罪活动频率的某种度量；
$wage$ = 在合法就业中所得到的工资；
$othinc$ = 通过其他途径得到的收入（如资产、继承等）；
$freqarr$ = 捕获先前违规的概率（用于估计逮捕的概率）；
$freqconv$ = 被证明有罪的概率；
$avgsen$ = 被证明有罪后被判处监禁的平均时间；
age = 年龄。

u 代表该项目包括不可观察的因素，如犯罪活动的工资、道德特征、家庭背景等，常数 β_0 至 β_6 是该计量经济模型的参数，它描述了该模型中犯罪和犯罪决定因素之间关系的方向和强度。

一旦设置了如上式的测量模型，在收集相关变量的数据之后，使用测量方法来估计测量模型中的参数，并且以标准化方式测试假设。在某些情形下，计量经济模型也用于检验理论或研究政策的影响。由于数据收集在实证研究中很重要，因此需要对相关数据类型有一个简要介绍。

32.3 数据类型

32.3.1 横截面数据

横截面数据集是在既定时间点从个人、家庭、企业、城市、国家或者其他单位得到的样本的数据集。某些情形下,所有单位的数据不是完全对应于同一时间段。例如,可以在一年里的不同时间对几户家庭进行数据收集。但是,应该根据实际情况忽略数据收集的小时差。横截面数据有一个关键特征,即一般可以假定它们是从样本背后的总体中经由随机抽样获得的。

32.3.2 时间序列数据

时间序列数据集包括在不同时间对一个或多个变量的观察。时间序列数据的示例包括股票价格、货币供给量、消费者价格指数、国内生产总值(GDP)、年度谋杀率以及汽车销售。由于过去的事件会作用于未来,并且社会科学里的行为滞后非常常见,所以时间序列数据集中的一个关键维度为时间。不同于横截面数据的顺序规则,时间序列按时间顺序对观察结果进行排序,这也传达了内在的关键信息。

时间序列数据有一个重要的特征,造成对其的分析相对对横截面数据的分析而言更为麻烦,即基本不假定经济数据的观测独立于时间。事实上绝大部分经济及其他时间序列与其近期表现都相关。在考虑标准测量方法之前,有必要设置时间序列数据的测量模型。

时间序列数据还有一个重要特征是数据收集期间收集的数据的频率。股票价格以天为区间进行记录。每月列出许多宏观经济序列,例如,通货膨胀率以及就业率。报告的其他宏观序列较少,例如,通常每三个月报告一次 GDP。其他的时间序列,有一些是年度数据可供使用。

32.3.3 混合横截面数据

一些数据的特征融合了横截面数据和时间序列的特征。例如,假设对家庭住户采取了两次横断面数据调查,分别是在 2012 年和 2016 年;同一调查问题调查了随机样本家庭的工资、存款和家庭大小等变量,将两年的数据组合融合为一个混合的横截面数据。混合来自不同年份的横截面数据通常是分析新政府政策效应的高效方式。

32.3.4 面板数据

面板数据,也称为纵列数据,是数据集中每个横截面单元的时间序列组合而成。例如，假设我们多年来一直在追踪一系列个人工资、教育和就业历史。面板数据的关键特征是在相同的时间段内跟踪相同横截面数据的数据单元。

32.4 回归分析

在收集数据的基础上，我们要依据我们所收集的数据和建立的计量模型，进行回归分析，从而获得结论或者检验假设。一般而言我们接触比较多的回归分析，依据收集的数据结构的不同，主要分为两大类，横截面数据的回归分析和时间序列分析。而横截面数据的回归分析，又根据模型的差别可以划分成简单回归模型与多元回归模型。

32.4.1 简单回归模型

简单回归模型是研究两变量关系的重要工具。在我们的学习和运用中，简单回归模型都是至关重要的。许多应用计量经济分析都有类似这种的假设：

y 和 x 是表示总体的两个变量，我们想"用 x 的变化来解释 y 的变化"，或"探讨 y 怎样随 x 发生变化"。例如：y 是大豆的产出，x 是施肥量；y 是每小时的工资，x 是受教育的年数；y 是社区的犯罪率，x 是警察的数量，等等。我们可以通过考虑写出关于 y 和 x 的一个方程。一个简单的方程是

$$y = \beta_0 + \beta_1 x + u$$

变量 y 和 x 有许多可以互换的不同名称。y 称为因变量、响应变量、被解释变量、被预测变量或回归项；x 称为自变量、控制变量、解释变量、预测变量或回归元。其中，因变量和自变量更多地用于计量经济学。

变量 u 在关系里称为误差项，代表影响 y 的 x 以外的因子。简单回归分析有效地将除 x 之外的所有因素视为不可观察因素。另外，在进行回归分析之前，为了便于分析，我们还在这个基础上建立了假设，即零条件均值假设。

在我们陈述 x 和 u 如何关联的这个关键假定之前，我们先对 u 做一个假定。一旦等式包含截距 0，则假定总体中 u 的均值为 0。就不会漏掉什么。例如，我们将影响大豆收获的土地质量等因素标准化，并且未观察到。它在全部耕地种群中的平均值为 0，对结论没有影响。用数学形式表示就是

$$\mathrm{E}(u) = 0$$

由于 u 与 x 是随机变量，因此可以在任意既定的 x 值处定义 u 的条件分布。具体来说，对于任何 x 值，我们可以在 x 值描述的整体轮廓上找到 u 的期望值。关键假定 u 的平均值与 x 的值无关。我们可以把它写作

$$\mathrm{E}(u|x) = \mathrm{E}(u)$$

该等式表明，根据 x 的值，人口被分成几个部分，每个部分中不可观察的因子具有相同的平均值。这个共同平均值必须与总人口中的平均值相等。当方程成立时，我们就说 u 的均值独立于 x，当我们把两个等式相结合时，便得到零条件均值假定

$$E(u|x) = E(u) = 0$$

在前面的部分我们讨论了简单回归模型的基本要素，接下来将说明如何估计等式中的参数。为此，我们需要从总体中找到样本，以便样本 $\{(x_i, y_i): i = 1, 2, 3, 4, \cdots, n\}$ 代表从总体中提取的数量为 n 的随机样本。因为这些数据来自方程，所以对每个样本中的数据，都符合

$$y_i = \beta_0 + \beta_1 x_i + u_i$$

我们能够根据这些样本的数据，利用普通最小二乘法得到 β_0 和 β_1 的估测值。我们根据之前的假定，可以得到这样的前提

$$E(u) = 0$$
$$E(u|x) = E(u)$$

其中第二个式子，其内涵的关系也代表着 u 和 x 的协方差为 0，即

$$\text{Cov}(u, x) = E(xu) = 0$$

根据我们建立的计量模型，u 又可以用 $y - (\beta_0 + \beta_1 x)$ 代替，代入式子中，我们可以得到

$$E(y - \beta_0 - \beta_1 x) = 0$$
$$E[x(y - \beta_0 - \beta_1 x)] = 0$$

这两个式子能够进行估计模型中的阐述。给定一个数据样本，通过代入数据，我们选择估计值 $\hat{\beta}_0$ 和 $\hat{\beta}_1$ 来作为 β_0 和 β_1 的估计。我们知道

$$n^{-1} \sum_{i=1}^{n} (y_i - \hat{\beta}_0 - \hat{\beta}_1 x_i) = 0$$

$$n^{-1} \sum_{i=1}^{n} x_i (y_i - \hat{\beta}_0 - \hat{\beta}_1 x_i) = 0$$

运用计算求和我们可以简单地把第一个式子变形成

$$\bar{y} = \hat{\beta}_0 + \hat{\beta}_1 \bar{x}$$

即

$$\hat{\beta}_0 = \bar{y} - \hat{\beta}_1 \bar{x}$$

并且我们将其代入第二个公式得到

$$\sum_{i=1}^{n} x_i [y_i - (\bar{y} - \hat{\beta}_1 \bar{x}) - \hat{\beta}_1 x_i] = 0$$

即

$$\sum_{i=1}^{n} x_i(y_i - \bar{y}) = \hat{\beta}_1 \sum_{i=1}^{n} x_i(x_i - \bar{x})$$

通过进一步的简化过程我们得到

$$\hat{\beta}_1 = \frac{\sum_{i=1}^{n}(x_i - \bar{x})(y_i - \bar{y})}{\sum_{i=1}^{n}(x_i - \bar{x})(x_i - \bar{x})}$$

以上我们就求出了 $\hat{\beta}_1$。通过式子

$$\hat{\beta}_0 = \bar{y} - \hat{\beta}_1 \bar{x}$$

我们可以进一步地求出 $\hat{\beta}_0$。

至此，我们便完成了参数估计。由于本章内容只是计量经济学原理的简单介绍，我们在此并不对简单回归作进一步深刻的挖掘，有兴趣的读者可以自学计量经济学，从而获得进一步的知识掌握。

32.4.2　多元线性回归

我们先用简单的例子，说明如何用多元回归分析来解决简单回归不能解决的问题。例如，我们想探究得到教育对每小时工资的影响，其中，自变量既包括劳动力市场年份的工作经验 x_1，也包括教育程度 x_2，这样由两个解释变量或自变量及那些无法观测的其他因素（包含在 u 中）来决定 y 的关系，我们是不能用简单二元回归来分析的。

我们首要感兴趣的是，在保持所有其他影响工资的因素不变情况下，教育程度或者工作经历对每小时工资的影响，也就是说，我们只对 x_1 和 x_2 之前的参数感兴趣。我们在此并不对多元线性回归的具体过程做阐述，事实上其过程和简单回归的相似性很高，有兴趣的读者可以自学计量经济学，从而获得进一步的知识掌握。

32.4.3　时间序列分析

时间序列数据明显不同于横截面数据，表现在前者按时间顺序排列。例如，我们在简要地讨论一个时间序列数据集，它包含了北京的就业、最低工资及其他经济变量数据。在这个数据集中，我们必须知道，2016 年的数据紧跟在 2015 年的数据后面。在社会科学中，为了分析时间序列数据，我们必须承认过去可能会影响未来，而不是相反。

时间序列数据区别于横截面数据的另一个方面更加微妙，基于从适当的总体中随机抽取样本的想法。为什么横截面数据应被视为随机结果并不难理解：从群

体中提取不同的样本通常会产生不同的自变量和因变量。因此，通过有差别的随机样本计算出来的估计值通常也有所不同，而这就是统计量被认为是随机变量的原因。

我们应该如何知道时间序列数据的随机性？很明显，经济时间序列满足随机变量所需的直观条件。例如，今天我们不知道下一个交易日的股票价格是多少，我们不知道中国明年的年产量增长量。既然这些变量的结果都无法事先预料，它们当然应该被视为随机变量。为分析时间序列，我们构建了时间序列测量模型。

32.5 假设检验

假设检验是依照数学统计中的某些假设从样本推至总体的办法。具体方法是：根据问题的需要，对整个研究做出一些假设，表示为 H0；构建适当的统计量，以便在建立 H0 时知道其分布；根据测量的样本，计算统计值，并依照预定的显著性水平执行测试，并做出拒绝或接受假设 H0 的判断。假设检验方法包括 u 检验、t 检验、卡方检验、F 检验、秩和检验等。由于本章内容只是计量经济学原理的简单介绍，我们在此只是举一些简单的例子来介绍各种检验的用途，不涉及检验方法的推导过程和具体操作过程。

t 检验是最常用的检测方法之一。t 检验使用 t 分布来判断差异发生的可能性，从而判断两种方法之间差异的显著性。举个例子，我们要判断，受教育年数对于平均每月工资是否有影响时，作为自变量 x_1 的参数，β_1，我们的目标是判断 β_1 是否为 0，若为 0 则代表受教育年数对于平均每月工资没有影响，相反，受教育年限对平均月薪有影响。那么我们可以建立假设 H0：教育年数对于平均每月工资没有影响，通过对于参数 t 值的计算和检验，我们可以得到在多少概率的情况下否定 H0，从而得到我们要的结论。

F 检验又叫方差齐性检验。当从两个研究群体中随机选择样本时，在比较两个样本时，首先需要判断两个群体方差是否相同，即方差的同质性。若两个总体方差一样，则直接使用 t 检验。为了判断两个总体方差的差异性，可使用 F 检验。举个例子，我们拿到两组数据，分别来自两批母鸡的产蛋相关的数据，我们需要验证，这两批母鸡产蛋是否具有差别，即这两批母鸡是否可以看作来自同一整体。此时，首先我们需要进行 F 检验以确定两组的数据差异是否等同。再判断其均值是否相等，若均值和方差均相等，则可以说它们来自同一整体。另一方面，F 检验用于多元线性回归。

剩下的检验方法相对较少涉及，例如卡方检验，其检验统计样本的实际值和理论推导值之间的偏差程度。卡方值由实际观察值和理论推断值的差异决定；Dubin-Watson 检验，是计量经济学统计分析中检验序列一阶自相关的方法；用于分析经济变量之间因果关系的格兰杰检验等。这些内容都可以在计量经济学学科中详细介绍。

总　结

　　计量经济学的发展决定于经济关系的估计、经济理论的检验，以及统计方法的进步。计量经济学的第一步是构造一个规范的经济模型，一旦建立了一个计量模型，就需要收集数据进行检验。数据集的类型包括横截面数据集、时间序列数据集、混合横截面数据集和面板数据集等。在收集数据的基础上，我们要依据我们所收集的数据和建立的计量模型，进行回归分析，从而获得结论或者检验假设。假设检验根据一定假设条件由样本推至总体，常见的假设检验方法包括 u 检验、t 检验、卡方检验以及 F 检验等。

关键概念

　　经济模型、横截面数据、时间序列数据、混合横截面数据、面板数据、回归分析、简单回归、多元线性回归、零条件均值、假设检验、t 检验、F 检验

习　题

1. 计量经济学的重要性体现在哪里？
2. 计量经济学的过程是怎么样的？
3. 数据类型有哪些，区别是什么？
4. 推导简单回归分析的过程。
5. t 检验、F 检验分别都可以用来检验什么假设？

第 33 章　国际金融

> **本章学习目标**
>
> 1. 了解国际金融体系的历史沿革。
> 2. 了解世界贸易组织的基本原则与职能。
> 3. 了解货币基金组织。

国际金融是一门独立的学科，它从货币与金融发展的角度研究开放经济的内外均衡，其形成基于宏观经济的一定程度的开放性。经济的开放性在原始封闭条件下引起了内部均衡问题的深刻变化。例如，当一个国家的经济处于过热的范围内时，阻止当地货币升值的努力可能会使通货膨胀更难以通过国际储备机制来控制；虽然一个国家面临的主要任务是刺激经济增长，但防止当地货币贬值的措施可能会抵消扩张性货币政策的作用。在开放的背景下，需要从全球视角审视宏观经济，内外均衡成为经济学急需解决的新课题。

33.1　国际金融体系

33.1.1　金本位制度

第一次世界大战以前，世界经济实施金本位制度。大多数国家的货币可以固定汇率直接兑换成黄金，因此各国之间的汇率也是固定的。例如，美国财政部能够以 1 美元的钞票兑换 1/20 盎司左右的黄金。同样，英国财政部能以 1 英镑的价格兑换 1 盎司黄金。因为美国人能够将 20 美元转换成 1 盎司黄金，而黄金能够购买 4 英镑，因此英镑和美元之间的汇率为 5 美元/磅。黄金标准体系下的固定汇率使得汇率波动带来的不确定性大大减小，极大地推进了世界贸易的发展。

只要各国遵守金本位的规则，维持货币发行的黄金准备，货币可以自由兑换成黄金，汇率将保持固定。但是，遵守金本位制度使一个国家无法控制其货币政策，因其货币供应量取决于各国间的黄金流入与流出量。此外，各个国家的货币政策极大地被黄金生产和采矿所制约。20世纪70年代和80年代，黄金产量规模较小，各国货币供应量增长缓慢，无法跟上世界经济的发展步伐。然而，19世纪90年代阿拉斯加和南非的黄金开采极大地扩张了黄金生产，导致第一次世界大战之前货币供给高速增长，物价水平急剧上涨（通货膨胀）。

33.1.2 布雷顿森林体系

1944年，在新罕布什尔州第二次世界大战胜利者达成的协议中，建立的固定汇率制度被称为布雷顿森林体系。布雷顿森林体系一直持续到1971年。

《布雷顿森林协定》设立了总部在华盛顿特区的国际货币基金组织（International Monetary Fund，IMF），1945年该组织有39个创始成员，目前成员超过180个。IMF被赋予了以下职责：通过制定维持固定汇率的规则并向遭受国际收支困难的国家提供贷款，促进国际贸易的增长。为了监测各成员遵守其规则的情况，国际货币基金组织还负责收集和处理国际经济数据。

《布雷顿森林协定》也创立了国际复兴开发银行，通常称之为世界银行（World Bank）。其总部也在华盛顿特区，其主要职责是提供长期贷款，帮助发展中国家建设道路和其他物质资本，促进经济发展。这些贷款的资金主要来自世界银行在发达国家资本市场发行的债券。此外，总部位于瑞士日内瓦的关税与贸易总协定（GATT）负责管理各成员之间的贸易规则（关税和配额）。后来，关税和贸易总协定演变为世界贸易组织（WTO）。

自从第二次世界大战后，美国成为世界上最大的经济实体以来，它拥有世界一半以上的制造能力和世界绝大多数的黄金储备。因此，布雷顿森林体系的固定汇率是基于这样一个事实，即美元可以按每盎司35美元的价格自由兑换成黄金（仅限外国政府和中央银行）。包括美国在内的中央银行干预外汇市场以维持固定汇率。这些国家购买和出售它们持有当作国际储备的美元资产。美元被称作储备货币（reserve currency），其他国家所持有的作为国际储备的资产都是用美元计价的。因此，布雷顿森林体系的一个重要特征是美国已成为储备货币国家。

1971年布雷顿森林体系瓦解。然而，1979~1980年，欧洲联盟在成员国间约定了自己的固定汇率体系，即欧洲货币体系（European Monetary System，EMS）。根据该制度的汇率机制（ERM），任何两个成员国间的货币汇率只能在非常窄的范围内波动。实际上，欧洲货币体系中的所有国家都将自己的货币固定在德国马克上。

33.1.3 有管理的浮动汇率制度

现在，虽然大多数汇率可以随时根据市场变化而变化，但央行不愿放弃对外汇市场的干预。阻止汇率的大幅度波动，能够使公司和个人更容易制订未来向国外买卖商品的计划。而且，国际收支顺差国通常不愿意它们的货币升值，因为升值可能会伤害国内企业的销售能力，增加该国的失业率，盈余国家通常在外汇市场上出售其货币并增加国际储备。考虑到会使外国产品对国内消费者来说更贵并造成通货膨胀，国际收支逆差的国家通常不愿意贬值货币。为了保障较高的本币价值，赤字国家通常在外汇市场上买进其货币同时减少国际储备。

目前的国际金融体系是固定汇率制和浮动汇率制的混合制度。汇率随市场波动而波动，但并不100%由市场状况决定。许多国家还继续维持与其他货币的固定汇率，如欧元诞生之前的欧洲货币体系。

现行制度的另一个重要特征是黄金在国际金融交易中的功能继续减少。美国不仅不再履行将美元兑换成外国央行的黄金的义务，而且自1970年以来，IMF发行了替代黄金的票据，称为特别提款权（special drawing rights，SDRs）。与布雷顿森林体系中的黄金一样，特别提款权起着国际储备的功能。但与依赖黄金开采和生产的黄金数量不同，只要国际货币基金组织认为有必要发行更多国际储备以促进世界贸易和经济增长，就可以随时创造特别提款权。

33.1.4　欧洲货币体系

1979年3月，欧洲经济共同体的八个成员国（联邦德国、法国、荷兰、意大利、比利时、卢森堡、丹麦及爱尔兰）建立了欧洲货币体系（EMS）。各国约定每两个国家货币之间的汇率不变，并且相对于美元实行联合浮动汇率。1989年6月西班牙加入了EMS，1990年10月英国加入，1992年4月葡萄牙加入。EMS创建了一个名为欧洲货币单位（ECU）的新货币单位，其价值与一组特定的欧洲货币挂钩。

欧洲货币体系的汇率机制（ERM）运作如下：成员国之间的汇率波动不得超过固定汇率附近的窄幅范围。当两种货币之间的汇率超过这个限度时，两国中央银行必须干预外汇市场。EMS规定，当一个国家的货币贬值低于下限时，干预应该是对称的，即货币贬值的中央银行放弃国际储备，而货币走强的中央银行增加国际储备。甚至当汇率在界限之内时，中央银行的干预也非常普遍，但是在这种情况下，如果一个国家的中央银行介入，其他国家的中央银行不需要进行干预。

类似布雷顿森林体系或欧洲货币体系的固定汇率制度的一个很重要的缺陷是，它们可能会引起对一种货币的"投机性冲击"的外汇危机，表现为弱币的抛售或是强币的大量买进而引起的汇率的较大变动。

33.2　世界贸易组织

世界贸易组织（World Trade Organization，WTO）是旨在监督成员经济体间各种贸易协议得以执行的一个国际组织，原为关税及贸易总协定秘书处。WTO于1995年1月1日正式启动，设于瑞士日内瓦。截至2016年6月6日，共有162个成员。

WTO的职能是调解纷争，加入WTO不算签订一种多边贸易协议，但其设置的入会门槛可作为愿意降低关税、法律配合、参与国际贸易的门票,这是贸易体系的组织与法律基础,是许多贸易协定的管理者,以及所有成员的贸易立法监督者,是就贸易提供解决争端和进行谈判的场所,其顺利运行标志着国际贸易体系日趋完善和规范。WTO 是世界上最重要的国际经济组织之一。

WTO 明确提出了五个基本原则,分别是:非歧视原则、贸易自由化原则、可预见原则、促进公平竞争原则、鼓励发展和经济改革的原则。非歧视原则强调各成员方之间实行最惠国待遇和国民待遇,成员方在与其他成员方进行对外贸易时须将所有其他成员方一视同仁,进口商品在会员市场竞争中的处理方式与国内商品相同。贸易自由化原则强调通过减少国际贸易壁垒来扩大国际贸易。可预见原则强调,各成员方在制定和调整贸易政策和法规前必须事先通报 WTO 及各成员方。促进公平竞争的原则意味着世界贸易应以公平、公正和不受人为干扰的方式进行,因此 WTO 反对倾销、补贴和其他人为干预,特别是来自政府的人为干预或不合法的行政干预。鼓励发展和经济改革的原则强调,该组织对发展中国家的经济发展和各国的经济改革给予特别的支持。

从总体上看,WTO 的基本职能是执行 WTO 的各个协定;组织国际贸易多边谈判,为成员提供国际贸易谈判的场所;解决成员之间的贸易纠纷;指导成员制定对外贸易政策;向发展中国家提供发展贸易有关的培训;与其他国际组织合作,促进国际贸易的发展。从该组织的职能可以看出,WTO 是一个可以作为调节成员方之间贸易关系、解决贸易争端、从组织和运行机制上推进贸易自由化的国际贸易体系。

33.3 国际货币基金组织

国际货币基金组织(International Monetary Fund,IMF)与世界银行集团、世界贸易组织并立为二战后国际经济秩序的三大机构。到 2019 年 12 月底,国际货币基金组织成员已经达 189 个国家及地区。中国是国际货币基金组织的创始国之一,我国的合法席位是 1980 年 4 月 18 日恢复的。

33.3.1 份额

份额(quota)是指成员方在加入国际货币基金组织时支付的款项。在《牙买加协议》生效前,份额的 25% 以黄金支付,75% 以本国(地区)货币支付;《牙买加协议》生效后,以黄金支付的 25% 改用特别提款权或可兑换货币支付,剩下 75% 不变。份额支付是基金组织资金的核心。每个成员根据其在世界经济中的地位都被分配一些份额。成员的份额决定了其向基金组织出资的最高金额和投票权,并影响其可从基金组织获得贷款的限额。现行份额公式是以下变量的加权平均值,即 GDP(权重为 50%)、开放度(30%)、经济波动性(15%)和国际储备(5%)。这里的 GDP 是根据市场汇率的 GDP(加权 40%)和购买力平价汇率的 GDP(加权 60%)的混合变量计算得出的。公式还包括一个"压缩因子",用来缩小成员方计算份额的分散程度。

该份额以国际货币基金组织会计部门的特别提款权计算。IMF 最大的成员是美国，截至 2017 年 4 月 30 日，其份额为 830 亿瑞典克朗（约合 1140 亿美元）。最小的成员是图瓦卢，目前拥有 250 万特别提款权（约 340 万美元）。根据国际货币基金组织 2017 年年报，2016 年 1 月 26 日，实施同意增加资本的第十四次股份检查的条件得到满足。通过这种方式，国际货币基金组织 189 个成员的联合份额将约为 2385 亿特别提款权（约 3270 亿美元）增加至 4770 亿特别提款权（约 6540 亿美元）。截至 2017 年 4 月 30 日，189 个成员中有 179 个已经完成份额缴款，占总增加份额的 99% 以上，此时，国际货币基金组织的总份额达到了 475 亿的特别提款权（约合 652 亿美元）。

33.3.2 汇率监督

汇率监督是国际货币基金组织的一项关键任务。根据该组织协议第二次修正案，基金组织实施汇率监督的关键原因在于保证有秩序的汇兑安排与汇率体系的稳定，消除不利于国际贸易发展的外汇管制，避免成员操纵汇率或采取歧视性的汇率政策以谋取不公平的竞争利益。国际货币基金组织在实施汇率监督时所奉行的主要原则包括同时监督一国（地区）的金融和货币政策，反对利用手段操纵汇率，反对复汇率（包括双重汇率）等差别汇率政策，但在两种情况下可以有所例外。

《国际货币基金组织协定》第 8 条将可自由兑换的货币定义如下：任何成员对其他成员方持有的本国（地区）货币应在其他成员方申请并满足以下条件时购买：这种货币余额最近是从经常账户交易中获得的；此赎回需要支付当前账户交易。对于符合上述条件的国家（地区），其货币由货币基金组织定义为可兑换货币。当可转换货币被国际收支不堪重负并且国际货币基金组织认为对该货币的需求越来越难以满足时，它宣称货币是稀缺货币。已实施货币兑换的国家（地区）对货币稀缺的货币进行交易限制，并不影响其货币可兑换的地位。

基金组织在实施汇率监督时采用的办法通常包括要求成员方提供经济运行和经济政策的有关资料、在研究这些资料的基础上与成员方在华盛顿或成员方国（地区）内举行定期和不定期磋商，以及对各成员方及全球汇率和外汇管制情况进行评价这三种。

33.3.3 贷款及其条件

国际货币基金组织持有的可兑换货币是其提供贷款的主要资金来源。大体来看，资金来源包括成员在可兑换货币中的份额、国际货币基金组织在业务过程中赚取的收入、从成员方借来的款项及其他来源这四类。在支持成员资金融通过程中，国际货币基金组织主要遵循如下原则：贷款数额与成员方份额十分相关；根据目的的差异，将贷款划分种类，各类贷款的使用条件有差别。

此外，贷款基本都附加使用条件。所谓贷款条件性（conditionality）是指在向成员提供贷款时国际货币基金组织的附加条件，其目的是在提供贷款的同时保证其资金的流动性，同时改善受贷国的经济状况。20世纪90年代以来，贷款支持与贷款要求已是国际货币基金组织的普遍做法，并引发了发达国家与发展中国家的激烈争论。

发达国家和发展中国家之间关于国际货币基金组织贷款条件的争议实际上是对经济政策内部均衡目标与外部均衡目标之间相互关系的分歧。发达国家基于自身利益，认为发展中国家应首先解决国际收支失衡的外部问题，通过贷款条件纠正国际收支逆差，维护经济稳定和开放。发展中国家认为国际收支的调整不能损害其本土经济的发展，内部均衡问题对其更加重要。

总　结

本章介绍了国际金融体系、世界贸易组织和国际货币基金组织。

关键概念

国际金融体系、布雷顿森林体系、世界贸易组织、国际货币基金组织、份额、汇率监督

习　题

1. 国际金融体系经历了怎样的发展？
2. 世界贸易组织有哪些职能？
3. 国际货币基金组织的贷款条件是什么？

第 34 章　金融监管

> **本章学习目标**
>
> 1. 了解金融监管的目的与原则。
> 2. 了解金融监管的理论。
> 3. 了解中国金融监管体系。

34.1　金融监管概述

34.1.1　金融监管定义

金融监管是金融监督和金融管理的总称。综观世界上的各个国家,所有实行市场经济体制的国家都拥有政府对金融体系的监督和管理。

金融监管有狭义和广义之分。金融监管在狭义上指中央银行或其他金融监管当局依据国家法律规定来监督和管理包括金融机构和金融业务在内的金融业。在广义上既包含了狭义的内容,也涵盖了金融机构的内部控制和稽核、同业自律性组织的监管以及社会中介组织的监管等内容。

34.1.2　金融监管目的

一是维持金融业健康运行的秩序,降低银行业的风险,保障存款人和投资者的利益,推进银行业与经济的稳健进步。二是公正且高效地发放贷款的保障需要,从而降低资金发放不公问题的发生,防止欺诈活动或者不合理的风险转移。三是为了防止某一行业过度集中贷款。四是银行倒闭不仅成本很高,而且还影响国民经济的其他领域，金融监管可以确保金融服务达到一定水平，从而改善社会福利。五是央行通过货币储备和资产配置将货币政策传递到国民经济的其他领域，金融监管可以保证银行在货币政策实施中的传导机制。六是能够提供交易账户，同时向金融市场传达信用信息。

34.1.3 金融监管原则

所谓金融监管原则，即政府金融监管机构和内部金融机构金融监管活动中应始终遵循的价值追求和最小行为准则。金融监管应坚持以下基本原则：

第一，依法原则。依法原则也称合法性原则，是指金融监管要求按照法律、法规进行。监管的主体、监管的职责权限、监管措施等均由金融监管法规和相关行政法律、法规规定，监管活动均应依法进行。

第二，公开、公正原则。监管活动应最大化透明度。同时，监管机构应平等地对所有金融市场参与者进行合法的执法和对待，以实现实质公正和程序公正。

第三，效率原则。效率原则指的是金融监管应着眼于金融体系整体效率的提高，不应对金融创新以及金融竞争等行为进行遏制。此外，金融监管相关部门还应该注意成本，实现监管资源的合理有效配置，最小化社会成本，不浪费社会的公共资源。

第四，独立性原则。银行业监督管理机构和相关人员应该依法履行监督管理责任，这种行为依法受到保护，地方政府、各级政府部门、社会团体以及个人不能进行干预。

第五，协调性原则。监管主体之间职责明确、分工有效、配合工作。这样可以节约监管成本，提高监管的效率。

34.2 金融监管理论

34.2.1 公共产品论

金融体系的公共产品特性。所以，金融体系对整个社会经济而言有着显著的公共产品特征。作为一种公共产品，不可避免地存在"搭便车"问题，即人们乐于享受公共产品的好处，但缺乏有效的激励措施来促进公共产品的供应和维护。因此，这要求政府经由维持金融体系中的一些稳定方法来代表全民的利益并保障这些公共产品。

34.2.2 自然垄断监管理论

自然垄断监管理论基于规模经济。金融机构的自由竞争由于其规模经济的特征极易发展成高度垄断，造成消费者福利和金融效率的损失，并对社会经济发展带来负面影响。自然垄断监管理论认为：稳定与自由竞争存在显著的替代性。金融业的自我特征决定了金融机构的自由竞争更多地带来金融体系的无序，而非优胜劣汰。金融监管的主要任务之一是保持整个系统的相对稳定性和安全性，同时保持金融系统的效率。因此，自然垄断监管理论主张通过政府干预创造一个公平、有效、适度的竞争环境。避免金融机构的高度垄断、财务效率和活力的丧失，从而确保金融体系的稳定运行。

34.2.3　信息不对称论

信息不对称是指交易双方之间信息分配的不平衡，以及信息的优缺点之间的差异。金融交易的风险源于金融市场参与者的不完整信息。信息是预测未来的最重要因素，因此在理性决策中起着关键作用。信息不对称理论导致金融市场的逆向选择和基于信息不对称的道德风险问题，导致金融市场失灵。核心内容是信息不对称是金融体系效率低下的主要原因，政府监管是一种良药。

34.3　中国金融监管体系

34.3.1　金融监管体系的沿革

从1949年新中国成立到1978年改革开放，中国实行了高度集中的计划经济管理体制。所有信贷都归银行所有，长期以来，中国只有中国人民银行一家银行，从事信贷业务和金融监管。那时，它是一个集中统一的金融监管体系。

20世纪80年代以后，中国的金融体系发生了翻天覆地的变化。1983年9月，中国人民银行成为独立的中央银行。那时，中国的金融市场仍然不发达，银行外的金融机构也不多。1984年至1993年期间，中国人民银行是中国主要的金融监管机构。在这十年中，中国仍然实施了集中统一的管理体系。

20世纪90年代以后，中国的金融体系发生了翻天覆地的变化。随着1990年上海证券交易所和深圳证券交易所的成立，多层次资本市场逐步发展。除四大国有商业银行外，还建立了其他股份制商业银行，外资银行开始进入中国，非银行金融机构发展迅速，保险公司和保险市场发展迅速。在这种情况下，仅中国人民银行的财务管理就变得不足。从那时起，随着中国金融业的发展，特别是证券和保险业的快速发展，中国在20世纪90年代成立中国银行业监督管理委员会、中国证券监督管理委员会和中国保险监督管理委员会。

中国人民银行主要制定和实施货币政策，监督和管理货币市场和外汇市场。中国银行业监督管理委员会负责国家银行、金融资产管理公司、信托投资公司和其他存款类金融机构的统一监督管理。中国证券监督管理委员会依法对国家证券期货市场实行集中统一监督管理。中国保险监督管理委员会统一监督和管理国家保险市场，保持保险业的稳定运行。这形成了由中国人民银行，中国证券监督管理委员会，中国银行业监督管理委员会和中国保险监督管理委员会牵头的独立运作和监管模式。这种模式的形成将有助于加强银行、新生证券和保险业的专业管理。这有利于防止中国财务管理水平低下的混业经营所带来的金融风险。

为了更好地整合和全面监督金融机构和金融市场，中国银行业监督管理委员会、中国证券监督管理委员会和中国保险监督管理委员会于2004年共同签署了金融监管和分工合作备忘录，明确了各自的监督职责，明确了合作监督措施，建立了中国银行业监督管理委员会、中国证监会和中国保险监督管理委员会的联席会议机制。当其或其监管机构的行为发生重大变化将对其他监管机构的业务活动产生重大影响时，应及时通告他方。如果政策变更涉及其他监管职责和监管机构，则应在政策调整前签署协议，征求他方的意见。三方应及时协调和解决监管活动产生的不同意见。

自2017年以来，中国新的金融监管框架逐步形成。在中央层面，成立了国务院金融稳定发展委员会，并将中国银行监督管理委员会和中国保险监督管理委员会合并，组成中国银行保险监督管理委员会。中国银行业监督管理委员会和中国保险监督管理委员会负责起草银行业和保险业法律法规草案以及审慎监管基本制度，均列入中国人民银行。2017年7月14日至15日，全国金融工作会议在北京召开，建议加强监管，提高预防和化解金融风险的能力。2018年3月13日，《深化党和国家机构改革方案》提出要整合中国银行业监督管理委员会和中国保险监督管理委员会的职责。中国银行保险监督管理委员会成立，是国务院直属机构。在地方层面，经过全国财政工作会议，中央政府要求地方财政监督部门附加当地金融监管机构的牌子。其监督职能将继续加强。

34.3.2 我国现行金融监管体系的问题

在这个阶段，中国单独监管模式的专业化更加突出，便于风险分散，这也导致监管协调的深层次问题。中国加入世界贸易组织后，面对混合经营、金融创新和网络金融的挑战，这个问题变得更加突出。

首先，我国金融监管法律体系不完善。中国目前的金融监管体系与市场经济体制、金融改革和发展的要求以及现代金融监管理念之间仍存在相当大的差距。一是一些金融法律法规在立法中有许多原则性规定，缺乏实际可操作性和创新性。落后于金融业的发展速度，金融监管的法律基础不规范。二是金融法律法规不系统，各种金融机构系统制定的各种地方法规和各种制度规定都很复杂。在监督过程中，由于对特定问题的理解不同而经常存在质的争议。三是各种国内金融法律法规不能与世界上其他国家的相关法律法规有效联系。有效监督的基础尚未建立，没有社会联合预防机制。

其次，我国金融监管的有效性不强。当金融机构进行自我监管和内部控制时，它似乎相对完善，但事实上，金融监管受到各种因素的影响太大。监管机构的机制也欠完善,难以保证金融体系的稳定和健康发展,浪费了一定的监管资源。影响了监管的效果和质量。

再次,中国的金融监管不够独立。在有效的银行监管体系下,参与银行监管的每个机构都必须有明确的职责和目标,并享有经营自主权和充足的资源。作为国务院的直属单位,中国银保监会在开展业务、制定和实施政策、履行职责时,更加遵守政府甚至财政部的指示。中国银保监会的分支机构很难在实际监管中摆脱地方政府的限制,地方政府往往对监管机构施加压力,从而弱化了监管作用。

最后,中国金融机构的自律监管还不够。金融机构的自律是抵御金融风险的基础和关键。这对建立和维持稳定、健全和有效的金融体系构成了重大障碍。仅仅依靠外部金融监管在某种意义上无法满足金融市场的需求。

34.3.3 完善金融监管体系的对策

首先,要建立和完善金融监管法律制度。国家应引入监管法律制度,尽快涵盖各类金融业务,提高可操作性。针对我国金融监管法律制度存在的不完善问题,可从两个方面入手解决:第一,完善金融立法,使法律能够有效地适用于监管体系;第二,严格执法,加强执法人员的道德素质,加大执法力度。

其次,要充分体现"一行两会"的监督作用。第一,加强风险管理,完善风险防范法律制度。第二,加大监管力度,补充监管分工机制。第三,注意国际金融风险的防范,加强国际监管合作。第四,不仅仅着眼于金融违法的事后控制,还要注重事前防范、正确引导金融机构的创新活动。第五,保持金融监管机构的一致性与制定科学的监管原则。第六,维持金融企业的健全性。第七,维护金融市场的公平竞争秩序。

最后,要加强金融监管主体与各种金融机构的自身建设。一是完善内部管理机制,形成独立的监管机构。二是注重监管机构的团队构建,提升专业监督水平。三是划分好内部监督管理职能,限制与防止滥用法定监管机构的权限。四是实施内部监督和行业自律,落实监管的积极性和创新性。五是关注标准作业,强化对主管人员的能力训练,提升监管人员的专业素养。

总　　结

本章介绍了金融监管的目的与原则、金融监管理论、中国的金融监管体系,以及现有体系的问题和完善的对策。

关键概念

金融监管、中国银保监会、中国证监会

习 题

1. 金融监管有哪些原则?
2. 中国现行的金融监管体制是什么?

第 35 章　互联网金融

> **本章学习目标**
>
> 1. 掌握互联网金融的概念和原理。
> 2. 了解互联网金融对传统金融的影响。
> 3. 理解互联网金融的五大模式。
> 4. 了解国内以及国外互联网金融的发展状况。

35.1　什么是互联网金融

目前，互联网金融没有严格而准确的概念。综合多方的观点，本书定义的互联网金融是一种新兴的金融服务模式，它利用一系列现代信息科学技术，如互联网技术和移动通信技术，来实现资金的融通。它依赖于高速信息技术，如移动支付、云计算、社交网络、搜索引擎，以及非常受欢迎的基于互联网的金融活动。与传统意义上的物理形式的金融活动不同，它在电子空间里产生并发展，有着虚拟化的形式和网络化的操作模式。

互联网金融从狭义上讲处于与货币信贷流通相关的层面，即依靠互联网实现资金融通目的的商业模式。广义上所有关系到广义金融的互联网应用都能被划入互联网金融的范畴，包括且不限于第三方支付、P2P 在线贷款、众筹、在线金融产品、在线金融中介等。

35.2 互联网金融原理

35.2.1 基本框架

金融服务实体经济最基本的功能是为实体经济提供资金，即将资金从储户手中转移到金融家手中，从金融家手中转移到实体经济上。但在瓦尔拉斯一般均衡定理的经典表达中，金融中介和市场并不存在。美国经济学家弗雷德里克·米什金（Frederic Mishkin，1995）指出，存在金融中介和市场的主要原因有两个：首先，他们具有规模经济和专业知识，以降低财务的交易成本。其次，他们拥有专业的信息处理能力，可以减轻储蓄者和金融家之间的信息不对称以及由此产生的逆向选择和道德风险问题。

目前，有两种类型的金融中介和市场与资金供需双方的融资金额、到期日和风险回报相匹配：第一类是商业银行，与间接融资模式相对应；第二类则是证券公司与交易所，它们与直接融资模式相对应。这两种融资模式在资源配置与经济增长中发挥着重要作用，同时也支付着巨额的交易成本，其中金融机构的利润、税收和员工薪酬是交易成本的重要组成部分。

以互联网为典型的现代信息技术，尤其是移动支付与大数据、第三方支付、社交网络、搜索引擎以及云计算等对人力资本模式产生重大影响。比传统金融中介和市场更高效和顺应时代的互联网金融使人们能够直接在互联网上完成股票和债券的发行和交易，或进行金融服务。可以肯定的是，在互联网金融的背景下，当前金融业的分工和专业化已经大大淡化，取而代之的是互联网与相关的软件技术。同时，市场参与者更受欢迎，互联网金融交易带来的巨大利益对普通人更有利。互联网金融突破了由中介机械地提供服务而用户被动接受的模式。互联网金融双方的沟通是双向互动。很多服务是通过需求才发动，由供给方设计改进后再推进给需求方，这无疑增加了金融消费者的权利或福利，反映了互联网时代消费者权利的全面扩展和消费者剩余的整体扩张。

35.2.2 支付

互联网金融支付基于移动支付。移动支付是通过通信设备转移货币价值和使用无线通信技术来解决债权人-债务人关系。移动支付的发展体现了支付的三大趋势：第一，终端离散化，从银行柜台到ATM及POS机，几乎处处的互联网与移动通信设备；第二，身份数字化；第三，服务通用化。移动支付的关键是不要求每个人拥有银行卡，只要手机里有第三方支付账户就可以。因此，人类基本的交易方式发生了改变。

移动支付不但能完成日常交易的小额支付，也能完成企业之间的大额支付，完全替代现在的现金、支票、信用卡等银行结算支付手段。在这个过程中,云计算确保了移动支付要求的存储及运算能力,弥补移动通信设备这一缺陷,能够将存储与计算从移动通信终端移动到云计算的服务器,从而使移动通信设备的信息处理能力大大增强。因此,移动通信终端通过结合手机和传统 PC 的功能,以确保移动支付的有效性。网络带宽和无线网络通信速度仍有很大提升空间,基础设施的改善将促进金融支付结算效率的不断提高。

35.2.3　信息处理

资金供需双方的相关信息,特别是资金需求方的信息(如借款者、发债企业、股票发行企业的财务信息等)是最关键的金融信息。弗雷德里克·米什金(Frederic Mishkin, 1995)指出,直接与间接融资模式下有两种信息处理方法。一种是私人生产和销售信息,即建立专门机构来收集和生成区分需要资金的人的信用资格的信息,然后将其出售给基金提供者。典型的比如证券公司和信用评级机构。商业银行既是信息生产者又是信息提供者,他们也是这样。还有一种是政府要求或激励需求方公开真实信息。例如,政府规范会计标准、审计与信息披露。

互联网金融与传统金融的最大差别就在于信息处理。首先,社交网络产生并传递信息,尤其是个人和机构不能被要求公开的信息;其次,搜索引擎组织、分类并检索信息,可以部分解决信息过载问题,一对一地满足信息需求;最后,云计算保证了快速处理海量信息的能力,在其保障下,资金供需双方的信息能够经由社交网络传递,并由搜索引擎组织和标准化,结果是一系列连续与动态变化的信息。这就以很低的成本实现了所有资本需求者的风险定价以及动态违约概率的计算,满足金融交易的信息库(充分条件)。

35.2.4　资源配置

在互联网金融里,资金的供需信息在互联网上公开,同时供需双方不经由任何中介进行交易来实现资源配置,在这个过程中像银行、证券公司和交易所等金融中介机构和市场不是必要的。未来可能出现的情况是股票、债券等的交易以及社交网络上的资金融资,即去中介、分散和非中介化。而互联网金融良性发展的核心在于建设具有公共产品性质的共享型的社会征信系统。因此,互联网金融的基础设施构建是非常必要的。

一个例子是众筹(为互联网上的投资项目筹集资金)对传统证券业务的取代,以美国 Kickstarter 公司为代表,该公司成立于 2009 年 4 月。Kickstarter 通过在线平台资助创意项目,到 2015 年底为 96000 个项目筹得了 20 亿美元。投资回报基于项目产品,如音乐 CD 和电影海报。2012 年 4 月,美国通过了《促进创业企业融资法案》(Jumpstart Our Business Startups Act,JOBS 法案),允许小企业通过众筹获得股权融资。但与此同时,对融资金额和防范风险的融资数量也有相应的限制。

可以发现,P2P 网络贷款和 ROSCA 基本上是个人之间的借款。同时,在 P2P

网络贷款里,投资者可以向数百名借款人贡献少至几十美元的贷款。这对私人贷款来说是不可想象的,包括 ROSCA。保证 P2P 网络贷款有两个主要因素可以做到这一点:首先,借款人的信用评级是标准化的、有效的,并由独立的第三方负责,从而扩大了交易边界;其次,贷款的认购,交易和本金与利息收集要借助于现代信息技术,大大减少了交易成本,同时实现了风险的分散。

35.3 互联网金融对传统金融的影响

35.3.1 对商业银行的影响

互联网金融将导致结算脱媒、资产脱媒和负债脱媒,这对传统商业银行的业务产生了很大的影响,但它也刺激商业银行加速商业模式的转型。银行等传统金融机构的力量很强大,完全能够应对此次变革,"银行会像恐龙一样倒下"的预言未必能实现。

从目前的行业形势看,商业银行坚持原有的经营模式,互联网化仍显不足。与此同时,一些银行已经尝试过基本互联网服务。通过在线客户和互联网扩大客户,未来一定会在整个银行业中流行起来。在线实名账户等问题,第三方支付和其他支付创新平台都有各种技术解决方案。从中可以看出,商业银行以积极的心态接纳互联网是大势所趋。

此外,传统商业银行的竞争表现在行业内,但其现在的竞争者既包括其较为熟悉的电信运营商及第三方支付,还包括 Square 等收单工具创新平台。同时,云计算 IT 平台的出现使得银行之间的竞争方式有了很大的转变,IT 方案对银行竞争性的影响将显著加大。通过互联网聚合的巨大商圈可能产生的团体式金融服务需要正演变成一种新的商业生态体系。

35.3.2 对证券市场的影响

总的来说,互联网金融对证券市场的影响主要有以下几点:

首先,它改变了证券行业价值实现方式。互联网金融的虚拟性大大加快了证券行业进行价值创造的速度,而这使得证券行业的规模不断扩大;在另一方面,互联网金融也使证券行业的交易结构与主体等发生变化,并从根本上改变了券商的价值创造与实现方法。

其次,它改变了证券经纪和财富管理的通道。网上证券及其他开户产品的销售将会增强市场的竞争性从而降低传统网点的佣金率,这将迫使券商经纪业务以网络为重点平台,从传统通道向信用中介和理财业务终端转型。

再次,它弱化了证券业的金融中介功能。金融机构存在的原因,主要有两个:首先,规模经济和专业知识可以降低 FTFC 的交易成本;其次,信息处理能力的专业化能在一定程度上削弱供需双方的信息不对称问题。

最后，HOMS（恒生订单管理系统）模式场外配资将加剧市场波动。HOMS 是一个投资管理平台，投资交易、资产管理和风险控制是其重要功能。然而，当牛市没有实际资金支撑时，靠配资盘（恒生 HOMS 这一部分）以及融资盘（融资融券业务）推动，本身基础不扎实，更容易导致股灾的形成。

35.4 互联网金融五大模式概述

35.4.1 众筹

众筹是一种融资方式，项目发起人通过利用互联网和 SNS 传播的特点，集中公众的资金、能力与渠道，为小企业、艺术家或个人提供必要的资金援助，使其得以开展活动项目或者进行创业。众筹类似陌生人之间基于共同价值取向的互联网合作。互联网为这些互不相识却又有着共同理念的人群提供了合作的无限可能性。全球众筹活动的一个重要转折特征为参与人数众多，增长速度迅速，但总体融资规模受限。

同传统的融资方式比较，众筹的本质在于参与人数量多，融资门槛低，不再以商业价值作为评估的唯一标准，为新创企业融资开辟了新的途径。从此，融资渠道不再局限于银行、PE 和 VC。2013 年，第一例在淘宝上进行股权融资的案例诞生了。据不完全统计，到 2017 年 12 月底，全国已有 209 个在运营中的众筹平台。与 2016 年底全国 427 个正常运营众筹平台数量相比，下降幅度为 51.05%。可以看出，2017 年是众筹行业深度"洗牌"的一年。在严格监管和规范金融监管的背景下，非良性发展的众筹平台逐渐退出市场，行业已进入规范期。

35.4.2 P2P 网贷

P2P 网贷，意味着"点对点"的信贷，国内又称网络信贷或"人人贷"。其典型的模式为：网络信贷公司为借款人和贷方提供免费投标平台。资金贷方人获得利息收入并承担风险；资金借款人到期偿还本金利息，网络信用公司收取中间服务费。P2P 模式强调人与人之间的对等关系。

P2P 在线借贷的最大优势在于，传统银行难以覆盖的借款人可以充分享受虚拟世界贷款的效率和便利性。自 2007 年以来，P2P 在线贷款已进入中国，尚未为公众所知。2013 年之前，P2P 在线借贷平台数量不到 200 家，总营业额约 200 亿元，网上贷款投资者约为 5 万人。无论是投资规模或参与人数，这都是一个小圈子游戏。2013 年之后，每天建立的投资者平均数量增加，并且在中央电视台等权威媒体播出后，投资者数量激增。

2017 年 12 月，P2P 网络贷款风险专项整治工作领导小组办公室发布了《关于做好 P2P 网络借贷风险专项整治整改验收工作的通知》。P2P 网贷市场发生了重大变化，最重要的变化来自资产结构的转变。P2P 在线贷款机构以《网络借贷信息中介机构业务活动管理暂行办法》为标准进行了小规模整改，个人信贷在行业中的比重明显扩大。与此同时，合规程度也有所提高，大量 P2P 在线借贷平台已被淘汰。

35.4.3 第三方支付

第三方支付是一种电子支付方式，通常是拥有一定实力的非银行机构，依靠通信、计算机和信息安全技术，采用与各大银行签约的方式，实现用户和银行支付结算系统间的连接。第三方支付在一定程度上降低了大型银行支付结算的社会责任。

第三方支付具有显著的特点。首先，第三方支付平台在一个界面中涵盖多类银行卡支付方式，实现了网上购物的快捷性与方便性。其次，与 SSL、SET 和其他支付协议相比，第三方支付平台的支付操作更简单。最后，第三方支付平台依赖于大型的门户网站，其信用依赖于合作银行的信用，使其能很好地解决网上交易的信用难题。

用户支付习惯的形成推动了中国第三方支付市场的快速增长。2013 年以前，中国第三方支付市场的扩大由以淘宝为代表的电商带动。2013 年余额宝出现后，成为新的扩展节点。2016 年，春节微信红包带动转账成为交易规模的扩张动力。未来随着用户线下移动支付习惯的养成，线下消费将成为新的交易规模增速支撑点。

35.4.4 大数据金融

大数据金融指利用互联网及云计算等信息系统，对海量的、非结构化的数据进行专业化的挖掘与分析，同时联合传统金融服务，创新地开展资金融通工作。大数据融资扩展了金融行业的业务类型，创新了金融产品和服务，扩大了客户范围，促进了金融营销，降低了企业成本。在某些细分领域，大数据金融甚至颠覆了传统金融。例如，由阿里巴巴控制的天弘基金上市不到一年，已达到行业第一的位置。根据平台运营模式，大数据融资可分为平台融资和供应链融资两种模式，代表公司分别为阿里金融和京东金融。

大数据可以经由对海量数据的核查和评定，增加风险的可控性，加大管理力度。同时，大数据将促进金融机构创新品牌和服务，实现精细化服务、定制客户，并利用数据开发新的预测和分析模型，实现对客户支出模式的分析，以提高客户转化率。在互联网金融行业，未来必将依靠，云计算，人工智能等高科技手段来推动金融业进一步回归服务实体经济，弥补传统的财务缺陷，优化金融产品，改善风险管理和控制，建立良好的新金融生态系统。

35.4.5 信息化金融机构

信息化金融机构，指在互联网金融时代，经由合理使用互联网等信息技术，转变或重建传统的业务流程和服务产品,实现综合信息管理和经营的银行、证券和保险等金融机构。信息化的金融机构只是传统的金融机构,其商业模式本质上没有变化。

在互联网金融时代,相对传统金融机构的运作模式而言,信息化金融机构的运作模式发生了很大变化。当前信息化金融机构的运作模式可大致分为以下三类:传统的电子商务模式、基于互联网的创新金融服务模式,以及金融电子商务模式。传统的电子商务模式主要包括网上银行、手机银行、手机支付和网上证券;基于互联网的创新金融服务模式包括直接银行、智能银行和其他形式的创新服务产品,如银行、经纪和保险;金融电子商务模式是各种传统金融机构的电子商务平台,如建设银行较完善的商业电子商务金融服务平台以及泰康人寿保险电子商务平台等。

总　结

本章首先介绍了互联网金融的概念和原理,然后分析了互联网金融对传统金融的影响,最后介绍了互联网金融的五大模式。

关键概念

互联网金融、众筹、P2P 网贷、第三方支付、大数据金融、信息化金融机构

习　题

1. 互联网金融的概念是什么?
2. 简要说明互联网金融的原理。
3. 互联网金融对传统金融有何影响?
4. 互联网金融的五大基本模式是什么?

参 考 文 献

[1] 曼昆. 经济学原理（第7版）[M]. 北京大学出版社，2015.
[2] 萨缪尔森. 经济学（第19版）[M]. 商务印书馆，2013.
[3] 高鸿业. 西方经济学 [M]. 中国人民大学出版社，2014.
[4] 张维迎. 经济学原理 [M]. 西北大学出版社，2015.
[5] 博迪. 金融学（第2版）[M]. 中国人民大学出版社，2010.
[6] 米什金. 货币金融学（第9版）[M]. 中国人民大学出版社，2011.
[7] 博迪. 投资学（第9版）[M]. 机械工业出版社，2012.
[8] 罗斯. 公司理财（第9版）[M]. 机械工业出版社，2012.
[9] 赫尔. 期权、期货及其他衍生产品（第9版）[M]. 机械工业出版社，2014.
[10] 伍德里奇. 计量经济学导论 [M]. 中国人民大学出版社，2015.
[11] 高顿财经研究院. CFA一级中文教材 [M]. 立信会计出版社，2017.
[12] 陈志武. 金融的逻辑1：金融何以富民强国 [M]. 上海三联书店，2018.
[13] 陈志武. 金融的逻辑2：通往自由之路 [M]. 上海三联书店，2018.
[14] 冯科，宋敏. 互联网金融理论与实务 [M]. 清华大学出版社，2016.